U0819130

正文条目表

0~9

14个沿海城市的开放（1984年3月26日）/ 262
1982年《宪法》的颁布（1982年12月4日）/ 261
4个经济特区的创办（1980年8月）/ 257
“863计划”的提出与编制（1986年3月）/ 268
8个“样板戏”出台（1967年5月）/ 240

A

安史之乱（755年~763年）/ 92
俺答汗与三娘子 / 137
澳门回归（1999年12月20日）/ 297
《澳门特别行政区基本法》颁布（1993年3月31日）/ 283

B

八股取士 / 134
八国联军侵华（1900年）/ 177
八思巴 / 123
八王之乱（291年~306年）/ 62
罢黜百家、独尊儒术（前134年）/ 41
白话小说 / 142
白居易 / 94
百家争鸣 / 17
百团大战（1940年8月~12月）/ 199
“百万大裁军”（1985年6月10日）/ 267
班超经营西域（73年~102年）/ 48
班固与《汉书》（82年）/ 49
杯酒释兵权（961年）/ 102
北朝（386年~581年）/ 68
北伐战争（1926年7月~1928年12月）/ 191
北京人（距今约71万年~23万年）/ 2
北京正负电子对撞机首次对撞成功（1988年10月16日）/ 274
北京中关村科技园区建立（1988年5月）/ 272
北宋（960年~1126年）/ 101
北魏（386年~534年）/ 68
毕昇发明活字印刷术（1041年）/ 106
扁鹊 / 23
博鳌亚洲论坛首届年会（2002年4月12日~

13日）/ 301

C

蔡伦改进造纸术（105年）/ 51
蔡邕与“熹平石经”（175年）/ 52
蔡元培就任北京大学校长（1917年1月4日）/ 186
曹操“挟天子以令诸侯”（196年~220年）/ 53
曹丕（202年~226年在位）/ 57
曹雪芹与《红楼梦》/ 156
澶渊之盟（1004年）/ 103
长春第一汽车制造厂开工典礼（1956年10月15日）/ 224
长江葛洲坝水利枢纽（1970年12月29日）/ 243
“嫦娥一号”月球探测卫星发射成功（2007年10月24日）/ 313
厂卫机构 / 131
晁错 / 38
陈洪绶 / 144
陈景润发表陈氏定理（1967年）/ 240
陈天华 / 178
成吉思汗（1206年~1127年在位）/ 120
成渝铁路建成通车（1952年7月1日）/ 213
承德避暑山庄（1703年~1792年）/ 152
程长庚 / 159
程颐与程颢 / 109
赤壁之战（208年）/ 56
初税亩（前594年）/ 17
楚汉相争（前206年~前202年）/ 34
《春秋》/ 20
春秋时期（前770年~前476年）/ 15
春秋五霸（前679年）/ 16
慈禧太后“垂帘听政”（1861年~1908年）/ 164
从整风运动到反右派斗争（1957年6月）/ 225

D

达赖、班禅册封制度（1713年）/ 153
大庆油田的勘探和开发（1959年9月）/ 230
大汶口文化（前4300年~前2500年）/ 4

大禹治水（约公元前2235年~前2213年）/ 6
“大跃进”运动全面掀起（1958年8月）/ 227
大泽乡起义（前209年）/ 33
戴震 / 156
道教产生 / 51
邓小平开始“全面整顿”（1975年1月）/ 247
邓小平南巡讲话（1992年1月~2月）/ 281
邓小平逝世（1997年2月19日）/ 291
第28届奥林匹克运动会在北京开幕（2008年8月8日）/ 314
第二次鸦片战争（1856年~1860年）/ 162
第一次“汪辜会谈”（1993年4月27日~29日）/ 284
第一次国共合作（1924年1月~1927年7月）/ 190
第一次鸦片战争（1840年~1842年）/ 160
第一个五年计划开始实施 / 216
第一届全国人民代表大会第一次会议召开（1954年9月15日~28日）/ 219
第一届世界佛教论坛在杭州举行（2006年4月13日~18日）/ 309
第一颗氢弹爆炸成功（1967年6月17日）/ 241
第一颗人造地球卫星发射成功（1970年4月24日）/ 243
第一颗原子弹爆炸成功（1964年10月16日）/ 237
雕版印刷《金刚经》（868年）/ 97
《东方红》首演（1964年10月2日）/ 236
东汉（25年~220年）/ 47
东晋（317年~420年）/ 64
东林党（1604年~1644年）/ 142
东周（前770年~前256年）/ 15
董其昌 / 141
杜甫 / 92
杜佑与《通典》（801年）/ 95
对资本主义工商业的社会主义改造（1953年5月~1956年底）/ 216
敦煌莫高窟 / 98

E

二次革命（1913年7月12日~9月1日）/ 183
“二十四史”刊行（1739年~1784年）/ 155

F

法显西行求法（399年~412年）/ 69
藩镇割据（763年~960年）/ 93
《反分裂国家法》颁布实施（2005年3月14日）/ 307
反右倾运动（1959年10月~1960年初）/ 230
范宽与《溪山行旅图》/ 102
范缜与《神灭论》（507年）/ 75
范仲淹与“庆历新政”（1043年~1044年）/ 108
方腊、宋江起义（1119年~1121年）/ 115
非公有制经济成为“社会主义市场经济的重要组成部分”（1999年3月5日）/ 295
淝水之战（383年）/ 67
分税制改革（1994年1月）/ 285
焚书坑儒（前213年~212年）/ 33
粉碎“四人帮”（1976年10月14日）/ 250
佛教传入中国（前2年）/ 46
扶贫攻坚计划开始实施（1994年3月）/ 286

G

垓下之战（前202年）/ 35
干宝与《搜神记》/ 65
甘石星经（约公元前350年）/ 26
甘英出使大秦（97年）/ 50
《告台湾同胞书》的发表（1979年1月1日）/ 253
葛洪与《抱朴子》/ 65
工业学大庆（1964年1月25日）/ 235
龚自珍 / 159
共产党领导的多党合作和政治协商制度的确立（1954年12月）/ 220
共和行政（前841年）/ 14
构建和谐社会战略的提出（2006年10月8日~11日）/ 310
《古今图书集成》（1728年）/ 154
古文运动 / 95
股权分置改革全面启动（2005年9月6日）/ 308
顾恺之 / 66
顾炎武 / 148
关汉卿 / 123

《关于建国以来党的若干历史问题的决议》（1981年6月）/ 258
《关于经济体制改革的决定》颁布（1984年10月20日）/ 265
《关于正确处理人民内部矛盾的问题》（1957年2月27日）/ 225
官渡之战（200年）/ 54
管仲改革 / 16
郭守敬（1279年）/ 125
郭熙与《早春图》/ 111
国民经济恢复取得成功（1952年底）/ 215
国统区反饥饿、反内战、反迫害运动（1947年5月）/ 202
“过渡时期总路线”的提出（1953年6月15日）/ 217

H

海南省及海南经济特区设立（1988年4月13日）/ 272
海峡两岸关系协会成立（1991年12月16日）/ 280
海峡两岸直接“三通”全面实现（2009年4月26日）/ 315
《韩非子》/ 28
汉长安城（前194年~前104年）/ 36
汉武帝（前141年~前87年在位）/ 38
和平共处五项原则的创立（1954年4月29日）/ 218
荷兰人占据台湾（1626年）/ 144
赫德与中国海关（1863年~1908年）/ 168
红巾军起义（1351年~1368年）/ 128
洪仁玕与《资政新篇》（1859年）/ 163
忽必烈（1271年~1294年在位）/ 122
胡锦涛会见连战（2005年4月29日）/ 308
户籍管理制度正式形成（1958年1月9日）/ 226
护法运动（1917年7月~1918年5月）/ 186
护国运动（1915年12月）/ 185
华佗 / 55
皇太极建立清（1636年）/ 145
黄巢起义（875年~884年）/ 97
黄道婆革新纺织技术（1295年）/ 126
《黄帝内经》/ 29
黄帝与炎帝（前2700年~前2600年）/ 5
黄公望 / 127

黄巾军起义（184年~192年）/ 53
黄宗羲与《明夷待访录》/ 148
黄遵宪 / 169
恢复高考制度（1977年10月）/ 251
惠能创立禅宗南宗 / 86
慧远创立净土宗 / 67
“火炬”计划开始实施（1988年8月）/ 273
火枪的出现（1259年）/ 121
火烧圆明园（1860年）/ 163
火药武器的使用（1040年）/ 106

J

基督教进入中国（635年）/ 84
基辛格秘密访华（1971年7月9日~11日）/ 244
激光汉字照排技术问世（1985年5月8日）/ 267
甲骨文（前1300年）/ 11
甲午战争（1894年~1895年）/ 172
贾思勰与《齐民要术》/ 76
贾谊与《过秦论》/ 37
价格体制改革的启动（1979年3月）/ 254
建安文学 / 53
建设社会主义市场经济体制（1992年10月）/ 282
鉴真东渡日本（753年）/ 91
江泽民当选中共中央总书记（1989年6月23日~24日）/ 274
江泽民提出对台政策8项主张（1995年1月30日）/ 288
蒋介石进攻解放区（1946年6月26日）/ 202
交子：世界上最早的纸币（1023年）/ 104
金（1115年~1234年）/ 114
“金瓶掣签”制度的确立（1792年）/ 158
《金瓶梅》刊行（1617年） / 143
京九铁路建成通车（1996年9月1日）/ 290
京剧（1790年）/ 157
京师大学堂（1898年）/ 174
京师同文馆（1862年）/ 167
精简城镇人口（1961年6月~1963年6月）/ 232
井冈山革命根据地的创建（1927年10月）/ 194
井田制 / 13
景德镇的兴起（1004年）/ 103

靖康之变（1126年）/ 115
靖难之役（1399年~1402年）/ 131
九一八事变（1931年9月18日）/ 195
“九二共识”（1992年12月）/ 283
《九章算术》/ 48
巨鹿之战（前207年）/ 34
均田制（485年）/ 72

K

开放开发浦东（1990年4月）/ 276
开国大典（1949年10月1日）/ 204
开元盛世（713年~741年）/ 88
开凿京杭大运河（605年~610年）/ 80
开展学习孔繁森活动（1995年4月）/ 288
康熙皇帝（1661年~1722年在位）/ 149
康有为 / 176
抗击“非典”（2003年2月~6月）/ 305
抗击特大洪水（1998年6月~9月）/ 294
科教兴国战略（1995年5月6日）/ 289
科举制度的废除（1905年）/ 179
科举制度的兴起（587年）/ 78
科学发展观写入党章（2007年10月15日~21日）/ 312
“科学技术是第一生产力”的提出（1988年9月5日）/ 273
可持续发展战略正式确立（1996年3月）/ 290
克拉玛依油田的开发（1955年10月）/ 222
孔子 / 18
昆明世界园艺博览会开幕（1999年4月30日）/ 296

L

蓝田人（距今约100万年）/ 2
老子与《道德经》/ 17
乐府诗 / 42
李白 / 89
李冰父子修建都江堰（前256年）/ 28
李春修建赵州桥（595年）/ 79
李鸿章 / 166
李诫与《营造法式》（1103年）/ 113
李悝变法（前445年）/ 23
李清照 / 117

李时珍与《本草纲目》（1578年）/ 138
李世民与玄武门之变（626年）/ 82
李元昊（1038年~1048年在位）/ 105
李贽与《焚书》（1590年）/ 140
李自成起义（1629年~1644年）/ 145
理学 / 108
利玛窦来华（1582年）/ 139
郦道元与《水经注》（517年）/ 75
良渚文化（前3300年~前2200年）/ 5
梁启超 / 176
粮、棉、油统购统销政策开始实施（1953年12月）/ 217
“两个根本性转变”的提出（1995年9月25日~28日）/ 289
辽（916年~1125年）/ 100
林则徐虎门销烟（1839年）/ 160
灵渠（前214年）/ 31
刘邦 / 34
刘备 / 54
刘徽与《九章算术注》（263年）/ 60
刘向与刘歆 / 45
刘勰与《文心雕龙》（502年）/ 74
刘秀（25年~57年在位）/ 47
刘义庆与《世说新语》/ 71
刘禹锡 / 96
刘裕（420年~422年在位）/ 70
刘知几与《史通》/ 87
留美幼童（1872年）/ 169
龙门石窟（494年）/ 73
龙山文化（前2600年~前2000年）/ 6
鲁迅发表《狂人日记》（1918年5月15日）/ 187
陆九渊创立“心学”/ 118
陆游 / 117
陆羽与《茶经》/ 93
吕不韦与《吕氏春秋》（前239年）/ 29
《论十大关系》的发表（1956年4月25日）/ 223
《论语》/ 22
罗贯中与《三国演义》/ 130

M

马嘎尔尼使团访华（1793年）/ 159

《马关条约》（1895年）/ 172
马家窑文化（前3300年~前2900年）/ 4
马可•波罗来华（1275年）/ 124
马球流行 / 91
马王堆汉墓 / 36
马寅初发表《新人口论》（1957年7月5日）/ 226
马远 / 119
毛泽东逝世（1976年9月9日）/ 250
《毛泽东选集》第一卷出版（1951年10月）/ 210
门阀制度 / 62
孟子提出“仁政”思想 / 25
米芾 / 112
明（1368年~1644年）/ 129
明朝营造紫禁城（1407年~1420年）/ 133
墨子 / 22
牧野之战（前1046年）/ 12

N

南昌起义（1927年8月1日）/ 193
南朝（420年~589年）/ 70
南京长江大桥建成通车（1968年12月29日）/ 242
《南京条约》（1842年）/ 161
南水北调工程进入实施阶段（2002年12月27日）/ 304
南宋（1127年~1279年）/ 116
牛李党争（808年~847年）/ 96
农业合作化运动（1952年12月~1956年底）/ 214
《农业税条例》废止（2005年12月29日）/ 309
农业学大寨（1964年2月）/ 235
努尔哈赤 / 140

O

欧阳修与宋代诗文革新 / 104

P

盘庚迁殷（前1300年）/ 10
批准设立重庆直辖市（1997年3月14日）/ 292

骈文 / 71
“乒乓外交”的开展（1971年4月10日）/ 244
平息西藏叛乱（1959年3月）/ 228
《评新编历史剧〈海瑞罢官〉》的发表（1965年11月15日）/ 238
菩提达摩在中国创立禅宗 / 75
葡萄牙占据澳门（1553年）/ 136
蒲松龄与《聊斋志异》（1679年）/ 151

Q

七七事变（1937年7月7日）/ 198
“七千人大会”（1962年1月11日~2月7日）/ 232
戚继光抗倭（1553年~1567年）/ 136
乾隆皇帝（1736年~1795年在位）/ 154
遣唐使 / 83
秦（前221年~前206年）/ 30
秦山核电站并网发电（1991年12月15日）/ 279
秦始皇陵兵马俑 / 31
秦始皇嬴政（前221年~前210年在位）/ 30
秦修万里长城（前214年）/ 32
青藏公路建成通车（1954年12月25日）/ 220
青藏铁路全线通车（2006年7月1日）/ 310
清（1644年~1911年）/ 147
秋瑾 / 179
屈原与《离骚》/ 27
全国财政经济的统一管理（1950年3月3日）/ 206
全国高等院校院系调整（1952年4月~12月）/ 212
全国援藏工作的深入开展（1994年7月20日~23日）/ 287
全面建设小康社会的目标（2002年11月8日~14日）/ 302
全民所有制企业改革启动（1986年12月5日）/ 269
泉州与“海上丝绸之路”/ 125

R

人工合成核糖核酸（1981年11月20日）/ 260
人工种植水稻（前5000年~前4000年）/ 3
人民公社化运动迅速兴起（1958年8月29日）/ 228
日本政府签署投降书，中国抗日战争结束

（1945年9月2日）/ 201
容国团成为新中国第一个乒乓球世界冠军（1959年4月5日）/ 229

S

三大战役（1948年9月~1949年1月）/ 203
“三反”运动普遍开展（1951年12月~1952年10月）/ 211
“三个代表”重要思想（2000年2月）/ 298
“三个世界”划分理论的提出（1974年2月22日）/ 246
三国（220年~280年）/ 57
三省六部制 / 78
三峡工程实现大江截流（1997年11月8日）/ 294
“三线”建设战略的确立（1964年5月）/ 236
三星堆文化 / 10
僧一行与《大衍历》（724年）/ 89
山顶洞人（距今约8万年~1万年）/ 3
商（前1600年~前1046年）/ 9
商鞅变法（前359年）/ 26
上海合作组织成立（2001年6月15日）/ 299
上海申博成功（2002年12月3日）/ 303
上海证券交易所诞生（1990年12月19日）/ 278
“上山下乡”运动开始（1968年12月）/ 241
邵雍 / 107
绍兴和议（1141年）/ 117
社会主义初级阶段的基本纲领（1997年9月12日~18日）/ 293
社会主义初级阶段的基本路线（1987年10月25日~11月1日）/ 270
社会主义建设总路线的提出（1958年5月）/ 226
《神农本草经》/ 50
沈括与《梦溪笔谈》（约1090年）/ 111
《诗经》/ 19
施耐庵与《水浒传》/ 130
十国（891年~979年）/ 99
十届全国人大二次会议修宪（2004年3月5日~14日）/ 307
十一世班禅坐床典礼（1995年12月8日）/ 289
石涛 / 151

首次人工合成结晶牛胰岛素（1965年9月17日）/ 237

首批台湾探亲团抵达北京（1988年1月19日）/ 271

书院的兴盛 / 102

“双百”方针的提出（1956年4月）/ 222

丝绸之路 / 40

司马光与《资治通鉴》（1066年~1084年）/ 110

司马迁与《史记》（前108年）/ 43

司马相如与汉赋 / 39

四一二反革命与第一次国共合作破裂（1927年4月12日）/ 192

《四库全书》（1772年~1782年）/ 157

四项基本原则的提出（1979年3月30日）/ 254

宋慈与《洗冤集录》（1247年）/ 121

宋应星与《天工开物》（1637年）/ 146

苏东坡 / 109

隋（581年~618年）/ 77

隋文帝杨坚（581年~604年在位）/ 77

隋炀帝杨广（604年~618年在位）/ 79

孙权 / 56

孙思邈 / 85

孙武与《孙子兵法》/ 19

孙中山 / 171

T

台儿庄大捷（1938年4月）/ 199

台湾府的设置（1684年）/ 151

太初历（前104年）/ 43

太平天国运动（1851年~1864年）/ 162

太学的设立（前124年）/ 41

谭鑫培 / 169

汤若望来华（1620年）/ 144

汤显祖与《牡丹亭》（1598年）/ 141

唐（618年~907年）/ 81

《唐本草》（659年）/ 85

唐伯虎 / 134

唐传奇 / 91

唐三彩 / 98

唐山大地震（1976年7月28日）/ 249

唐玄宗李隆基（712年~756年在位）/ 88

陶弘景与《本草经集注》（500年）/ 74

陶器的出现（前4800年~前2900年）/ 3
陶渊明与《桃花源记》/ 69
条约制度 / 164
调整国民经济的“八字方针”（1961年1月）/ 231
铁器时代 / 16
土木之变（1449年）/ 133

W

完颜阿骨打（1115年~1123年在位）/ 114
晚清谴责小说 / 174
皖南事变（1941年1月6日）/ 200
王安石变法（1069年~1076年）/ 110
王充与《论衡》（83年）/ 49
王夫之 / 149
王莽改制（8年~23年）/ 46
王实甫与《西厢记》/ 126
王叔和与《脉经》/ 60
王惟一铸造针灸铜人（1027年）/ 104
王维 / 90
王羲之与《兰亭集序》（353年）/ 66
王阳明 / 135
王祯与《农书》（1313年）/ 128
为刘少奇平反（1980年2月）/ 256
卫温入台（230年）/ 58
魏源与《海国图志》（1842年）/ 161
文成公主与松赞干布（641年）/ 84
文化大革命（1966年5月~1976年10月）/ 239
文景之治（前179年~前141年）/ 37
文天祥抗元（1275年~1283年）/ 124
《文献通考》（1307年）/ 127
文徵明 / 135
汶川大地震（2008年5月12日）/ 314
吴昌硕 / 168
吴承恩与《西游记》（约1570年）/ 137
吴道子 / 87
吴敬梓与《儒林外史》（约1750年）/ 156
五代（907年~960年）/ 99
“五反”运动普遍开展（1952年1月~10月）/ 211
五胡十六国（304年~439年）/ 63
五四运动爆发（1919年5月4日）/ 188
五铢钱（前118年）/ 42

武则天（690年~705年在位）/ 86
戊戌变法（1898年）/ 175

X

西安事变（1936年12月12日）/ 197
西部大开发战略的提出（1999年6月9日）/ 297
西藏和平解放（1951年5月23日）/ 209
西藏开始民主改革（1959年7月17日）/ 229
西汉（前202年~公元25年）/ 35
西晋（265年~317年）/ 61
西夏（1038年~1227年）/ 105
西周（前1046年~前771年）/ 12
"希望工程"开始实施（1989年10月）/ 275
夏（前2070年~前1600年）/ 7
夏历（约公元前2000年）/ 8
香港回归（1997年7月1日）/ 292
《香港特别行政区基本法》颁布（1990年4月4日）/ 277
向雷锋同志学习（1963年3月5日）/ 234
项羽 / 33
萧统与《昭明文选》/ 76
小岗村与家庭联产承包责任制（1979年）/ 255
孝文帝改革（494年）/ 73
谢灵运 / 71
《辛丑条约》（1901年）/ 177
辛亥革命（1911年）/ 181
辛弃疾 / 119
"新币制"的实施（1955年2月20日）/ 221
新的国家领导人产生（2003年3月5日~18日）/ 305
新解放区的土地改革（1950年冬~1953年春）/ 209
新文化运动（1915年9月）/ 184
新中国成立35周年国庆阅兵（1984年10月1日）/ 264
新中国成立60周年国庆庆典（2009年10月1日）/ 316
行省制度 / 127
徐光启与《农政全书》（1639年）/ 146
徐弘祖与《徐霞客游记》/ 143
徐寿 / 167
徐渭 / 139

许慎与《说文解字》(100年) / 50
玄学 / 59
玄奘西游取经(627年~645年) / 83
《选举法》颁布实施(1953年3月1日) / 215
学习焦裕禄(1966年2月7日) / 239
荀子 / 27

Y

亚太经合组织上海峰会成功举办(2001年10月21日) / 299
延安整风运动(1941年5月~1945年4月) / 200
严复与《天演论》(1897年) / 174
沿海外向型经济发展战略的确立(1988年3月4日) / 271
阎立本 / 85
颜真卿与柳公权 / 96
杨贵妃 / 90
杨炎与两税法(780年) / 94
洋务运动(1861年~1895年) / 165
耶律阿保机(916年~926年在位) / 100
耶律楚材任中书令(1231年~1244年) / 120
叶剑英提出和平统一祖国的9条方针政策(1981年9月30日) / 259
伊斯兰教传入中国(651年) / 84
义和团运动(1898年~1900年) / 175
义务教育制度的确立(1986年7月1日) / 268
《易》 / 14
雍正皇帝(1723年~1735年在位) / 153
《永乐大典》(1403年~1408年) / 132
元(1271年~1368年) / 122
元谋人(距今约170万年) / 2
袁隆平培育的籼型杂交水稻通过鉴定(1975年10月20日) / 248
袁世凯 / 173
袁世凯接受丧权辱国的“二十一条”(1915年5月9日) / 183
岳飞抗金(1127年~1142年) / 116
越王勾践卧薪尝胆(前494年~前475年) / 20
云冈石窟(453年~494年) / 72

Z

曾国藩 / 166
詹天佑与京张铁路(1905年~1909年) / 180

战国七雄（前386年）/ 24
战国时期（前476年~前221年）/ 21
张衡发明地动仪（132年）/ 52
张謇 / 173
张居正改革（1573年~1582年）/ 138
张骞出使西域（前138年~前116年）/ 39
张旭与“狂草”/ 87
张载与“民胞物与”/ 107
张择端与《清明上河图》/ 113
张之洞 / 167
张仲景与《伤寒杂病论》（204年）/ 55
章炳麟 / 178
昭君出塞（前33年）/ 45
赵过实行代田法，推广牛耕（前89年）/ 44
赵匡胤建立宋朝 / 101
赵孟頫 / 126
贞观之治（627年~649年）/ 82
《针灸甲乙经》（259年）/ 60
真理标准问题的大讨论（1978年5月）/ 251
振兴东北老工业基地战略开始实施（2003年12月）/ 306
镇压反革命运动基本结束（1951年10月）/ 210
正式设立海南洋浦经济开发区（1992年3月）/ 281
郑板桥 / 155
郑成功收复台湾（1662年）/ 150
郑观应 / 170
郑和下西洋（1405年~1433年）/ 132
指南车的发明（235年）/ 58
指南针开始用于航海（1099年）/ 112
治理淮河（1950年10月14日）/ 207
中俄《尼布楚条约》（1689年）/ 152
中法战争（1883年~1885年）/ 170
中非合作论坛与《北京宣言》（2006年11月4日~5日）/ 311
中共八大的召开（1956年9月15日~27日）/ 223
中共七届三中全会（1950年6月6日）/ 207
中共十二大召开（1982年9月1日~11日）/ 260
中共十一届三中全会（1978年12月18日~22日）/ 252
中国成功举办第11届亚洲运动会（1990年9月22日~10月7日）/ 277
中国代表团出席日内瓦会议（1954年4月28日~7月2日）/ 218

中国代表团出席万隆亚非会议（1955年4月18日~24日）/ 221

中国第一台亿次计算机“银河”研制成功（1983年12月22日）/ 261

中国工农红军长征（1934年10月~1936年10月）/ 196

中国共产党成立（1921年7月23日~31日）/ 189

中国共产党新的领导集体产生（2002年11月15日）/ 303

中国国民党成立（1912年8月25日）/ 182

中国恢复在联合国的合法席位（1971年10月25日）/ 245

中国加入世界贸易组织（2001年11月10日）/ 300

中国开始实行居民身份证制度（1985年9月6日）/ 267

中国南极长城站落成（1985年2月20日）/ 266

中国女排获得第一个世界冠军（1981年11月16日）/ 259

中国启动以汇率改革为核心的外贸体制改革（1994年1月）/ 285

中国人民政治协商会议第一届全体会议（1949年9月21日）/ 204

中国人民志愿军抗美援朝（1950年10月25日~1953年7月）/ 208

中国实现奥运金牌零的突破（1984年7月29日）/ 263

中国首次载人航天圆满成功（2003年10月15日~16日）/ 306

中国同盟会（1905年）/ 180

中国宇航员首次太空行走（2008年9月25日）/ 315

中国驻南斯拉夫大使馆被炸事件（1999年5月8日）/ 296

中华民国正式成立（1912年1月1日）/ 182

《中华人民共和国婚姻法》颁布实施（1950年5月1日）/ 206

《中华人民共和国劳动法》颁布（1994年7月5日）/ 286

《中华人民共和国民族区域自治实施纲领》公布实施（1952年8月9日）/ 214

《中华人民共和国人口与计划生育法》实施（2002年9月1日）/ 302

《中华人民共和国宪法》颁布实施（1954年9月20日）/ 219

中美建交（1979年1月1日）/ 253

中美上海《联合公报》发表（1972年2月28日）/ 245

中美撞机事件（2001年4月1日）/ 298
中葡澳门问题联合声明正式签署（1987年4月13日）/ 269
中日“民间外交”的逐步开展（1952年4月）/ 212
中日邦交正常化（1973年9月29日）/ 246
中苏关系正常化（1989年5月18日）/ 274
中苏军队在珍宝岛发生武装冲突（1969年3月）/ 242
中苏两党论战白热化（1963年9月6日~1964年7月14日）/ 234
中苏两国关系走向破裂（1960年8月）/ 231
《中苏友好同盟互助条约》的签署（19560年2月14日）/ 205
中印边境自卫反击战（1962年10月）/ 233
中英签署关于香港问题的联合声明（1984年12月19日）/ 266
钟鼎与礼乐文化 / 14
重庆谈判与《双十协定》（1945年10月10日）/ 201
周敦颐 / 107
周恩来逝世（1976年1月8日）/ 248
朱耷 / 150
朱熹 / 118
朱元璋（1368年~1398年在位）/ 129
诸葛亮 / 56
竹林七贤 / 59
住房货币化改革启动（1998年7月3日）/ 295
庄子与《逍遥游》/ 25
宗法制与分封制 / 13
总理衙门的建立（1861年）/ 165
邹容 / 179
祖冲之推算圆周率 / 74
遵义会议（1935年1月15日~17日）/ 197
《左传》/ 24

中国历史速查：
从远古到21世纪

距今约170万年

距今约100万年

距今约71万年

距今170万年

元谋人

蓝田人

北京人
（距今约 71 万年～23 万年）

元谋人是中国境内最早的直立人。1965年在中国云南的元谋发现了两枚牙齿化石，其主体被称为“元谋人”，同时还发现了石器和用火遗迹。作为亚洲最早的原始人类，元谋人也是目前所知最早的使用火的人类。

元谋人用火图

蓝田人复原像

蓝田人是旧石器时代早期人类，属直立人，蓝田人的遗骨是1963年到1964年在陕西省蓝田县发现的。当时所发现的蓝田人遗骨包括头骨一具、上下颌骨各一具和牙齿十余枚。蓝田人头盖骨低平，额部明显后斜，眉脊骨粗壮，脑量约为780 毫升，吻部向前突出，表现出较为原始的形态。在蓝田人化石的层位中还发现有石器和古动物化石等。

北京人是中国华北地区旧石器时代早期的人类。1929年，中国考古学家裴文中在北京周口店龙骨山发现了一个完整的北京人头盖骨，随后又发现了石器和用火遗迹。

北京人复原像

距今约8万年

公元前5000年

公元前4800年

前4800

山顶洞人
（距今约8万年～1万年）

山顶洞人使用的骨针及穿孔兽牙

山顶洞人是中国华北地区旧石器时代晚期的人类。在北京周口店龙骨山的遗址中，考古学家发现了包括3个头骨在内的代表至少8个山顶洞人个体的化石材料和大量动物化石，以及碳屑、石器、骨器和用穿孔石子、兽牙、贝壳等做成的串饰品。

人工种植水稻
（前5000年～前4000年）

河姆渡遗址中堆积的稻谷

在长江下游地区的浙江河姆渡文化遗址中，考古学家发现了大量的用于耕作的骨耜和稻谷遗存，而且有证据表明，在当时水稻的确已被用于农业种植。

河姆渡遗址中出土的骨耜和其他骨器

陶器的出现
（前4800年～前2900年）

人面鱼纹彩陶盆

在这一时期的中国华北、西北等地的仰韶文化遗址中，考古学家发现了大量制作精美的陶器，这些陶器主要呈红色，上面常绘有几何形图案或动物形花纹，表明当时的人们已经较好地掌握了选用陶土、造型、装饰、烧制等制陶工序。

泥条盘筑法制陶

公元前4300年

公元前3300年

前4300

大汶口文化（前 4300 年 ~ 前 2500 年）

大汶口文化主要分布在山东和苏北一带。这一时期，人类生存主要依靠种植谷物，以及渔猎和采摘，生产工具有斧、铲、刀，骨角制的锄、鱼镖、鱼钩等。轮制技术开始得到应用，陶器的形状更加精致、多样，上面还出现了许多类似于象形文字的刻画符号，考古学家称之为“陶文”。

彩陶壶

马家窑文化（前 3300 年 ~ 前 2900 年）

舞蹈纹彩陶盆

马家窑文化是中国新石器时代晚期文化，分布范围涉及黄河上游地区及甘肃、青海境内的洮河、大夏河及湟水流域一带。马家窑文化继仰韶文化之后，将彩陶文化推向前所未有的高度，器型丰富多姿，图案极富于变化和绚丽多彩，有神奇的动物图纹，恢宏的歌舞，对比的几何形状，强烈的动感姿态，不仅包含着史前时期众多神秘的社会信息、文化信息，同时也创造了中国画最早的形式——以毛笔作为绘画工具、以线条作为造形手段、以黑色（同于墨）作为主要基调。

人形浮雕彩陶壶纹样

约公元前5000年～前4000年，古代埃及出现以太阳和月亮为规律的日历，为已知最早的日历。

良渚文化（前 3300 年 ~ 前 2200 年）

玉版饰

良渚文化是中国长江下游地区的新石器时代文化，主要分布在环太湖地区。陶器以黑陶为特色，一般器壁较薄，器表以素面磨光的为多，少数有精细的刻划花纹和镂孔。刻划有纤细禽鸟纹、蟠螭纹的鼎壶及漆绘陶器，是良渚文化陶器中的精品。玉器非常发达，玉器上刻有似神似兽的神人形像和神人兽合一的形像，除神人兽面图像外，其他出现最多的图案是鸟。

陶鼎

黄帝与炎帝（前 2700 年 ~ 前 2600 年）

黄帝像

传说中的黄帝被中国人敬为“人文初祖”。相传养蚕、舟车、文字、音律、医学、数算、历法等等，都是黄帝时期发明的，那是一个传说中的黄金时代。炎帝是与黄帝同时代的另一个传说人物，据说黄帝打败了炎帝才统一了中国大地上的各个部落，形成了华夏族。因此，黄帝和炎帝被共同尊奉为中华民族的祖先，今天的中国人也往往称自己为“炎黄子孙”。

- 公元前 3500 年 ~ 前 3100 年，古代两河流域出现陶轮制陶，创造了楔形文字。
- 公元前 3500 年 ~ 前 3100 年，古代埃及国家形成，出现象形文字。

公元前2600年

约公元前2235年

龙山文化（前 2600 年 ~ 前 2000 年）

黑陶酒具

龙山文化泛指中国黄河中、下游地区约当新石器时代晚期的一类文化遗存，主要分布于山东、河南、山西、陕西等省。龙山文化的显著特征一是在每个地区都发现了大量的城址，二是黑陶。大汶口文化出现的快轮制陶技术在这一时期得到普遍采用，磨光黑陶数量更多，质量更精，烧出了薄如蛋壳的器物，表面光亮如漆，是中国制陶史上的鼎峰时期。

薄胎黑陶高柄杯

大禹治水（约公元前 2235 年 ~ 前 2213 年）

在公元前23世纪，中国的黄河流域经常发生水灾，传说当时的统治者舜派遣禹去治理。禹采取开渠排水、疏通河道的办法，经过13年的努力，疏通了9条河道，把洪水引入大海。因为治水有功，禹成为了舜的继承者。

大禹像

大禹治水图

◎ 公元前 2780 年 ~ 前 2280 年，埃及古王国时期，国家统一完成，君主专制确立，大规模兴建金字塔。

◎ 约公元前 2300 年 ~ 前 1750 年，古代印度哈拉帕文化时期，出现城市文化，国家形成，已使用文字。

公元前2070年～前1600年

夏

作为中国史书记载的第一个朝代，夏控制了中国黄河流域的部分地区，但在夏朝统治的400多年中，只有第六代王少康使这个国家出现了一些兴盛的局面，其他15位王都对内部权力斗争和外族入侵束手无措。最终，夏亡于骄奢淫逸、狂妄自大的末代王桀的手中。灭夏者为汤，他建立了另一个朝代——商。

禅让制与世袭制

中国部落社会政权的更替是禅让制，即在位的部落联盟首领自愿将统治权让给他人，目的是让更贤能的人管理部落事务，黄河流域的三位著名的部落领袖尧、舜、禹正是通过这种方式完成了他们之间的权力交接。禹去世之后，他的儿子启自立为王，用世袭制代替了禅让制，建立了中国历史上第一个国家——夏朝。

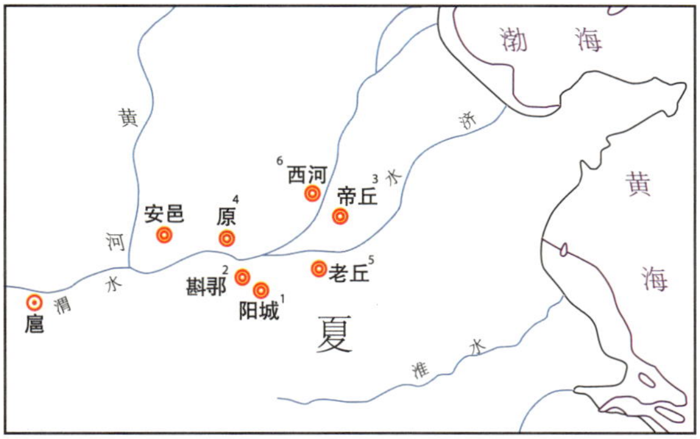

夏朝控制范围及迁都顺序示意图

河南偃师二里头夏代遗址发掘现场

- 约公元前 2100 年前后，古代两河流域乌尔第三王朝创立者乌尔纳姆在位，颁布《乌尔纳姆法典》，为世界第一部成文法典。
- 公元前 2100 年～前 1400 年，爱琴海地区克里特文明时期。

约公元前2000年

夏历

夏历又叫农历，据传萌始于公元前21世纪前后，后经过数千年的不断完善。在这部历法中，一年分为12个月，每月或29天或30天，全年354或355日，还设置闰月以使平均历年为一个回归年，又设置二十四节气以反映季节的变化特征。夏历对中国历史产生的影响非常大，至今中国农村及全世界华人仍在使用夏历，以指导农业生产和推算春节、中秋节、端午节等传统节日。

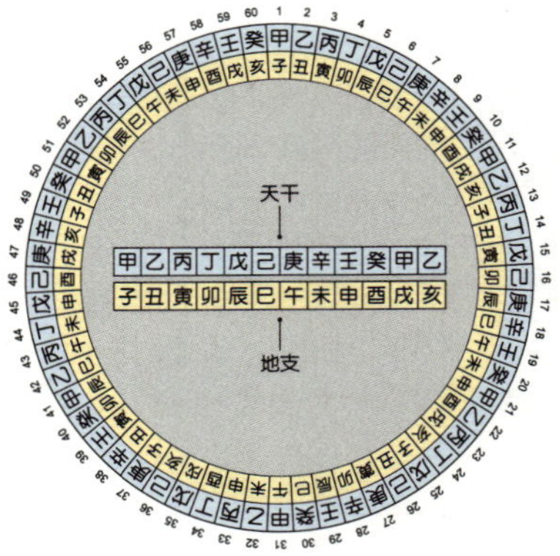

天干与地支循环组合表

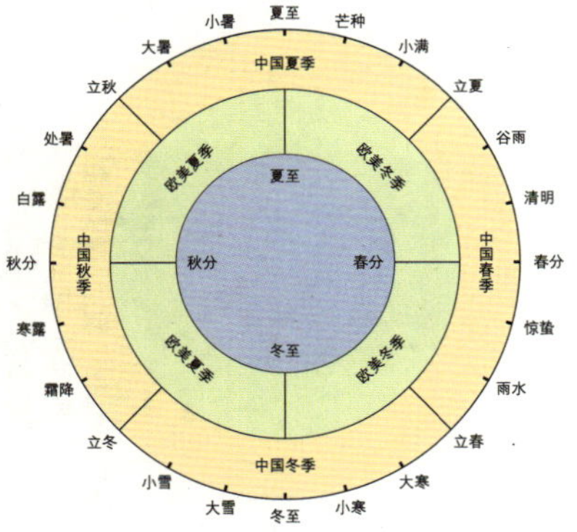

中国的二十四节气与北半球四季

干支记日法

干支记日法是中国古代独特的计时方法，“干支”是“天干”和“地支”的简称。天干有十个字，称为“十天干”，地支有十二个字，称为“十二地支”。两相配合，六十年为一个周期。夏代已出现用天干记日的方法，从商代起开始出现天干、地支互相配合而形成的干支记日法，春秋时期的鲁隐公三年（前 720 年）第一次出现确切的干支记日，一直沿用到公元 1911 年，在长达 2600 多年的漫长岁月中，从未间断过，也没有发生过错乱，是迄今所知世界上最悠久而完整的记日史料。

- 公元前 2000 年，腓尼基人发明拼音文字。
- 公元前 2000 年～前 1000 年，古代印度早期吠陀时代。
- 公元前 1900 年～前 1650 年，古代西亚古赫梯旧王国时期。
- 约公元前 1894 年～前 1595 年，古代两河流域古巴比伦时代。

商

公元前1600年，汤灭夏建商。商朝历经31王，计500余年，一度将自己的统治范围从黄河流域扩张到了长江流域，周围拥有许多方国。商朝重视"劦田"（指在土地上进行集体耕作），完善了各地的商业流通，可以共识的文字也逐渐形成，在建筑、漆器、骨雕、青铜器等方面拥有了精湛的制作技术。

记载田猎等内容的商代大型涂朱牛骨刻辞

田猎

商代的君主经常带领着王室贵族和军队去野外进行大规模的狩猎活动。这些被精心安排的活动不仅可以训练王室的军队，还能够使宫廷获取充足的食物，更能够通过这种仪式保持贵族对国王的忠诚。这种田猎活动一直延续到18世纪中期。

四羊方尊

司母戊鼎

- 公元前 1792 年～前 1750 年，古巴比伦王国汉谟拉比在位，颁布《汉谟拉比法典》，为人类法典之始。
- 约公元前 1700 年～前 1100 年，爱琴海地区迈锡尼文明时期。

贴金铜人头

三星堆是中国西南地区的青铜时代遗址，位于四川广汉。在遗址中发现城址1座，东西长1600～2100米，南北宽1400米，总面积2.6平方公里。在古城附近先后发现两个大型祭祀坑，出土金、铜、玉石器物4000余种，其中有高达2.62米的青铜人像和50余件巨型青铜人头像。头像两目突出，造型奇特，有的还带有金面具，极为神秘。三星堆文化既保留了商文化的特征，又显示出宗教巫术在古巴蜀文化中的重要地位。

大型人面具

商朝在前期的300多年间曾多次迁徙都城，至公元前1300年第20代王盘庚时，将都城迁到了洹水之滨的殷，即今河南省安阳市西北，从此都城不再迁徙。盘庚迁殷不仅使殷发展成为一个繁华的大都市，更使商朝出现了前所未有的强盛局面。今天，人们仍然能够在商代遗址——殷墟中看到当时的繁华景象。

殷墟出土的商代青铜酒器

殷墟出土的商代陶排水管

◎ 公元前 1584 年～前 1071 年，古代埃及新王国时期。

◎ 公元前 1430 年～前 1200 年，古代西亚赫梯帝国时期，编制法典，国势达到鼎盛。

公元前1300年

河南安阳洹河两岸

宰丰骨，一面记载赏赐之事，一面刻有纹饰。

20世纪初，考古学家在商朝都城殷的遗址中陆续发现了近10万块龟甲骨和兽骨，这些甲骨上所刻的近5000个不同的文字，明确地记载了商朝的政治活动与占卜之间的关系，以及祭祀、军事征战、任命官职、建筑城市、未来国家的吉凶征兆等内容。甲骨文是已经发现的最早的中国文字。

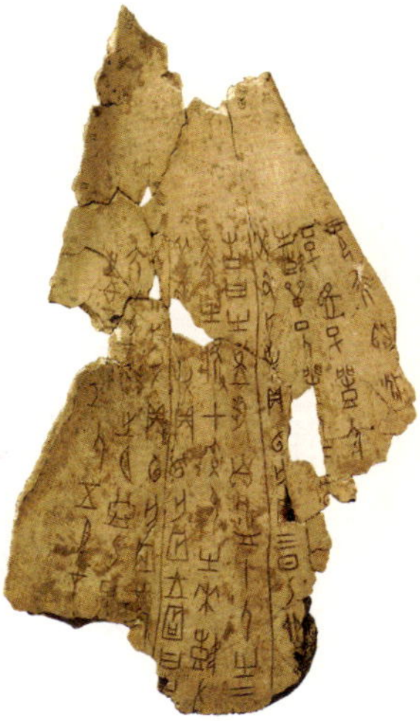

大型牛骨刻辞，内容涉及商代的方方面面。

◎ 公元前 1400 年 ~ 前 1078 年，古代西亚古亚述帝国时期。

◎ 公元前 1379 年，埃及国王埃赫那吞（前 1379 年 ~ 前 1362 年在位）即位，改革宗教，惟拜太阳神阿顿。

公元前1046年～前771年

牧野之战　西周

周武王像

周朝定都于镐京（今陕西西安的西南），中国历史称之为“西周”，历时275年。在这一时期，国家的很多管理制度已经基本完备，尤其是宗法制和分封制的完善使中央政权对中原地区的统治能力大大加强，其领土范围远远超过了商朝。但它始终未能解除来自周边民族的威胁，最终被一个来自西北边地的犬戎族所灭。

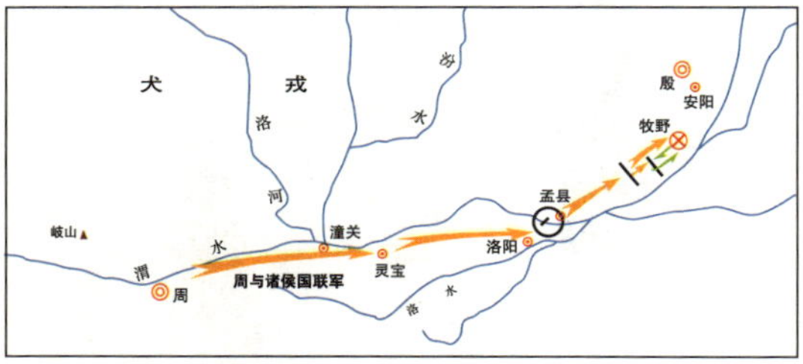

牧野之战要图

西周盛食器利簋，记载了武王伐纣的内容。

周是一个活跃于黄河流域的部落，在他们的首领文王、武王的经营之下，积累了雄厚的实力。公元前1046年，周武王（前1049年～前1043年在位）率军进逼商朝国都，双方决战于牧野（今河南淇县以南），商军临阵倒戈，商纣王逃回都城自尽。武王灭商之后，建立了周朝。

◎ 公元前 1000 年，希伯来人建立犹太王国，定都耶路撒冷，至前 586 年亡。

宗法制与分封制

宗法制和分封制是西周确立的一种将家族、宗教、政治、战争融为一体的等级系统，周天子为天下共主，只有嫡子才能继承王位，拥有祭祀权。国王之下是封邑，构成国家统治的基础，这些封邑由国王赏赐给皇室成员，负有应召参战和提供战车与士兵的义务。这种基于血缘关系的对国王的崇拜，主宰了西周整个社会和政治组织。但是，随着诸侯国自身实力的不断强大及各封邑之间发展的不平衡，这种制度的弊端在西周末年逐渐显露出来，强势者往往挟天子以令诸侯，诸侯国之间相互攻伐吞并的事也层出不穷，一直延续到公元前3世纪中叶。

井田制

西周盛行井田制，那时的道路和渠道纵横交错，把土地分割成方块，形状像汉字中的“井”字，周边为私田，中间为公田。井田属周王所有，分配给庶民使用。井田不得买卖和转让，只能由同姓继承，还要交纳贡赋。

“众人𠴲田”牛骨刻辞

《易》

《易》又称《易经》，最初成书于公元前12世纪，后经过补充和阐释，是中国一本极其古老的预言占卜的书。全书包括《经》和《传》两部分，《经》主要是64卦，每卦分6爻，各有卦辞、爻辞。《传》解释卦辞和爻辞，以及八卦的起源和性质。由于内容古老而神秘，几千年来关于它的解读与注释不计其数，被儒家和道家视为重要经典，世界各地研究《易经》的人也不在少数。

钟鼎与礼乐文化

编钟、编磬是中国古代的打击乐器，鼎是中国古代的食器和礼器。它们出现的时间非常久远，但是将其与等级秩序和礼仪制度联系在一起，从而赋予其强烈的政治象征意味，则是在西周。编钟用青铜铸成，编磬用玉或石雕成，按照音调高低的次序排列，悬挂于架上，用小锤或木棒敲打奏乐。鼎一般是青铜铸成，盛装食品。朝见、祭祀、宴饮等重大活动时，都要列鼎奏乐，但不同场合、不同等级，所奏乐曲、所列鼎数都不一样，有一套严格的制度。

共和行政

公元前9世纪，无法参与到政治中来的中、小贵族和平民的力量日益强大，周王室贵族作为国家的绝对统治集团的地位受到了挑战。公元前841年，号称"国人"的中、小贵族发动暴动，将周厉王赶出了京城，由召公、周公共同摄政，不另置君主，开始了为期14年的"共和行政"。此为中国历史上有确切纪年之始。

- 公元前935年～前612年，古代西亚新亚述帝国时期，铁器出现并广泛应用。
- 约公元前10～前5世纪，古代印度最早的哲学著作、婆罗门教经典《奥义书》形成。
- 公元前9世纪，腓尼基人于北非建立迦太基帝国，至前146年灭。
- 公元前800年～前550年，古印度后吠陀时期。
- 公元前776年，希腊人于奥林匹克平原举行赛跑等竞技运动，以纪念天神宙斯，是为世界奥林匹克运动之始。

东周 春秋时期（前770年～前476年）

西周灭亡以后，周王室于公元前770年东迁到洛邑（今河南洛阳）建都，史称“东周”。东周统治范围大大缩小，中央权力大大削弱，仅仅是一个名义上的政治核心。各个诸侯国不大理会周天子，原有的礼乐制度多被僭越，他们只忙于彼此之间的兼并斗争。东周经历了春秋、战国两个时期，前256年被秦所灭。

春秋时期的盟书

东周虽使周王室的统治得以延续，但已经极度衰落。各个诸侯国纷纷走上自己的发展道路，黄河流域的齐、鲁、晋、宋、秦等诸侯国不断争霸，长江地区的楚、吴、越也先后强大起来，他们陆续成为颇具影响的霸主，但在名义上仍然视周天子为最高的统治者。这个混乱的时期被称之为春秋时期。

- 公元前8世纪，古希腊史诗《伊利亚特》、《奥德赛》形成，传为荷马所作。
- 公元前753年～前509年，罗马王国时期，又称王政时代。

公元前 679 年

管仲改革

管仲像

管仲（前725年 ~ 前645年）是春秋时期杰出的政治家，他通过改革使齐国成为春秋时期第一个称霸中原的强国。管仲改革的内容包括：按土地肥瘠征收赋税，对盐、铁、铸币等实行国家垄断；将国都分为士乡和工商乡，又将士乡变为军事编制，扩充军备；用官府力量发展盐铁业，铸造和管理货币，调剂物价。

春秋五霸

据史料记载，春秋初期诸侯列国有140多个，经过连年兼并，到后来只剩较大的几个。为了争夺霸权，这些大国之间相互攻伐，连年征战。公元前679年，齐桓公在管仲的辅佐之下首先称霸，此后晋文公、楚庄王、吴王阖闾、越王勾践相继称霸，史称“春秋五霸”。

《晋文公复国图》（局部）

铁器时代

春秋早期，中国人已经进行人工冶铁。至春秋晚期，铁器的使用相当普遍。在黄河流域和长江南北的墓葬中，都出土过铁制兵器、农具和容器。到了战国时期，已开始使用鼓风竖炉冶铁技术，而且冶铁主要由国家掌管，管理冶铁的官吏下辖大批采矿和冶炼的官徒。铁制农具在农业中发挥着重要的作用，而铁制兵器则成了克敌制胜的重要手段。

春秋时期的铜柄铁剑

◎ 公元前 660 年，日本开国，第一代天皇——神武天皇即位。

◎ 公元前 626 年 ~ 前 538 年，古代两河流域新巴比伦王国时期。

◎ 公元前 7 世纪末，古希腊斯巴达国家形成。

公元前594年

百家争鸣

公元前7世纪以后的400多年里，中国社会一直处于动荡之中，但这一时期哲学思想空前活跃与繁荣，儒家、法家、道家都是形成于这个时期，其他诸如墨家、五行家等数十个思想流派也是产生于此时。两千多年来，这些思想对中国社会的发展，对中国人思想观念的形成，产生了深刻而长远的影响。

初税亩

公元前594年，鲁国开始实行按田亩征税的制度，即“初税亩”。规定不分公田、私田，凡占有土地者均按土地面积纳税，税率为10%，这被视为中国古代承认土地私有制和征收农业税的开始。

老子与《道德经》

老子像

老子（约前580年 ~ 前500年）名李耳，春秋末楚国人，道家学派的创始人，以其《道德经》为后世的中国哲学家留下了丰厚的遗产。《道德经》以“道”说明宇宙万物的演变，认为“道生一，一生二，二生三，三生万物”及“道法自然”，又认为事物都有正反两方面的对立，并且相互转化，“祸兮福之所倚，福兮祸之所伏”，主张知足寡欲，无为而治。

- 公元前 621 年，古雅典颁布《德拉古法典》。
- 公元前 597 年 ~ 前 538 年，巴比伦之囚。
- 公元前 594 年，梭伦（前 638 年 ~ 前 559 年）任雅典执政官，创立公民会议及陪审制度。

孔子

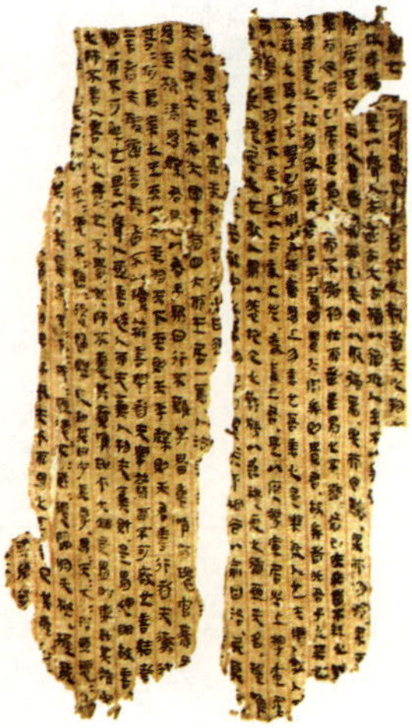

帛书《道德经》

孔子像

孔子（前551年～前479年）名丘，鲁国人，中国古代著名思想家和教育家，儒家学派的创始人。孔子把“仁”和“礼”视为道德的最高原则，以此规范人们的行为，“仁”可以解释为“爱”；“礼”是道德、礼节、规矩等的总和。孔子开创了私人讲学的风气，不分贫富贵贱广收门徒，据说他有3000弟子，其中优秀者72人。在教育上，他主张“学而优则仕”和“因材施教”，提倡“三人行，必有我师”、“不耻下问”、“知之为知之，不知为不知”，他的门徒将其言论记载在《论语》中。孔子曾周游列国，宣传自己的主张，但屡屡碰壁。晚年专心于古代文献的整理，致力于教育，先后编订《诗经》、《尚书》和《春秋》。经过孔子的提倡和历代思想家的发展，儒家学说至今仍深刻影响着中国人的生活。

◎ 古希腊哲学家泰勒斯（约前624年～前547年）创立米利都学派。

◎ 古希腊哲学家阿那克西曼德（约前611年～前545年）撰写了古希腊首部哲学著作《论自然》。

《诗经》

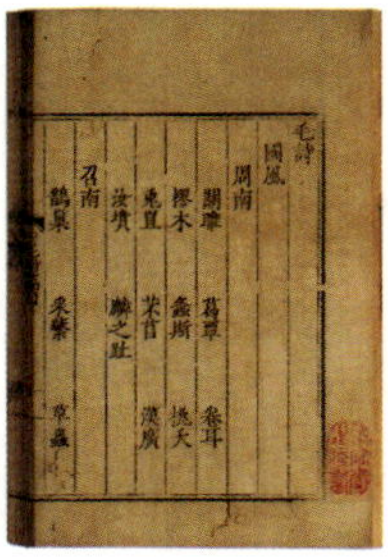
毛詩
國風
周南
關雎 葛覃 卷耳
樛木 螽斯 桃夭
兔罝 芣苢 漢廣
汝墳 麟之趾
召南
鵲巢 采蘩 草蟲

《诗经》书影

清代画家吴求据《诗经・国风》内容所绘《八月剥枣图》

《诗经》是中国最早的诗歌总集，经孔子整理删定，共收录了从西周初年到春秋中叶的305首民歌和宫廷乐章。《诗经》分为《风》（各诸侯国的乐曲，多为黄河流域的民歌）、《雅》（周王朝王畿地区的乐调，均为宫廷乐歌）、《颂》（周代宗庙祭祀时的乐歌）三部分，内容涉及宗教祭祀、农业生产、宴乐聚会、时事政治、战争徭役以及爱情婚姻等，反映了周代中国社会生活的基本面貌，在诗歌的题材结构、语言艺术等方面对后世产生了深远的影响，是中国儒家最为重要的经典之一。

孙武与《孙子兵法》

孙武像

《孙子兵法》为春秋末期军事家孙武（前535年～？）所著，全书13篇，总结了春秋时期各国相战的经验，概括了战略战术的一般规律，内容涉及战争目的、战争动员、智谋、决定战争胜负的因素、战略战术、敌情侦察、间谍的使用等各个方面。《孙子兵法》产生于春秋时代的战争实践，其中的军事理论不仅在当时大有用武之地，也被中国后世将领奉为圭臬。

- 释迦牟尼（约前565年～前486年）建立了完整的佛教教义学说。
- 古希腊数学家、哲学家毕达哥拉斯（约前580年～前500年）创立毕达哥拉斯学派，提出毕达哥拉斯定理。
- 古希腊哲学家赫拉克利特（约前540年～前480年）提出自发辩证法思想，成为辩证法的奠基人之一。
- 约公元前509年，古罗马王政时代结束，共和时代开始。

公元前494年

越王勾践卧薪尝胆（前494年～前473年）

公元前494年，长江流域的越国被它强大的邻国吴消灭，国王勾践（前497年～前465年在位）表面臣服，内心决意报仇雪恨。为了不忘屈辱，他在室内挂一个苦胆，吃饭前必尝一尝；睡时身下垫着木柴，以苦难磨砺心志，使自己牢记亡国之痛，坚定复国的决心。前473年，越国灭掉了吴国，继而成为新的霸主。

越王勾践剑

《春秋》

《春秋》是中国最早的一部编年史，按年、月、日的时间顺序，记载了公元前722年至前481年的列国历史。内容主要涉及诸侯国之间的征伐、会盟等事件以及日蚀、月蚀、地震、山崩、星变、水灾、虫灾等自然现象，还有祭祀、婚丧、城筑、宫室、搜狩、土田等。《春秋》原为鲁国的年表体史书，经孔子整理编订后，被儒家尊为经典。

◎ 公元前490年，第一次希波战争爆发。

公元前476年

战国时期（前 476 年 ~ 前 221 年）

东周的后半期被称为战国时期。这个时候战乱频仍，列国诸侯为在兼并战争中抗衡、取胜，积极发展生产，壮大经济力量。思想领域出现“百家争鸣”的局面。都城不再是单一的政治权力中心，而是逐步成为商业经济中心。这种发展形势和各地区经济文化联系的加强，为建立统一的国家奠定了重要的基础。

战国持剑木俑

楚国金币郢爰

流行于晋和两周地区的布币

流行于齐、赵、燕等国的刀币

金属货币广泛流行

战国时期，商业贸易的发展和铸造技术的革新，带来了金属货币的广泛流行，这些货币基本上可以分为以下不同种类：刀状的刀币、铁铲状的布币、圆形有中孔的圜钱、贝状的蚁鼻钱以及掰成小块使用的郢爰。它们流通于不同地区，因各地不统一，给各国间的经济交流带来不便。

- 古希腊史学家希罗多德（约前 484 年 ~ 前 425 年）作《希波战争史》，为西方史学开山之作。
- 古希腊历史学家修昔底德（约前 471 年 ~ 前 400 年）著《伯罗奔尼撒战争史》。
- 古希腊哲学家苏格拉底（前 469 年 ~ 前 399 年）提出认识自我、“助产术”辩证法以及知识即道德等理性主义思想。

墨子

《墨子》书影

墨子（前480年～前390年）名翟，战国时期著名思想家，他厌恶诸侯征战，希望建立一个平等社会；他抨击利欲、奢侈，反对贵族世官制度，主张兼爱、非攻、节用、尚贤。墨子曾经培养了大量的弟子，成为墨家学派的创始人，著有《墨子》一书。

《论语》

《论语》是孔子去世之后由他的学生将他的言论进行整理而成的，忠实记录了孔子有关人性、道德、教育、治国等的思想言论。《论语》共20篇，在后世儒家知识分子眼中，它是一部非常经典的著作，有“半部论语治天下”之说。

孔子讲学图

◎ 古希腊哲学家德谟克利特（约前460年～前370年）提出唯物主义的“原子论”学说和人们认识事物的“影像说”。

◎ 公元前451年，罗马共和国颁布《十二铜表法》，为古罗马第一部成文法典，罗马法形成。

公元前445年

李悝变法

李悝（？~ 前395年）是战国初期政治家，法学家。公元前445年，他在任魏国宰相时，实行了一系列的变法改革：经济上，他提出了“尽地力”的主张，并实行重农抑商的政策和平衡粮价的“平籴法”；政治上，主张废除官爵世袭制，把官职和俸禄授予那些对国家做出贡献的人，同时加强国君的权力；在法律上，他制定了中国历史上第一部比较系统的法典《法经》，成为其他诸侯国以及以后统一中国的秦国立法的蓝本，李悝也由此成为先秦法家的开创者。李悝变法使魏国经济得以迅速发展，国力日益强大，成为战国初期的一个强国。

扁鹊

东汉画像石上的《扁鹊针刺行医图》，右上角鹊鸟像者即为扁鹊。

扁鹊（公元前5世纪 ~ 前4世纪），原名秦越人，是春秋末战国初的名医。因其医术高超神奇，世人以神鸟扁鹊称之。他巡医列国，在总结前人医疗经验的基础上，总结出望、闻、问、切的诊断方法，使用针、石、熨等医疗器械，这些作为传统中医的基本诊断和治疗方法一直被沿用至今，因此扁鹊被尊为中国传统医学的鼻祖。

- 公元前443年~前429年，雅典政治家伯利克里斯（约前495年~前429年）任执政官，雅典民主政治发展到顶峰。
- 公元前431年~前404年，伯罗奔尼撒战争。

公元前386年

前386

战国七雄

战国早期，经过历次的兼并战争，大部分的小诸侯国已基本被吞并，剩下的大国主要有西方的秦，北方的晋，东方的齐、燕，南方的楚、吴。秦、燕国实力较弱；比较强大的是晋、齐、楚、越四国；韩、赵、魏三家分晋之后，实力也都非常强大。公元前386年，田氏代齐并被周王封为诸侯，秦、齐、楚、赵、魏、韩、燕七国争雄的格局正式形成，即所谓“战国七雄”。与此同时，各国之间的兼并战争也愈演愈烈，最终秦国后来居上，先后消灭其他六国，统一天下，结束了七国争雄的局面。

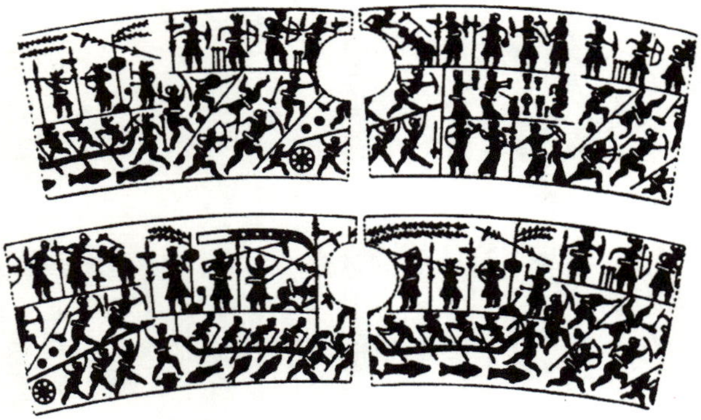

战国青铜器上的攻战图

《左传》

左丘明像

《左传》是春秋末年左丘明（前556年～前451年），为解释《春秋》而作，主要记录了春秋时期周王室的衰微、诸侯争霸的历史，以及各类礼仪规范、典章制度、社会风俗、道德观念、天文地理、历法时令、古代文献、神话传说、歌谣谚语等，尤其擅长记述战争和刻画人物，是研究春秋时期历史的重要文献，代表了中国先秦史学的最高成就。

◎ 古希腊哲学家柏拉图（前427年～前347年）创立“学园派”，建立以“理念论”为核心的哲学体系。

孟子提出“仁政”思想

孟子像

孟子（前385年～前304年）为战国时期著名思想家，山东邹邑人，他把孔子的“仁”发展为“仁政”思想，被后世尊为“亚圣”，著有《孟子》一书。孟子认为实行“仁政”就必须“制民恒产”、并提出了“民为贵，社稷次之，君为轻”的思想。孟子还认为每个人从一诞生就孕育着使自己成为完人的伦理品质——仁、义、礼、智，至于能否得到发展，则取决于后天的教育和环境的影响。

庄子与《逍遥游》

庄子（前360年～前290年），战国时期道家代表人物。他长期隐居，认为人不应该拼命追求财富和荣耀，也不需要忠心耿耿为国家服务，而应该恢复到自然的状态。所著《庄子》文字雄美，想象丰富。内有一篇《逍遥游》借大鹏与小鸠、大椿与朝菌作比喻，说明任何事物都不能超越本性和客观环境，主张各任其性，放弃差别观念，超越现实，无所依赖，绝对自由地遨游在永恒的精神世界里。

庄子像

古希腊哲学家亚里士多德（约前384年～前322年）创立逍遥学派，建立“实体论”哲学体系，首开逻辑学、伦理学、政治学和生物学等学科研究。

公元前359年

约公元前350年

商鞅变法

商鞅（约前390年～前338年）于公元前359年和前350年在秦国实行了两次变法。他建立了一种5至10户互相连坐的户籍制度；推行小家庭，使之成为国家税收的基础；创立爵位等级制度；颁布建立县制、统一度量衡、废除井田、允许土地买卖等各种法律制度。商鞅的变法使秦国逐渐富强，但因损害了旧贵族的利益，变法终止，商鞅亦被谗言所害。在春秋战国时代中国早期的诸多变法事例中，商鞅变法因其对秦国崛起的成功贡献和主人公的悲剧结局，而成为中国历史上著名的变法案例。

《甘石星经》

《甘石星经》是世界上第一部天文学著作，由战国时期的楚国人甘德所著《天文星占》和魏国人石申所著《天文》合编而成，约成书于公元前4世纪中叶。书中详细记载了金、木、水、火、土五大行星的运行情况，还记录了800颗恒星的名字，测定了121颗恒星的方位，甚至还初步认识到日食、月食是天体相互掩食的现象。后人将甘德和石申测定的恒星记录称为“甘石星表”，是世界上最早的恒星表。

- 古希腊哲学家伊壁鸠鲁（约前341年～前270年）创立伊壁鸠鲁学派，提出“原子自动偏斜运动”学说以及“社会契约论”的萌芽思想。
- 公元前336年，亚历山大（前356年～前323年）嗣马其顿王位；前334年～前324年率军东征波斯、中亚和印度，行程万里，为世界古代史上著名的军事远征；前331年建亚历山大帝国，前323年卒。
- 古希腊数学家欧几里得（约前330年～前275年）著《几何原本》，为古希腊数学几何学的最高成就。

屈原与《离骚》

屈原像

屈原（约前339年～前278年），楚国的三闾大夫，曾受楚王重用，后被排挤，流放于湘地。公元前278年，楚国被秦所灭，屈原遂怀石投入汨罗江殉国。屈原又是一位伟大的诗人，他创作的《离骚》是中国古代最长的一首抒情诗。

《离骚》

前篇倾诉对楚国命运的关心，表达要求革新政治的愿望；后篇通过神游于天、理想破灭、欲以身殉的陈述，表现爱国的情怀。作品运用美人香草的比喻，加上神话传说和丰富想象，使诗篇结构宏伟，文采绚烂，充满浪漫主义色彩。同时开创了一种新的文学体裁——骚体，对后世诗歌创作影响深远。

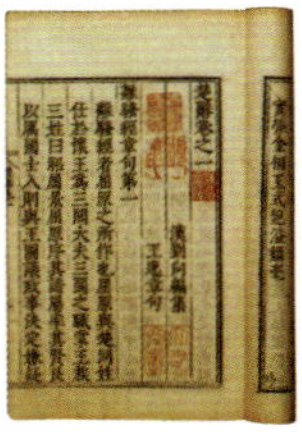

《离骚》书影

荀子

荀子像

荀子（前340年～前245年），赵国人，战国时期著名思想家，儒家重要代表人物之一。他认为人性本来是恶的，"其善者伪也"；主张通过教育和环境影响引人向善，改变其恶的本性；坚持"礼"是衡量一切的最高标准和治国的根本，要用礼治与法治相结合，维护社会等级和封建秩序。他的著作《荀子》评论各家学说，对春秋战国时期的学术思想作了比较全面的总结。

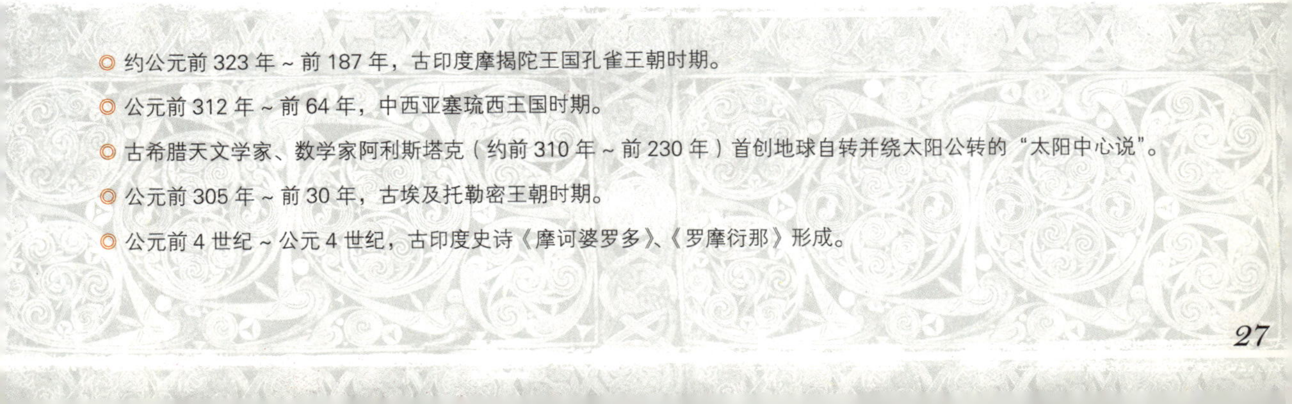

◎ 约公元前 323 年～前 187 年，古印度摩揭陀王国孔雀王朝时期。

◎ 公元前 312 年～前 64 年，中西亚塞琉西王国时期。

◎ 古希腊天文学家、数学家阿利斯塔克（约前 310 年～前 230 年）首创地球自转并绕太阳公转的"太阳中心说"。

◎ 公元前 305 年～前 30 年，古埃及托勒密王朝时期。

◎ 公元前 4 世纪～公元 4 世纪，古印度史诗《摩诃婆罗多》、《罗摩衍那》形成。

《韩非子》

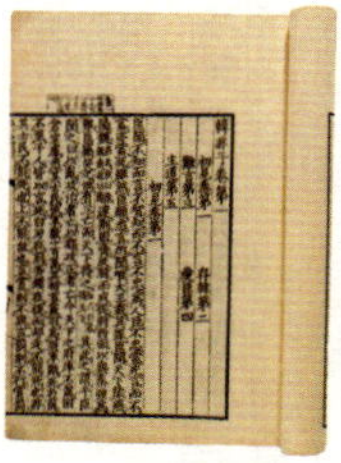

《韩非子》书影

公元前3世纪中叶，一系列适用于国家管理和组织的理论诞生了，《韩非子》最具代表性。这部书为韩非子（前280年 ~ 前233年）所作，共55篇，阐释法治的思想，认为国家强盛的根本在于政治和社会制度。提倡一种稳定的社会等级秩序，在这个等级体系中，君主拥有最崇高的地位和排他性的权力，官吏必须在规章制度之下履行自己的职责，臣民要服从法律的最高权力，法律面前人人平等。

李冰父子修建都江堰

留存至今的都江堰水利工程

公元前256年，秦蜀郡守李冰（前302年 ~ 前235年）父子主持修建都江堰水利工程。都江堰的整体规划是将岷江水流分成两条，其中一条水流引入成都平原。这样既可以分洪减灾，又可以引水灌田、变害为利，使川西平原“水旱从人，不知饥馑”。都江堰是世界上年代最久、唯一留存、以无坝引水为特征的宏大水利工程，至今仍发挥着巨大作用。

- 古希腊数学家、物理学家阿基米德（约前 287 年 ~ 前 212 年）著《论量圆》，为古希腊数学的顶峰。
- 约公元前273年 ~ 前232年，古印度摩揭陀王国孔雀王朝国王阿育王统治时期，孔雀王朝进入鼎盛阶段。
- 公元前 264 年 ~ 前 241 年，第一次布匿战争，迦太基告负，以割地赔款终。
- 公元前 247 年 ~ 公元 226 年，伊朗帕提亚帝国时期。

公元前239年

吕不韦与《吕氏春秋》

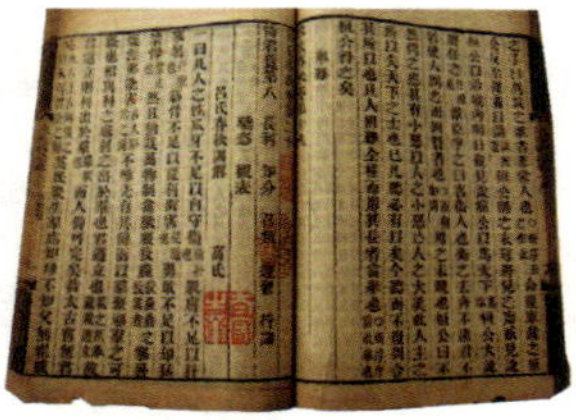

《吕氏春秋》书影

吕不韦（? ~ 前235年），战国末年卫国濮阳（今河南濮阳南）人。先为阳翟大商人，后被秦襄公任为秦相。秦王嬴政（即后来的秦始皇）幼年即位后，他继任相国，掌秦国实权，为秦最后统一六国奠定了基础。《吕氏春秋》是吕不韦组织属下门客们集体编纂的杂家著作，成于公元前239年。全书共26卷，160篇，20余万字。书中尊崇道家，同时融合儒、墨、法、兵众家长处，形成了包括政治、经济、哲学、道德、军事各方面的理论体系，目的在于总结历史经验教训，为秦国提供治国方略。

《黄帝内经》

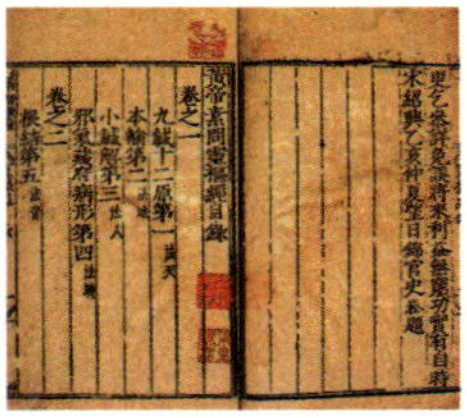

《黄帝内经》书影

《黄帝内经》是中国最早的医学典籍，据传为黄帝所作，实为春秋战国时期以来的医疗经验和医学理论的总结性著作，并非出于一时一人之手。其主要内容是研究人体生理学、病理学、诊断学、治疗原则和药物学等。它依据中国古代的哲学思想，建立了中医学上的阴阳五行学说、脉象学说、藏象学说、经络学说、病症、诊法、论治及养生等基本理论。

公元前221年～前206年

前221

▶ 秦 ▶ 秦始皇嬴政（前221年～前210年在位）

公元前221年，秦王嬴政统一中国，自称"始皇帝"，建立秦王朝。秦始皇为了巩固统一，采取了各种措施，包括：在中央设立行政、司法、军事三权分立而统一于皇帝的中央集权制；在全国推行郡县制；统一文字，规范用法；在全国范围内通行"半两"钱；强制统一度量衡；在全国修驰道；颁布各项法律，等等。由于对管理这样一个庞大的帝国缺乏经验，加上滥用民力、刑法严厉、连年用兵，国力逐渐削弱，秦朝仅仅维持了15年就被汉朝所取代。

秦始皇嬴政像

秦始皇，名嬴政，生于公元前259年，13岁时继承王位，21岁亲政。他前后用了9年时间，攻灭韩、赵、魏、楚、燕、齐等六国，于前221年建立了中国历史上第一个统一的国家。此后，他实行中央集权制，确立自己是"始皇帝"，采用各项政策维护国家的统一和经济文化的发展。前210年，嬴政死于巡视东方的途中，由少子胡亥继承皇位。

秦始皇陵兵马俑

跪射俑

秦始皇陵在陕西临潼的骊山之侧，始筑于公元前221年，至前209年完工。秦始皇陵周围有许多陪葬墓坑，其中三处兵马俑坑，坑中有8000个陶塑的官兵、战马及实用的兵器和战车，每个官兵的表情、发式、束带各不一样，他们中有将军，也有步兵、骑兵、车兵、弓弩手等，俨然是一个庞大的地下军团。考古学家认为，兵马俑是秦始皇生前仪仗的写照。秦始皇陵兵马俑的发现，为研究秦代军事编制、作战方式、骑步兵卒装备提供了形象的实物资料。1987年12月，秦始皇陵兵马俑坑被联合国教科文组织列入《世界遗产名录》。

铜车马

灵渠

秦始皇统一北方六国之后，又对浙江、福建、广东、广西地区的百越发动了大规模的军事征服活动。但在两广地区苦战三年，毫无建树，原因在于两广地区的地形地貌导致运输补给供应不上。公元前214年，秦始皇开凿灵渠，全长37公里，联通湘江、漓水，进而把长江水系和珠江水系连接起来，是世界上现存最完整的古代水利工程。灵渠开凿之后，秦朝援兵和补给源源不断地运往前线，最终把岭南的广大地区正式划入版图。

秦修万里长城

长城攻防图景

修筑长城图景

公元前214年，秦始皇调用近百万劳动力修筑长城，将原有的秦、赵、燕三国北边的长城予以修缮，连贯为一体，形成西起临洮（现甘肃岷县），北傍阴山，东达辽东碣石的长达5千多公里的长城。当时的主要目的是防止来自于中国北部、西部地区的游牧民族骑兵的侵袭，因此在地势险要之处筑城设塞，布兵防守。尽管修筑长城的初衷是把定居务农的汉族与塞外的游牧民族阻隔开来，但两千年来长城却见证了中国历史上民族的融合和农牧两种经济与文化形态的交流与互补。

◎ 公元前 218 年 ~ 前 201 年，第二次布匿战争，迦太基战败，向罗马称臣纳贡。

◎ 公元前 215 年 ~ 前 205 年，第一次马其顿战争。

公元前213年

公元前209年

焚书坑儒（前213年～前212年）

秦统一六国后，一些儒生、游士对秦始皇的专制独裁和废除分封制度不满，引用儒家学说以古非今，议于街巷。公元前213年，秦始皇下令焚毁儒家及诸子百家的著作，仅仅保留《秦纪》、医药、卜筮、植物及农业等方面的图书，此为“焚书”。第二年，秦始皇因方士找不到长生不老药而愤怒，一些儒生还继续诽谤其政策，对此秦始皇十分震怒，将460名方士、儒生全部坑杀于咸阳，此为“坑儒”。“焚书坑儒”成为中国历史上著名的暴秦事件。

大泽乡起义

公元前209年，陈胜、吴广带领一支900人的队伍前往渔阳（今北京密云西南）屯戍，因被大雨阻在蓟县大泽乡，未能如期到达。按照秦朝法律，对这种情况，不管原因如何，都要处死。于是，他们揭竿而起，公开造反，杀死押解戍卒的将尉，攻取大泽乡和蓟县，并推举陈胜、吴广为首领，揭开了秦末农民起义的序幕。这是中国历史上的第一次农民起义。

项羽

项羽像

项羽（前233年～前202年），出身于军人世家。他在公元前209年集结了一支反秦队伍，第二年响应陈胜、吴广起义，屡战屡捷。前207年，他在巨鹿摧毁秦朝军队主力。为胜利而得意的项羽打起了战国时期的诸侯国“楚”的旗号，自称西楚霸王，又分封各地反秦武装为王。前202年，汉王刘邦将他打败。眼看大势已去，项羽只好自刎于乌江。

巨鹿之战

公元前207年，项羽率5万军队抵达巨鹿（今河北平乡西南），以救援赵地反秦武装。项羽先派遣部将率军两万渡过漳河，切断秦军运粮通道并下令全军将士破釜沉舟，每人只携带三天的干粮，以示决一死战之决心。楚军个个士气振奋，奋勇死战，九战九捷，大败秦军。巨鹿之战不仅铸就了项羽“西楚霸王”的威名，使其成为各地反秦武装的领袖，而且基本上摧毁了秦军的主力，奠定了反秦斗争胜利的基础。

刘邦

刘邦像

刘邦（前256年 ~ 前195年），战国沛（今江苏沛县）人。公元前209年，他响应陈胜起义，成为反秦的主力之一，两年后占据了秦都城咸阳及其周边地区。他废除秦的严酷刑律，对下属约法三章，深得民众拥护，后被项羽封为汉王。在其后的五年之中，他与项羽进行了争夺皇位之战，并取得胜利，于前202年称帝，建立汉朝，推行各项有利于社会经济恢复和全国安定的政策，为以后汉朝的强大奠定了基础。

楚汉相争（前206年～前202年）

在项羽于巨鹿歼灭秦军主力的同时，刘邦乘隙攻入咸阳，意欲称王关中。但项羽也随即入关，自立为西楚霸王，定都彭城（今江苏徐州市），刘邦被分封到偏远的巴蜀汉中地区为王。公元前206年，刘邦重回关中，与项羽形成对峙之势。刘邦知人善任，重用萧何、张良、韩信、彭越等人；而项羽则刚愎自用，逞匹夫之勇。最终，刘邦于前202年大败项羽，建立汉朝。

垓下之战　西汉

汉墓帛画

汉王刘邦原为项羽部下，后羽翼丰满直至能与之抗衡。公元前 203 年，刘邦与项羽相约以鸿沟（今河南东部）为界，东为楚，西为汉，两不相扰。前 202 年，刘邦乘项羽往鸿沟以东撤兵之际，亲率汉军出击，把项羽及其军队团团围困于垓下（今安徽灵璧东南），且高唱楚歌，以涣散楚军之心。项羽突围失败，自觉得无颜见江东父老而自杀。垓下之战，刘邦大胜。

长信宫灯

汉分为两个阶段：公元前202年至公元25年为西汉，定都长安；公元25年至220年为东汉，定都洛阳。西汉疆域辽阔，是当时亚洲最富强繁荣的多民族国家。汉代皇帝坚持皇权神授，以此巩固统治。中期汉武帝时代，奠定了中央集权官僚体制的合理运作；对外打通了远及西亚的“丝绸之路”，使大汉盛名远播，国势达于鼎盛。此时，政治、经济、文化全面繁荣，是汉朝的黄金时代。

◎ 公元前 200 年～前 197 年，第二次马其顿战争。

公元前194年

汉长安城
（前194年～前104年）

汉代长安城位于西安城西北，始建于公元前194年，前190年城墙修筑完工。前104年，汉武帝兴建了城内的北宫、桂宫、明光宫和城西的建章宫，并在城西修建上林苑等。至此，长安城全部建成。汉长安城为不规则的方形，周长25.7公里，面积36平方公里。城内有8条大街，160个巷里，9个市区。最盛时城内人口近30万，是中国历史上第一个大规模的城市。

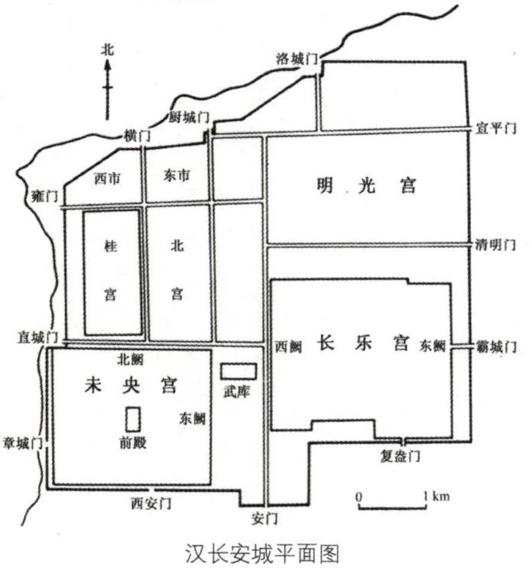

汉长安城平面图

马王堆汉墓

20世纪70年代，中国的考古工作者在湖南长沙马王堆发掘了三座西汉前期轪侯利仓的家族墓葬，墓葬中不仅有丝织品、漆器、陶器、竹简、印章、农畜产品、中草药等遗物3000余件，还有一具保存完好的女尸，以及《易经》、《老子》、《五十二病方》等帛书20余种12万字，另有三幅地图和两幅帛画。

马王堆汉墓素纱禅衣

马王堆汉墓中出土的丝织品尤为精彩，色谱齐全，纹样繁缛，工艺精良。一件素纱衣，衣长128厘米，两袖通长195厘米，重48克，薄如蝉翼，折叠后不盈一握。这说明西汉的丝织生产规模大，技术先进。

公元前179年

文景之治（前 179 年 ~ 前 141 年）

汉文帝像

文景之治是指汉文帝（前179年 ~ 前157年在位）与汉景帝（前156年 ~ 前141年在位）两位皇帝在位近40年的时间稳定与繁荣。这两位皇帝吸取秦朝覆亡的教训，继续推行宽刑、轻徭薄赋为特征的休养生息政策，赦免罪犯，沿用低税率，甚至予以减免，使社会生产不断得到恢复和发展，土地和人口都有增加。同时削弱或消灭那些被分封的、拥有各种权力的王，在公元前154年成功平定“七王之乱”，从而保证了政令的统一和社会的稳定。在中国历史上，“文景之治”受到广泛的赞誉。

汉景帝像

贾谊与《过秦论》

贾谊像

贾谊（前200年 ~ 前168年），洛阳人，18岁即善文章，20余岁便被任命为汉文帝的博士，专门传授儒家经学，后又升迁为太中大夫。后因遭诽谤而贬，未获重用，于33岁时自杀。他一生留下很多被人称颂的诗文，最著名是《过秦论》。该散文分上下两篇，善于用排比夸张手法论述秦朝的缺点，告诫汉代皇帝应吸取历史教训。

- 公元前 171 年 ~ 前 168 年，第三次马其顿战争，罗马征服马其顿。
- 公元前 149 年 ~ 前 148 年，第四次马其顿战争，谋划推翻罗马统治，但失败。
- 公元前 149 年 ~ 前 146 年，第三次布匿战争，罗马征服迦太基，划其地为罗马之一省。

▶晁错

晁错（前200年～前154年），汉景帝时任内史、御史大夫，是一个务实的政治家，有"智囊"之称。他总结了影响汉与匈奴关系的战略和战术，建议募民充实边塞，积极防御；力主"重本抑末"、"纳粟受爵"、积极发展农业生产。他还劝景帝勇敢地对付诸王的挑战，坚决削藩，以巩固中央集权，但晁错也因此引火烧身。削藩引发了七国的联合叛乱，晁错被当作引发叛乱的罪魁而遭杀身之祸。

▶汉武帝（前141年～前87年在位）

汉武帝像

汉朝的第五位皇帝武帝刘彻（前157年～前87年）于公元前141年16岁时即皇帝位，他在位时期标志着西汉历史出现转折。汉武帝对内进一步削弱分封制的影响；在思想上独尊儒术，强化皇权天授的意识；把铸钱和盐铁经营收归官营，设置官吏管控物价；举国家之力治理黄河，兴修水利。在对外关系方面，他采取更加积极主动的姿态，一方面大量移民到边境屯田，一方面扩充军力。从前133年起，多次用兵，彻底地消除了匈奴的威胁；前138年、前119年，先后两次派张骞出使西域，保障了"丝绸之路"的畅通。这些措施巩固了汉帝国的统治，扩大了汉帝国的疆域。

司马相如与汉赋

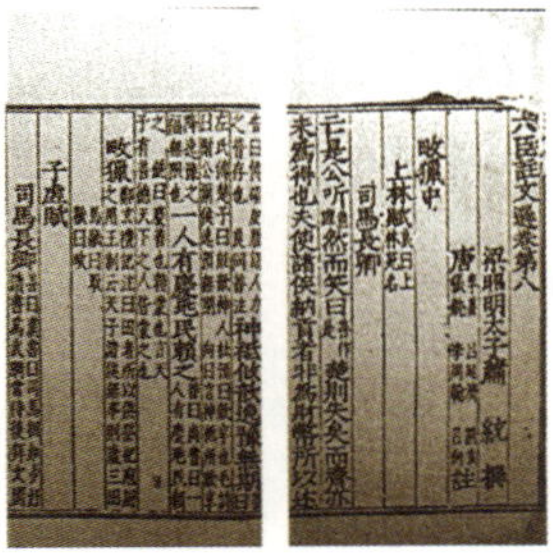

《子虚赋》与《上林赋》书影

汉代产生了一种新的文学体裁——赋。这是一种介于诗歌与散文之间的文学形式，运用华美、夸张的语言描述帝国的恢宏气势、豪迈勇进及物质生活和精神生活的丰富多彩。司马相如（？~ 前118年）是当时最具代表性的辞赋作家，其代表作有《子虚赋》、《上林赋》、《哀二世赋》、《长门赋》等，多描写帝王苑囿之盛和田猎之乐，并寓以讽谏，辞句华丽，文采洋溢。

张骞出使西域（前 138 年 ~ 前 116 年）

张骞（？~ 前114年）是中国历史上颇富盛名的外交使臣。公元前138年，他出使大月氏，历经磨难，于前126年回到长安。他第二次出使西域是前119年，奉汉武帝之命前往乌孙，并派副使出使大宛、安息等地。张骞两次出使西域，加强了中原与西域少数民族的联系，发展了汉朝与中亚各地人民的友好关系，保证了“丝绸之路”的畅通。

敦煌壁画：张骞出使西域

丝绸之路

在张骞开拓西域之后，经由西域的中西交通陆路有两条：南路从长安出发，过河西走廊，到达大月氏、安息；北路则由敦煌、龟兹、疏勒，越过葱岭，由安息到达罗马帝国。约自公元前2世纪以后的一千多年间，大量的中国丝织品由此西运，故这条商路形成了一个包括中国人、中亚人、印度人、阿拉伯人、欧洲人在内的世界贸易体系，除丝织品外，中国的漆器、瓷器、铁器、茶叶等商品远达欧洲，西方的玻璃、宝石、葡萄、石榴、胡桃、芝麻、黄瓜、大蒜、胡萝卜等也来到了中国。不仅如此，往来于丝绸之路的，还有为了寻求信仰理念和文化交流的人们。中国的先进技术，如造纸术等，通过丝绸之路传播到中亚乃至欧洲，佛教、基督教、伊斯兰教也经由这条商路来到中国。可以说，中国历史上“大汉”、“盛唐”气象的出现，正是得益于丝绸之路的发展。

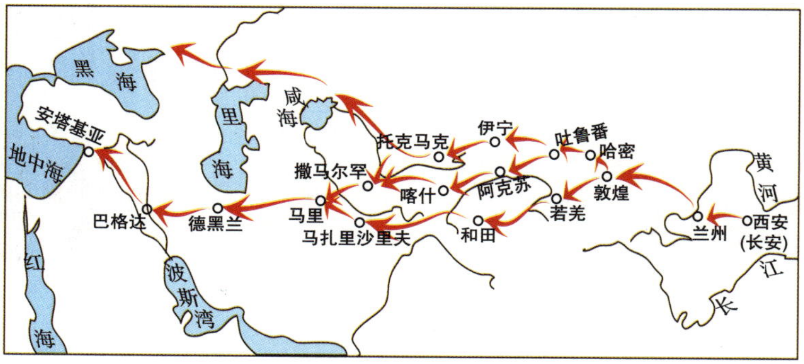

丝绸之路示意图

公元前134年

罢黜百家，独尊儒术

董仲舒像

公元前134年，思想家、哲学家董仲舒（前179年 ~ 前104年）向汉武帝建议“罢黜百家，独尊儒术”，不过这里的“儒术”已经过了董仲舒的改造。董仲舒吸收先秦时代法家、道家、阴阳家的思想，认为人事应该放到更广阔的宇宙中予以解释，“天”是最高的哲学概念，是有意志、能主宰人世命运的人格神。道德是“天意”、“天志”的表现，因此用以规范社会、政治秩序的“三纲”、“五常”等道德原则具有不可违背性。这种被神秘化、政治化的儒学体系，对当时社会的哲学、政治、社会等问题都给予了较为系统的回答，成为以后中国历代统治者的正统意识形态。

公元前124年

太学的设立

公元前124年，汉武帝接受董仲舒的建议，建立了中国历史上第一所大学——太学。它是官学，即国家的最高学府同时兼有教育行政的功能。太学进一步强化儒学作为正统意识形态的地位，设太学博士，对弟子进行比较单一的儒家经典的教育，如《易经》、《诗经》、《尚书》、《礼记》等等，凡通一经以上者均可补官。从此以后，太学不断发展，儒学教育始终是其最主要的内容。

公元前118年

五铢钱

公元前118年，汉武帝进行第四次货币改革，在全国范围内铸造和推行五铢钱。五铢钱为圆形，中有方孔，钱重五铢(约合3.33克)。五铢钱推广之初，曾允许私人铸造，但因标准不一，导致币制混乱。前113年，铸币权收归中央，设专门机构督造。在此后的700多年时间里，各代均有铸造五铢钱，是中国历史上铸行数量最多、流通时间最长的货币。

五铢钱串

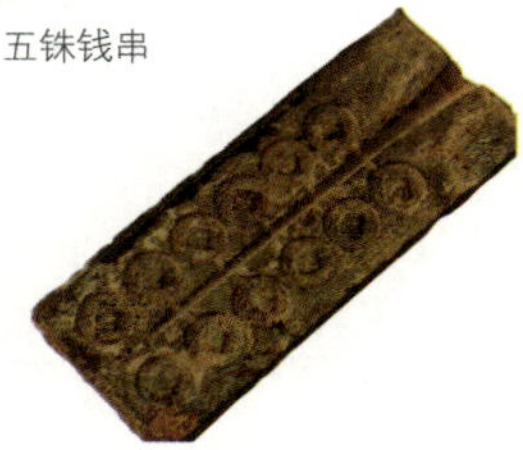

铸造五铢钱的铁范

乐府诗

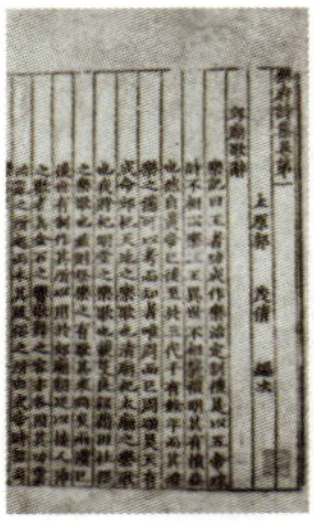

《乐府诗集》书影

与汉赋出现的同时，另一种语言通俗、充满生活气息的文学体裁也在汉代得到了充分的发展，即“乐府诗”，亦称“汉乐府”。中国古代的乐府专门负责采集和编制各种乐曲，配诗演唱，这些配乐诗歌即为乐府诗。这些诗有文人的诗作，更多的是描写社会现实和文人对个性自由的追求为主题的民间歌谣，代表作有《孔雀东南飞》和《木兰诗》。

公元前108年

公元前104年

前104

司马迁与《史记》

司马迁像

司马迁（前145年 ~ 前90年），夏阳（今陕西韩城）人，中国著名史学家。公元前108年，任汉武帝的太史令，始撰《史记》。前99年，因触怒汉武帝，被惩下狱并处腐刑，出狱后任中书令，发愤完成《史记》。《史记》约完成于前91年，全书130篇，分本纪、年表、书、世家、列传五类。以生动的语言、细致的人物刻画和严谨的态度，记述了从传说中的黄帝一直到汉武帝两千多年的历史，是一部优秀的史学和传记文学著作，其体现的进步史观和创造性的纪传体史书体例，在长达两千多年中一直被作为范例。

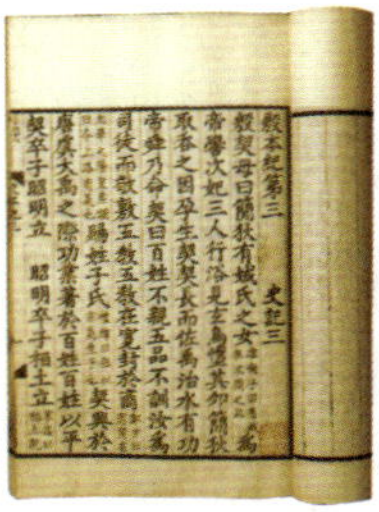

《史记》书影

太初历

西汉初年，沿用秦朝历法，但多有误差。公元前104年，天文学家落下闳、邓平等人制订了《太初历》。《太初历》规定一年等于365.2502日，一月等于29.53086日；将原来以十月为岁首改为以正月为岁首；开始采用有利于农时的二十四节气。《太初历》还根据天象实测和多年来史官的记录，得出135个月的日食周期。《太初历》不仅是中国第一部比较完整的历法，也是当时世界上最先进的历法，一共行用了189年。

◎ 古罗马政治家、哲学家 M. T. 西塞罗（前 106 年 ~ 前 43 年）最先系统提出自然法学说，建立了折衷主义哲学体系。

公元前89年

赵过实行代田法，推广牛耕

赵过（生卒年不详）是西汉武帝时期主管征集军粮的官员，公元前89年，他根据北方旱作区的特点，推广代田法。代田法中的每块田地都由垄和沟组成，具有以下特点：一是沟垄相间，种子播种在沟中，防风、抗旱、抗倒伏；二是沟垄互换，垄和沟的位置逐年轮换，达到土地轮流利用、调节地力的作用；三是耕耨结合，每年都要整地、开沟、起垄，等到出苗以后，又要通过中耕除草来平垄，将垄上之土填回到垄沟。代田法配合赵过创制的耦犁、耧犁、耧车等生产工具，采取当时流行的一人扶犁两牛抬杠式的耕作方法，极大地提高了生产效率。

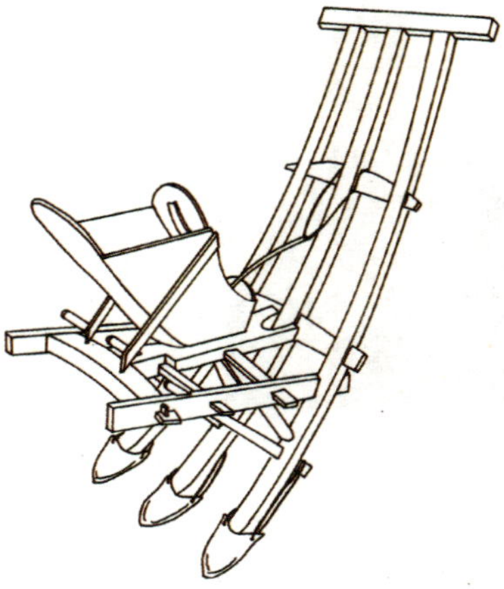

耧车复原图

东汉牛耕画像石

耧车是赵过领导匠人创制的一种新式条播机械。播种时，将种籽盛在漏斗中，下接空心耧脚，扶耧的人边走边摇，种籽就自动下落。这种机械同时完成开沟、播种两道工序，而且行距一致，下种均匀，使播种速度和质量都得到提高，在汉代耧播法已经得到推广。

公元前33年

昭君出塞

汉元帝（前48年 ~ 前33年在位）时期，匈奴由于贵族之间的争权而分裂成了五个单独的部落，无法对汉朝造成明显的威胁。公元前33年，五个部落之一的呼韩邪单于来到长安朝见天子，要求和亲，后宫宫女王昭君自请远嫁匈奴。她不仅将中原地区先进的文化和生产技术带到了匈奴，也带去了和平，从此之后，匈奴和汉朝和睦相处60多年。王昭君的故事也广为传颂，屡见于中国戏曲、小说等文学作品之中。

《昭君出塞图》（局部）

刘向与刘歆

刘向像

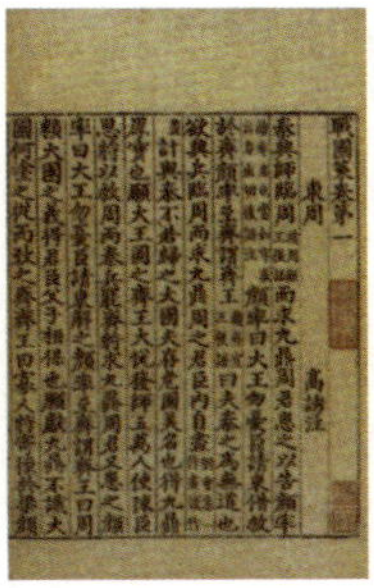

《战国策》书影

刘向（前77年 ~ 前6年）和刘歆（约前53年 ~ 23年）是西汉的父子学者，他们在图书的整理、编录方面做出了很大贡献，先后编订了《楚辞》、《战国策》、《说苑》、《列女传》等书籍。刘向所撰《别录》是中国最早的图书分类目录，其子刘歆撰集的《七略》为中国目录学的发展奠定了基础。刘向还著有辞赋30余篇，而刘歆精历算，所用圆周率为3.1457，世称“刘歆率”。

- 约公元前 37 年，朝鲜半岛古国高句丽建立。
- 公元前 27 年，罗马执政官屋大维（奥古斯都，前 63 年 ~ 公元 14 年）确立元首政治，罗马帝制始。

公元前2年　　8年

前2

佛教传入中国

佛教产生于印度，公元前2年，博士弟子景卢受大月氏王使伊存口授佛经，一般认为这是佛教传入中国的开始。东汉时，汉明帝（57年 ~ 75年在位）派遣使者到大月氏抄写佛经四十二章，即所谓《四十二章经》。佛教传入中国以后，最早的信徒多是帝王贵族，他们往往把佛教的教义理解为清静无为、省欲去奢，将佛陀与老子相提并论。公元193年，丹阳人笮融大规模修造佛寺和塑造佛像，并用免除徭役的办法招揽佛教信徒，这是中国佛教造像和大规模招致信徒的开始。

中国最早的佛教摩崖造像——孔望山汉代摩崖石刻

王莽改制（8年 ~ 23年）

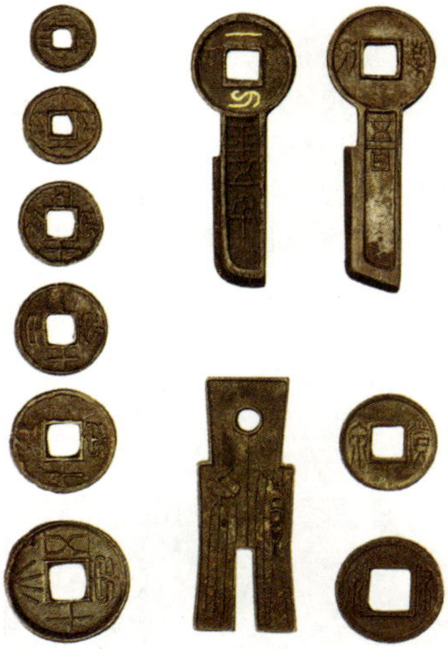

王莽发行的货币

西汉的最后50年，幼年皇帝更换频繁，由太后或皇后的家族成员构成的外戚企图控制国家权力。公元8年，外戚王莽废掉汉帝自立，改国号“新”，开始了他短暂的改制，内容包括：实行土地国有，奴婢改称“私属”，均不得买卖；对酿酒、盐、铁器的交易以及山泽税收实行国家垄断；多次进行币制改革，加剧了财政金融的混乱。这些措施进一步加深了人民的苦难，终于爆发了绿林、赤眉起义。

- 公元前 18 年，朝鲜半岛古国百济建立。
- 公元 1 年或 4 年，相传基督教创始人耶稣诞生。

东汉 **刘秀（25年～57年在位）**

公元25年，西汉皇裔刘秀称帝，重建汉政权，定都洛阳。因洛阳在西汉都城长安以东，故史称“东汉”。从公元25年建立至220年灭亡，共历14帝。东汉的建立是对西汉的复兴，但仅仅持续了不到80年的时间，此后呈现出与西汉相同的特征：皇帝大多因年幼无知而成为傀儡，大权落在外戚或宦官手中。与此同时，中央政府没有采取任何措施限制地方豪族的发展，造成地方割据和东汉最终覆亡，并带来了此后长达4个世纪的分裂与战乱。

“马踏飞燕”铜奔马表现出马行疾速，超越飞鸟的一瞬间。

刘秀像

刘秀（6年～57年）属于西汉皇族，王莽末年，起兵加入绿林军，并成为首领。公元23年，他在昆阳（今河南省叶县）歼灭王莽主力，势力壮大，于公元25年称帝，建立东汉，定都洛阳，史称汉光武帝。刘秀镇压赤眉军，削平割据势力，统一全国；在经济方面，恢复西汉初期较轻的税率，组织军队和免刑罪犯屯田垦荒，在全国范围内兴修水利。这些措施使东汉初年出现了社会安定、经济恢复、人口增长的局面，史称“光武中兴”。

◎ 公元33年，相传耶稣被钉于十字架处死，其后耶稣门徒开始传布基督教。

《九章算术》

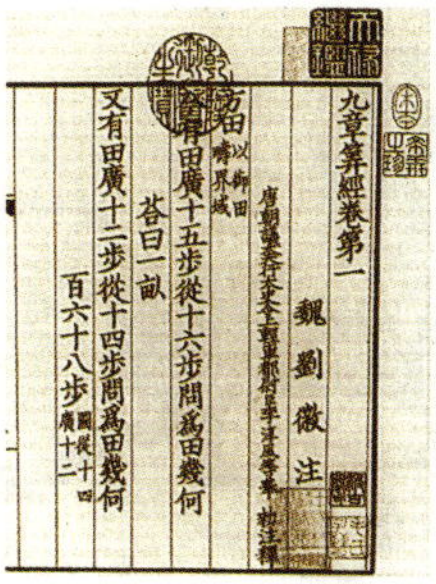

《九章算术》书影

《九章算术》是中国古代的数学专著，全书采用问题集的形式，收有246个与生产、生活实践密切相关的应用问题及其解题方式，分为方田、粟米、衰分、少广、商功、均输、盈不足、方程、勾股等九章，每道题有问(题目)、答(答案)、术(解题步骤)等。《九章算术》系统地叙述了分数运算、负数概念及正负数加减法法则，标志着中国古代数学体系的正式形成。

班超经营西域（73年～102年）

班超（32年～102年）是东汉的将才和外交家。公元73年，班超奉命率吏士36人出使西域，联络西域各国脱离匈奴，进而与东汉联合对抗匈奴。至公元80年，西域的很多小国归附东汉，但此时北匈奴仍在反扑。班超在援军和地方势力的支持下予以反击，陆续平定叛乱，在西域建立最高军政机构——西域都护府。自此之后，班超常年留驻、经营西域达31年，使西域五十余国尽皆臣服于东汉，加强了这一地区与中原的联系，保障了丝绸之路的畅通。

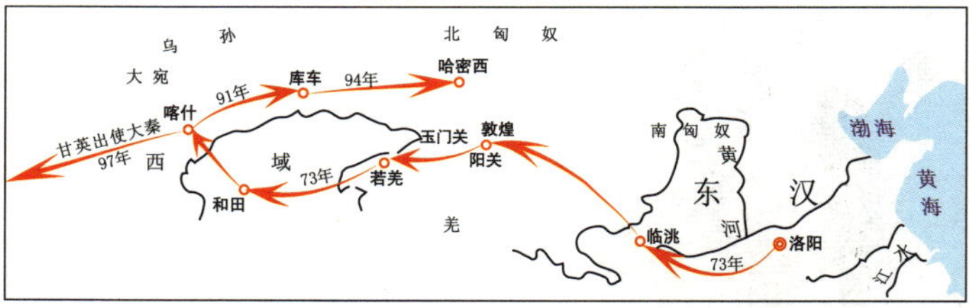

班超出使西域路线图

◎ 公元1～5世纪，中亚贵霜帝国时期。

◎ 罗马历史学家C.塔西佗（约55年～约120年）著《日耳曼尼亚志》、《历史》、《编年史》。

82年

班固与《汉书》

班固像

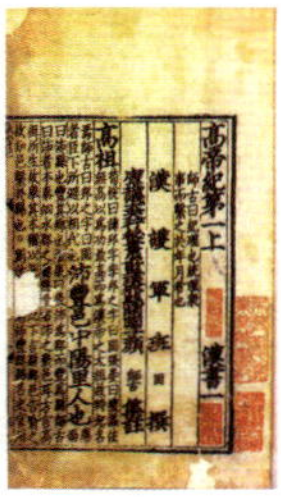

《汉书》书影

东汉历史学家班固（32年 ~ 92年）出身于史学世家。父亲班彪专治汉史，弟班超出使西域。班固历时20多年，于公元82年编成《汉书》。在这部纪传体的断代史中，班固详细记载了西汉上起汉高祖下至王莽近两百年的重大史实，不仅叙事翔实，文辞渊博，更具开创性。尤其是在地理学方面，班固不仅开创了正史地理志的先例和政区地理志的体例，更开沿革地理、边疆地理研究之先河。

83年

王充与《论衡》

王充像

王充（27年 ~ 97年），东汉哲学家。他耗费30余年，于公元83年著成《论衡》85篇。他认为天是客观存在的物质实体，没有任何思想意识，“天人感应”是虚妄之说，从而否定了汉代的主流意识形态。他还认为人的精神不能离开人的形体而存在。此外，王充虽然承认孔子是圣人，也不反对孔子提倡的道德观念，但他反对把儒家经典变成教条。

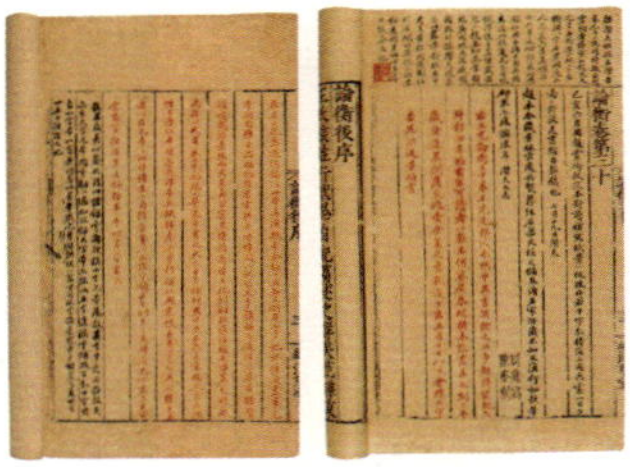

《论衡》书影

97年

100年

甘英出使大秦

公元97年，身为西域都护的班超派遣甘英（生卒年不详）出使大秦——罗马帝国，使团一行从龟兹（今新疆库车）出发，经条支（今伊拉克境内）、安息（今伊朗境内）等地，到达了安息西界的西海，即今波斯湾。安息是汉朝与大秦交易的中转点，垄断汉朝与大秦的丝织品贸易，也许是担心汉朝直接开通与大秦的商路会损害自身的垄断利益，于是极力劝阻甘英，使他最终未能到达大秦，但他却是史书所载第一个到达波斯湾的中国人。

许慎与《说文解字》

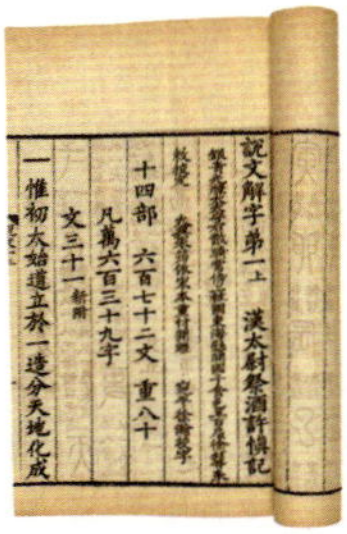
《说文解字》书影

许慎（约58年 ~ 147年）是东汉经学家、文字学家，公元100年始作《说文解字》，历时21年完成。该书15篇，以小篆为主，并采录战国时期秦国所使用的籀文和六国古文，按540部首编排，开汉字部首检索之先河。每篆注明字义，说明形体结构，间或指明读音，是中国最早的、最权威的一部汉字字典，对后代研究中国古代文字的形、音、义和文字发展的贡献极大。

《神农本草经》

《神农本草经》是中国第一部完整的药物和植物分类学著作，约成书于东汉时期。全书分3卷，载药365种（植物药252种，动物药67种，矿物药46种），对每一味药的产地、性质、采集和主治病症都有详细记载。对各种药物怎样相互配合应用，以及简单的制剂都做了概述。更可贵的是书中记载了许多特效药物，如麻黄可以治疗哮喘，大黄可以泻火，等等。

《神农本草经》书影

105年

蔡伦改进造纸术

蔡伦像

蔡伦（？～121年）是东汉宫廷的一名宦官，曾任主管制造御用器物的尚方令。他总结两汉以来使用麻纤维造纸的经验，用树皮、破鱼网、破布、麻头等为原料，制造出植物纤维纸，于105年呈献给皇帝。这种纸更加适合书写，原料来源也更丰富，改变了当时人们用竹简、木牍、丝帛进行书写的习惯，从此中国史书将蔡伦与造纸术联系在一起。8世纪前后，中国的造纸术传到阿拉伯地区，转而于12世纪传入欧洲。

汉代造纸流程示意图

道教产生

道教尊奉的最高神之一——元始天尊

道教是中国土生土长的宗教，以“道”为最高信仰而得名，尊老子为教主，以《道德经》、《庄子》为主要经典，相信人们经过一定修炼可以得道成仙、长生不死。道教成为一门独立的宗教，肇始于公元2世纪的东汉。东汉顺帝时（125年～144年），《太平经》在民间流传，后为张陵（34年～156年）演变而成五斗米道，主要是教人奉道，以符水咒语治病。东汉灵帝时（168年～189年），张角创立太平道，以《太平经》为经典，信仰咒术，主张内省治病。

132年

175年

张衡发明地动仪

张衡（78年～139年）是东汉杰出的天文学家。132年，张衡在洛阳创制了世界上最早的地动仪——候风地动仪。仪体直径1.94米，青铜铸成，形若酒樽。地动仪利用力学的惯性原理，地震发生，仪体受到地震纵波的推动，仪内重力震摆（都柱）倒向地震方向，推动同方向的一组杠杆，使仪外的龙首吐丸，蟾蜍承接，通过击落的声响和落丸的方位，报告地震和地震的方向，其灵敏度可以测知人无感觉的轻微地震，是中国古代科技的一大成就。

候风地动仪复原图

张衡在天文学方面有突出的成就，他观测记录了2500多颗恒星，还创制了世界上第一架能够比较准确地表演天象的漏水转动浑天仪。根据实际的观测，张衡系统地发展了中国传统的宇宙理论“浑天说”，并以之解释各种天文现象，如月光是对日光的反射及月食的真正成因、宇宙具有无限性、行星运动的快慢与距离地球的远近有关，等等，这些成就都被记录在他的著作《灵宪》之中。

蔡邕与“熹平石经”

蔡邕（132年～192年），是东汉末期的学者，汉代书法理论的集大成者。他的《笔论》、《九势》论述了书法的艺术本质及书法创作时应有的精神状态，阐发了汉字结构本身所蕴含的美学因素，是其书论的代表作。汉灵帝熹平四年（175年），蔡邕与其他学者正定儒家经本“六经”文字，亲自书丹于碑，命工镌刻，立于洛阳太学门外。碑凡46块，称为“熹平石经”，是中国最早的官定经本。

“熹平石经”残碑

◎ 古罗马加伦（129年～200年）把希腊解剖知识和医学知识系统化，创立人体生理解剖学。

◎ 公元2世纪，古罗马法学家盖尤斯（约130年～180年）所著《法学阶梯》出版，为迄今所知西方最早的法学著作。

184年　　196年

黄巾军起义
（184年～192年）

东汉末年，大量农民失去土地和生活来源而成为流民，深受道教影响的“太平道”迅速发展，教徒达到数十万，内部实行秘密的军事化组织。184年，“太平道”首领张角（?～184年）宣布起义，他们头裹黄巾，称“黄巾军”，在以后的近10年时间里席卷了中国的北部和西部地区。尽管这次起义最终被镇压，但东汉王朝的统治地位已经名存实亡，国家所有的权力都落入到地方豪强的手中。

黄巾军口号“苍天已死，黄天当立”字砖

曹操“挟天子以令诸侯”
（196年～220年）

曹操像

曹操（155年～220年），在镇压黄巾军起义的过程中逐渐扩大了自己的军事实力。196年，他迎请汉献帝立都许昌，先后削平董卓、袁绍等割据势力，统一中国北方。在统一长江以南地区受挫之后，他开始致力于经营北方，注重屯田，兴修水利，减轻赋税，罗致人才，抑制豪强，加强集权，使中国北方的经济得到恢复和发展。曹操去世后，他的儿子曹丕废汉自立，国号“魏”。

建安文学

建安是东汉末帝献帝的年号，这一时期至魏初的文学风貌被称之为“建安文学”。此时的文人关注混乱的社会现实，吟咏战乱时期悲凉的人生，高歌统一国家的理想以及追求美好未来的愿望，形成了特有的语言刚健、慷慨悲凉的风貌，后世称之为“建安风骨”。建安文学的代表作家有曹操、曹丕、曹植，以及孔融、王粲等，在两个方面影响了后世的文学创作：文学从群体写作转向个体写作；民间风格的五言诗体被引入文人诗坛。

建安七子图

刘备

刘备像

刘备（161年～223年）在镇压黄巾军起义的过程中崭露头角，初期势力发展缓慢，只能依附于不同的军阀。后在两位骁勇之士关羽、张飞，及名士诸葛亮的帮助下逐渐发展壮大。208年，刘备联合孙权，大败曹操于赤壁，逐渐控制了长江中上游地区。221年，刘备在四川成都称帝，国号汉，史称"蜀汉"。

关羽像

关羽

关羽（162年～219年）是刘备的结义兄弟，也是最早跟随刘备的军事将领之一。他武艺高强，作战勇猛，为蜀国的建立立下了汗马功劳。他讲义气，重情义，在中国古代儒家学者的眼中，一直被视为忠贞、守义的象征，甚至被推崇与孔子齐名，一为"文圣"，一为"武圣"。

官渡之战

袁绍像

官渡之战是曹操和另一个更为强大的军阀势力袁绍（153年～202年）之间的战争，发生在200年。袁绍率10万精兵南下进攻许昌，曹操虽兵力单薄，但谙熟兵法，将主力布于官渡。当袁绍进逼官渡时，曹军并不正面迎敌，而是伪装成袁军，偷袭烧毁其全部粮草，袁军遂为曹操所破。官渡之战，曹操以弱胜强，摧毁了袁绍的有生力量，为自己统一中国北方创造了条件。

204年

华佗

华佗像

华佗（约145年 ~ 208年）是东汉末期的医学家，常行医于民间。他不仅在内、外、妇、小儿、针灸各科方面医术高超，还特别擅长外科手术，并发明了一种被称为“麻沸散”的麻醉剂，将病人麻醉以后施行腹部手术，被后世尊为“外科鼻祖”。此外，华佗还发明了一套使全身肌肉和关节都能得到舒展的体操——“五禽戏”。

“五禽戏”图

张仲景与《伤寒杂病论》

张仲景（约150年 ~ 219年）是东汉末期的医学家。公元2世纪末，他的家乡河南南阳一带流行伤寒，死者甚多。他钻研医书，广泛收集有效方剂，于204年写出了《伤寒杂病论》，后人整理为《伤寒论》和《金匮要略》两书。在这部著作中，张仲景创立了一系列至今还用于临床实践的方剂，这是中国第一部临床治疗学的著作。不仅如此，该书还建立了一整套辨证论治的医疗原则，被视为中国医学史上影响最大的古典医著之一。张仲景也因此被后人尊为“医圣”。

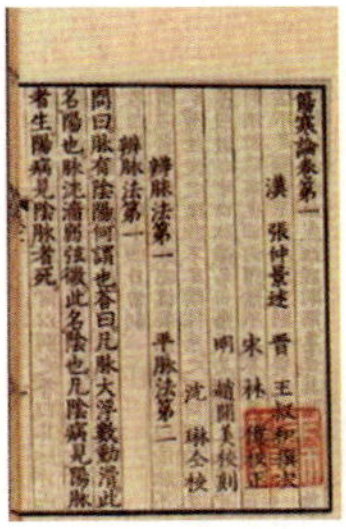

《伤寒论》书影

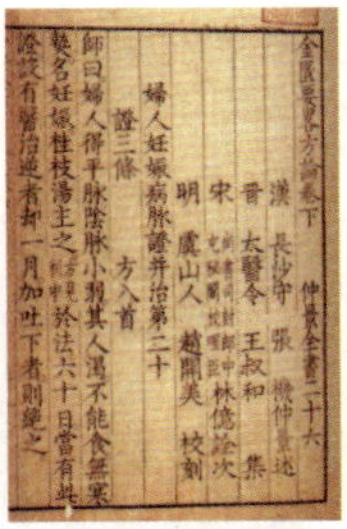

《金匮要略》书影

孙权

孙权（182年 ~ 252年），字仲谋，幼年即跟随长兄孙策平定江东，19岁继长兄之后为江东之主，得到张昭、周瑜、鲁肃等人的辅佐。208年，与刘备联合，大败曹操于赤壁，形成三国鼎立之势。229年，孙权在武昌称帝，国号吴，史称“东吴”，后迁都建业（今江苏南京）。在位期间，着力经营长江中下游地区，加强与夷州（今台湾）的联系，在山越地区设置郡县等。

孙权像

诸葛亮

诸葛亮（181年 ~ 234年），是中国历史上的一个传奇人物。207年受刘备“三顾茅庐”之邀，他出山辅佐刘备，将“联孙抗曹”的战略思想付诸实践，使刘备迅速成为可以与曹操、孙权相抗衡的又一割据势力，最终建立蜀汉政权，奠定了魏、蜀、吴三国鼎立的局面。蜀国建立之后，他平定西南各族，6次出兵北伐中原，最终因积劳成疾，病死军中。

赤壁之战

曹操在统一中国北方之后，试图征服长江流域，进而完成整个中国的统一。208年，曹操率领大军进攻刘备和孙权，与孙刘联军在赤壁（今湖北嘉鱼境内）遭遇。孙刘联军抓住曹操军中流行疾疫和士兵不擅长水上作战而用铁索连船的弱点，水陆并进，火烧连营，以3万兵力将曹操近20万的军队挡在长江之北，最终奠定了魏、蜀、吴三国鼎立的局面。

三国　曹丕（202年～226年在位）

220年，曹操的第二个儿子曹丕废汉帝建魏；221年刘备于成都称帝，建立蜀；229年孙权亦称帝，国号吴。这标志着中国正式进入了三国鼎立的时代，因为在此之前曹操、刘备、孙权虽已分别确立了自己的势力范围，在自己的统治区域内拥有无可置疑的权力，但还没有人敢将汉代皇帝取而代之。但在不到10年的时间里，北方的曹丕、西南的刘备、江南的孙权先后宣布称帝，东汉王朝从此退出历史舞台，中国也由此进入了相对稳定的时期。

曹丕像

曹丕（187年～226年）是曹操的次子。220年，曹操死，曹丕废汉献帝自立，国号魏，将都城由许昌迁至洛阳。曹丕在位6年，重视文教、发展屯田、创立九品中正制、巩固中央集权。曹丕也是一位文学家，其《燕歌行》为中国现存最早最成熟的七言诗。所著《典论·论文》是中国第一篇文学批评专论，对文学的价值和作用、作家评论、作家气质与作品风格的关系、文体的区分等都有自己的独到见解。

230年

235年

卫温入台

230年，吴国派遣将军卫温（？~ 231年）率水军万余人到达“夷洲”——台湾，他们的台湾之行历时一年，因为疾病流行，水土不服，官兵死伤十之八九，最后带着数千名台湾土著居民回到大陆。264年至280年，吴国临海郡太守沈莹根据从台湾返回的官兵及带来的台湾居民介绍的情况，写成《临海水土志》一书，详细描绘了台湾的风土人情。

指南车的发明

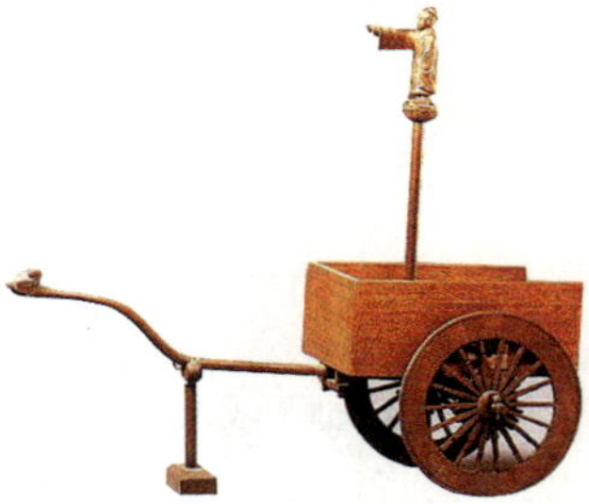

指南车复原图

指南车是中国古代用来指示方向的一种机械装置。它利用齿轮传动系统，根据车轮的转动，由车上木人指示方向。不论车子转向何方，木人的手始终指向南方。235年，三国魏马钧创造指南车，但造法失传，此后历代多有仿造。《宋史·舆服志》则详细记载了燕肃（1027年）和吴德仁（1107年）所造指南车的机械结构和技术规范，成为重要的工程学文献。

玄学

从公元2世纪开始，老子的道家哲学开始以新的形式复兴，这就是玄学。学者们从《周易》、《老子》、《庄子》三部经典之中接受启迪，探究宇宙、社会、人生的哲理。不过，这个学派的七位著名思想家的关注重点有所不同：何晏、王弼推崇老子，以“无”为万物本体，并希望以此融合道家的玄理哲学和儒家的道德伦理；向秀与他们有许多相同之处；阮籍、嵇康则借助庄子追求个性解放、精神自由的思想反对儒家的道德伦理，他们藐视礼法，纵酒狂歌，要求回归到完全的自然状态；裴危认为现象背后的真实本源不是“无”，而是“有”，即真实的社会存在，是一位较早认识到道德的社会起源的思想家；郭象则是玄学的最终总结者，认为天地间一切事物都是独自生成变化的，万物没有一个统一的根据，其目的是实现自然与名教、儒家与道家的最终统一。

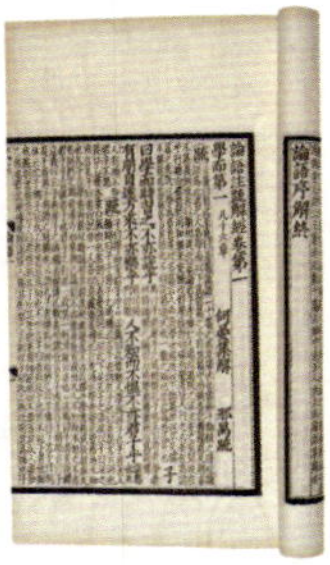

何晏《论语集解》书影

竹林七贤

“竹林七贤”是魏晋时期七位名士的合称，包括嵇康、阮籍、山涛、向秀、刘伶、王戎及阮咸。七人常聚在当时的山阳县（今河南修武一带）竹林之下，肆意酣畅，纵酒狂歌，故世谓“竹林七贤”。七人大都“弃经典而尚老庄，蔑礼法而崇放达”，成为魏晋玄学的代表人物。在政治上，嵇康、阮籍、刘伶均持不合作态度，嵇康因此被杀。山涛、王戎等则先后投身政治，历任高官。正是这种在政治态度上的分歧，“竹林七贤”最后各散东西。

《竹林七贤图》（局部）

259年　263年

王叔和与《脉经》

王叔和（约201年～280年）为魏晋时期的医学家，他搜集各种医学著作，从中摘取有关脉理的内容，加以分类编排，写成中国现存最早的系统论述脉学的专著《脉经》。全书分10卷，计10万多字，98篇，在阐明脉理的基础上联系临床实际，首次将脉的生理、病理变化分类列为脉象24种，并对每种脉象作了具体描述，对后世医学理论和临床实践产生了深远的影响。

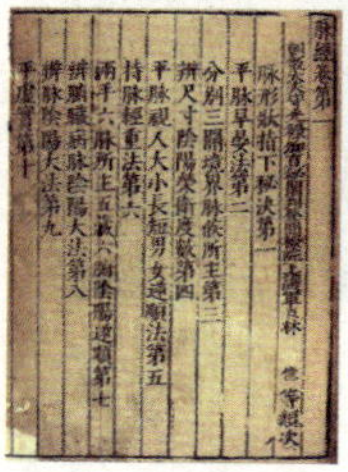

《脉经》书影

《针灸甲乙经》

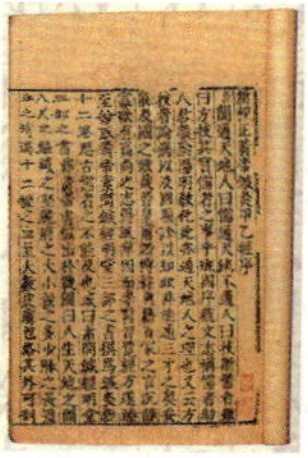

《针灸甲乙经》书影

《针灸甲乙经》是中国现存最早、内容较完整的针灸学著作，由魏晋时期的医学家皇甫谧（215年～282年）于259年将《素问》、《灵枢》和《明堂孔穴针灸治要》3书中有关针灸学的内容分类合编而成。全书共10卷，主要论述医学理论和针灸之法，1～6卷为脏腑、经络、腧穴、诊法与病机，7～12卷为各种病症及针灸法，对古代针灸疗法进行了系统的归纳和整理，备受后世医家重视。

刘徽与《九章算术注》

《九章算术》是中国古代的数学专著，以问题集的形式编成，对于问题的解法和结论缺少必要的证明。公元263年，刘徽（约225年～295年）完成《九章算术注》，不仅对各种解题方法给出了简要的证明，还指出了个别解法的错误，清理和完善了中国古代数学的理论体系。尤其是他开创了一些被后世长期使用的数学方法，包括计算圆周率的“割圆术”、分数计算中的通分方法“齐同术”、利用图形的分割与组合求图形面积的“图验法”及求图形体积的“棋验法”、测量目标物的高和远的计算方法（重差法）等，使中国古代的数学体系走向成熟。

西晋

司马炎像

265年，司马炎建晋，不久结束三国鼎立局面，再次统一中国。但西晋是一个短命的、混乱的王朝，共历4帝52年。西晋建立之初便以法律的形式确立了世家大族的特权，形成了一种等级森严的士族门阀制度。恢复以血缘为纽带的分封制，使这个国家在三分之一的时间内战乱不断。而在西北少数民族贵族大量内迁并与汉族发生冲突时，西晋统治者采取了置之不理的态度，以至于随之而来的匈奴骑兵出入中原如入无人之境。311年，匈奴贵族建立的汉国攻占西晋都城洛阳，西晋在长安拥立新帝。316年，匈奴军队再破长安，西晋灭亡。

西晋骑马陶俑

门阀制度

门阀是指中国古代社会中的世代显贵之家，最早发轫于东汉的建立者刘秀，他在建国之后大量封赏有功之臣，从而造就了较早的一批豪门贵族。魏晋时期的九品中正制使门阀制度发展到顶峰，政府选官首先要查看候选人的家族谱牒，只有出身于世家大族者（士族）才能够参与国家政治，士族正是凭借着这种制度垄断了政府的重要官职。为保持在社会上的特殊地位和优越的门第望族身份，门阀制度已经深入到了日常生活中，士族不能够与与之相对的另一阶层庶族通婚，士族与庶族之间也几乎没有任何的往来。门阀制度除了造就了一大批无能的贵族之外，对于国家管理多有弊端，在隋唐时期被科举制度所取代。

西晋时期骑马出行、声势煊赫的贵族们

八王之乱（291年～306年）

西晋建国初期，司马炎分封了27个同姓王，以郡建国。司马炎死后，继立惠帝是个白痴，其皇后贾南风于291年与楚王司马玮合谋发动政变，但政权却落在汝南王亮手中。当年六月，贾后又使楚王玮杀汝南王亮，继而反诬玮矫诏擅杀大臣，将其处死，贾后掌握政权。但贾后执政又引起其他诸王不满，贾后于300年被杀，从此，诸王之间为争夺统治权展开了极其凶残的内战，史称“八王之乱”。八王之乱持续了16年之久，直到306年才告终，给社会经济造成严重破坏，参战诸王也多相继败亡，统治集团的力量消耗殆尽，而且诸王在混战中都利用少数民族贵族参战，使匈奴、鲜卑等长驱直入中原，西晋政权已岌岌可危。

312年，《米兰敕令》颁布，基督教合法化。

304年

五胡十六国（304 年 ~ 439 年）

“五胡十六国”是指自西晋末年（304年）到北魏统一北方（439年）期间，曾在中国北部境内建立政权的五个少数民族及其所建立的政权。五胡指匈奴、鲜卑、羯、氐、羌，他们早在两汉时期就陆续定居到中国北部地区；十六国指前凉、后凉、南凉、西凉、北凉、前赵、后赵、前秦、后秦、西秦、前燕、后燕、南燕、北燕、夏、成汉。这些短命的王朝在黄河流域混战不已，使中原地区陷入了历史上罕见的长达130多年的分裂割据时期。

公元 4 世纪北方战争的场面

317

东晋

317年，司马睿在建康（今江苏南京）重建晋政权，史称东晋。东晋依靠长江天堑在南方维持了104年的统治，没有发生大的动荡，这使得长江流域的经济、文化迅速发展。但东晋仍然存在诸多社会问题，尤其是门阀制度的发展使国家的权力先后掌握在王、谢、庾、桓等世家大族的手中。他们热衷于南方庄园经营，导致东晋历代帝王在收复北方国土方面难见成效，最终未能完成统一中国的大业。420年，庶族出身的刘裕取代东晋称帝，国号宋。

东晋陶女立俑

司马睿像

◎ 320 年～540 年，古印度笈多王朝时期。

干宝与《搜神记》

干宝（约283年～351年），是东晋初的史学家，所著《搜神记》为中国古代志怪小说集，共有大小故事454个。所记多为神灵怪异之事，也有一部分属于民间传说，故事大多篇幅短小，情节简单，设想奇幻，极富浪漫主义色彩，对后世的小说、戏曲影响较大。

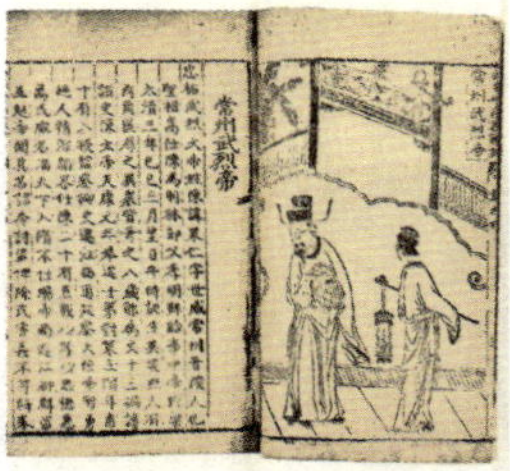

《搜神记》书影

葛洪与《抱朴子》

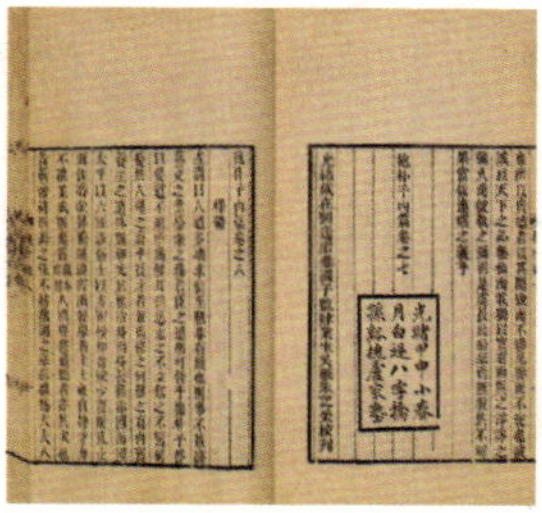

《抱朴子》书影

葛洪（284年～364年），东晋炼丹家和医药学家，著有多种有关神仙和医药的书籍，《抱朴子》是其代表作，对道教理论、植物治病、化学制药等有所介绍，反映了葛洪内神仙外儒术的基本理念。葛洪的医学成就也很突出，他在《肘后备急方》一书中，对天花的危险性、传染性，对结核病的主要症状及"死后复传及旁人"的特性及狂犬病等，都有比较完备、准确的描述。

◎ 公元 4 世纪，西非古国加纳王国建立。

353年

王羲之与《兰亭集序》

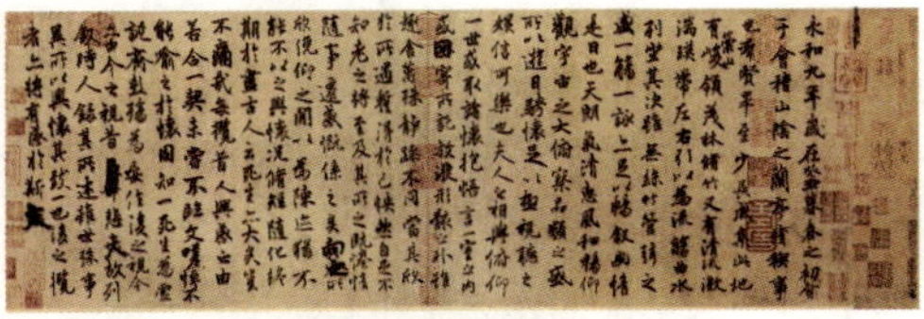

《兰亭集序》

东晋书法家王羲之（321年 ~ 379年）出身贵族，他创造出一种用笔细腻、结构多变、美轮美奂的书体，进一步提升了楷书和行草书的艺术性。353年，王羲之与友人在兰亭的水边，一边戏玩，一边饮酒做诗，王羲之为之写序——《兰亭集序》。全序224字，成为著名的行书法帖和书法艺术精品。

顾恺之

东晋画家顾恺之（345年 ~ 406年）将诗、画、书法融合成为一种统一的艺术形式。他擅长画人物，主张绘画要表现人物的精神状态和性格特征，重视对所绘对象的体验、观察，通过形象思维来把握对象的内在本质，在形似的基础上进而表现人物的情态神思，以形写神。这些艺术特色体现在他的代表作品《女史箴图》、《洛神赋图》中，对中国画的发展有重大影响。

《女史箴图》（局部）

- 公元 4 世纪中叶 ~ 6 世纪，日尔曼部民族大迁徙。
- 353 年，印度的天竺乐传 入中国。
- 欧洲基督教哲学家、神学家奥古斯丁（354 年 ~ 430 年）以新柏拉图主义哲学论证基督教教义，结合哲学与神学建立起完整的教父哲学体系。

慧远创立净土宗

慧远像

公元5世纪初叶，佛教迎来了进入中国后的第一个发展高潮，这很大程度上要归功于中国佛教史上一位著名的高僧——慧远（334年~416年），他推动了长江流域佛教的发展。380年左右，慧远在庐山东林寺，创建了长江流域最大的佛教中心。402年，慧远集中了百余僧众共同发愿将转生到西方极乐世界——大乘佛教阿弥陀佛居住的地方。在佛教徒心中，极乐世界为一方净土，中国佛教净土宗由此创立，慧远被尊为初祖。

淝水之战

谢安像

公元4世纪末，氐族人建立的前秦（351年~394年）统一了黄河流域，国君苻坚（338年~385年）意欲荡平偏安江南的东晋，统一南北。383年，苻坚发兵80余万大举南下，谢安、谢玄指挥8万最具战斗力的士兵迎战，双方商定在淝水西岸决战。苻坚想在晋军渡淝水时截击，决定后撤，不料毫无斗志的前秦军一退便不可收拾，晋军趁势猛攻，大败前秦军，苻坚仓惶逃回北方。淝水之战是东晋王朝以少胜多的战役，对保障南方地区的稳定与繁荣意义重大。

◎ 382年，西域龟兹乐传入中国。

◎ 公元4~7世纪，日本大和国时期。

北朝 **北魏（386年～534年）**

386年，北方游牧民族鲜卑建立北魏政权，398年定都平城（今山西大同），先后吞并周围的小国，于439年统一北方，与420年取代东晋的南朝对峙。534年，北魏先后分裂为东魏、西魏，后又经历北齐、北周，历史上将这一时期统称为“北朝”。

骑马武士俑

北朝时期中国北方少数民族从事农耕的生产场面

北朝朝代表	
北魏	386 年～534 年
东魏	534 年～550 年
北齐	550 年～577 年
西魏	535 年～556 年
北周	557 年～581 年

继十六国分裂局面之后，鲜卑族建立的北魏王朝重新实现了中国北方的统一。北魏初都平城（今山西大同），后迁都洛阳，盛时疆域约为今河北、山东、山西、宁夏、甘肃等省区，河南、陕西、内蒙古的大部，辽宁、安徽、江苏、青海、新疆各一部分以及蒙古国南端的一部分。493年，北魏迁都洛阳，用政治手段推行全盘汉化，包括改汉姓、说汉话、着汉装、娶汉妇、按汉俗重门第，等等。北魏统治者重视佛教，开石窟，建佛寺，皇帝亲自讲佛经，推动了佛教的发展。

◎ 392 年，罗马帝国宣布基督教为国教。

◎ 395 年，罗马帝国分裂为东、西两个帝国。

399年

法显西行求法（399年～412年）

法显像

法显（334年～420年）为中国东晋僧人，399年，赴天竺学习佛教律典和梵文，以弥补当时国内佛教戒律的欠缺。412年，法显携带所录经卷经由海路回国。他的西行共耗时15年之久，历经西域、古印度30余国，是第一个游历全印而又从海路回国的中国求法僧人。法显根据自己的行程和见闻所撰写的《佛国记》，成为研究西域、古印度诸国历史、文化、地理，特别是佛教的重要史料。

陶渊明与《桃花源记》

陶渊明像

陶渊明（365年～427年），东晋诗人。405年，40岁的陶渊明结束了仕宦生涯，在家乡过起了的隐居生活。他嗜酒好文，以《归去来兮》赋明志，并以田园生活为主题开创了一种新的诗歌——田园诗。《桃花源记》是陶渊明创作的散文，此文假托先秦移民为避战乱居于山野，与世隔绝，过着“春蚕收长丝，秋熟靡王税”的日子，反映陶渊明对和平自然生活的追求。

南朝 **刘裕（420年～422年在位）**

420年，一个新的王朝——宋取代东晋，由于其建立者为军人出身的刘裕，故史称“刘宋”。自刘宋开始的170年间，先后有四个朝代更替，这段历史统称为南朝。刘宋王朝及其后继者齐，都被世族所颠覆。南朝的第三个王朝是梁，也是整个南朝时期唯一的“黄金时代”，其时商业贸易的发展加速了以地主庄园经济为基础的门阀制度的崩溃。梁由陈取而代之，陈王朝于589年被北来的隋朝大军推翻。

骑兵和步兵作战图

刘裕像

刘裕（363年～422年）是中国南朝宋王朝的建立者，少年从军，成为东晋最具战斗力的北府兵的重要将领。404年，刘裕首先击溃篡晋的桓玄，迎晋帝复位，开始独揽朝政，消除异己势力；继而统军北伐，先后消灭鲜卑人建立的南燕、羌族人建立的后秦政权等。420年，刘裕代晋称帝，国号宋。他减刑罚，兴学校，注意节俭，整顿朝纲，抑制豪强，赈济百姓，使南方的经济、文化有所发展。

南朝朝代表	
宋	420 年～479 年
齐	479 年～502 年
梁	502 年～557 年
陈	557 年～589 年

谢灵运

谢灵运像

诗人谢灵运（385年 ~ 433年）虽曾为官，但不理政务，日游山水，夜沉宴饮。他的诗歌以描述中国南方地区的自然景物、山水名胜而独树一帜，从而使山水诗成为了中国文学史上的一个重要流派。这个流派诗歌的特点是以清新、恬静的笔调，表达一种道法自然以及人与自然和谐共处的精神理念。

刘义庆与《世说新语》

文学家刘义庆（403年 ~ 444年）所编著的《世说新语》分德行、言语、政事、文学等36类，每类收有若干则故事，全书共一千多则，每则文字长短不一。内容主要是记述士人的生活和思想，反映了公元2 ~ 5世纪文人的思想言行和上层社会的生活面貌，记载颇为丰富真实，人物事迹、文学典故等多为后世作者所取材和引用。

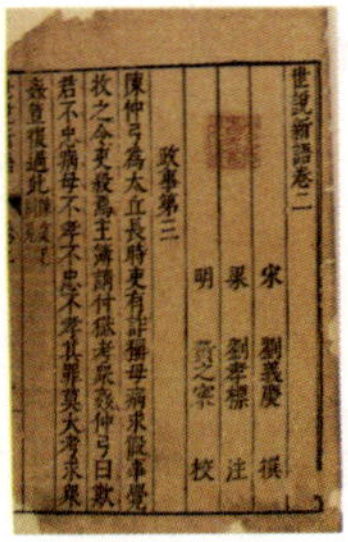
世說新語卷二
宋 劉義慶 撰
梁 劉孝標 注
明 校
政事第三
陳仲弓為太丘長時吏有詐稱母病求假事覺
收之令吏殺焉主簿請付獄考衆姦仲弓曰欺
君不忠病母不孝不忠不孝其罪莫大考求衆
姦豈復過此

《世说新语》书影

骈文

骈文是公元3世纪前后产生的一种新的文体，其主要特点是讲求对仗，句法结构相互对称，词性、词义相互配对，句子的字数通常是四字句、六字句相互交替。因句式两两相对，犹如两马并驾齐驱，故称骈体，在声韵和修辞上都十分讲究。骈文的代表作家有鲍照（414年 ~ 466年）、江淹（444年 ~ 505年）等。这种文体对后世的文学、诗歌产生了很大影响，也存在因过分追求形式而妨害思想内容表达的缺点。

453

453年

485年

云冈石窟（453年～494年）

位于山西大同的云冈石窟开凿于453年，大部分完成于494年，集中代表了公元5～6世纪的中国佛教石窟艺术。云冈石窟现存主要洞窟53个，石雕造像51,000余尊，最大者高达17米，最小者高仅几厘米。窟中菩萨、力士、飞天等形象生动，塔柱上的雕刻精致，有佛像、蟠龙、狮、虎和繁复的植物纹样。石窟雕刻在吸收和借鉴印度犍陀罗佛教艺术的同时，有机地融合了中国传统艺术风格。

云岗石窟20窟大佛

均田制

北魏陶牛车

北魏初年，因长期战争而土地荒芜，严重影响赋税的征收。485年，北魏颁布了均田令，将所有的土地收归国有，个人只享有使用权。每一名15岁以上的男丁受田40亩，妇人减半，奴婢受田相同，还根据耕牛头数受田不等。所受之田不得买卖、年老无力耕作或去世，则归还政府。北魏通过均田制的推行，使荒田得到开垦，保证国家有稳定的税收，有利于打破豪强大族对地方社会的控制，将农民转变为国家编户，国家政令可以下达到每家每户。

◎ 476 年，西罗马帝国灭亡。

494年

孝文帝改革　龙门石窟

孝文帝（467年 ~ 499年），名拓跋宏，是北魏杰出的君主。471年，孝文帝即位，开始进行一系列的政治经济改革，于485年颁布实行了俸禄制、三长制和均田制。494年，孝文帝把都城从平城（今山西大同）迁到洛阳，大力推行汉化政策，包括改穿汉服、改说汉话、改鲜卑复姓为汉姓、提倡鲜卑贵族同汉家世族通婚以及改鲜卑官制、法律、礼仪、典章为汉制等。孝文帝的改革，加速了鲜卑族的汉化过程，促进了北方民族的大融合。

奉先寺卢舍那大佛

《孝文帝礼佛图》（局部）

龙门石窟位于河南省洛阳市南，始凿于494年，之后历经千年不断，尤以北魏和唐代为盛。现存窟龛约2100余个，佛塔40余座，题记碑碣3860种，造像10万余尊。龙门石窟中唐窟数量最多，如潜溪寺、奉先寺、看经寺等；北魏次之，如古阳洞、宾阳洞、莲花洞、万佛洞等。洞窟造像多为佛、弟子、菩萨、天王、力士，也有世俗供养人和佛传、本生故事。除宗教艺术之外，龙门石窟还保留着大量美术、书法、音乐、服饰、医药、建筑和中外交通等方面的实物史料，堪称一座大型石刻艺术博物馆，是中国三大石窟之一。

- 493 年 ~ 555 年，日耳曼人东哥特王国时期。
- 公元 5 世纪末 ~ 10 世纪末，法兰克王国时期。

500年

502年

祖冲之推算圆周率

祖冲之之像

祖冲之（429年 ~ 500年）是一位杰出的科学家，最大的成就在数学方面。他成功地将圆周率π的值精确到3.1415926和3.1415927之间，还得到两个近似分数值，密率为355/113，约率为22/7。祖冲之使用的计算方法被称为“割圆法”，他一直切割到圆的内接24，576边形，从而得出了更加精确的数值。祖冲之也因此成为世界上第一个把圆周率精确到小数点以后七位数字的人。

陶弘景与《本草经集注》

陶弘景（456年 ~ 536年）是南朝一位道士，痴迷于道教养生之术和导引健身之法。他一生都在整理和编辑道教经典、道教养生学方面的书籍，整理了古代的医学典籍《神农本草经》，于500年编纂成《本草经集注》一书，共载药物730种，并对各种药物的名称、产地、性状、主治疾病、配制保存方法等一一注明。这是陶弘景对中国古代医药学最大的贡献，《唐本草》就是在此书基础上补充修订完成的。

刘勰与《文心雕龙》

刘勰（466年 ~ 538年）于502年撰成的《文心雕龙》是中国文学批评史上第一部系统的理论专著。全书内容涉及作家与文学创作、文学作品的艺术想象力与创作风格、文学鉴赏与批评的基本理论、文章的体裁与源流等。强调文学有其自身的特征，文学创作应“日新其业”；主张文学须有社会政治内容，文质并重。

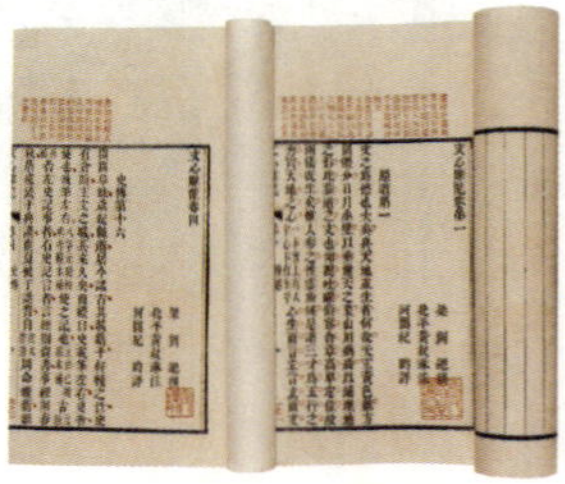

《文心雕龙》书影

507年

517年

范缜与《神灭论》

范缜像

公元6世纪前后，佛教盛行，此时出现了一位无神论者——范缜（约450年 ~ 515年）。507年，范缜著《神灭论》，他指出人的神和形是互相结合的统一体，没有了形体也就无所谓精神的存在，佛教的因果报应论纯属无稽之谈。当时的君主曾组织僧人与他辩论；并召集王公、权贵、僧侣60多人，发表了70多篇文章来围攻他，但范缜始终不屈从。

郦道元与《水经注》

郦道元（466年 ~ 527年）是北魏的地理学家，他以古代的地理书《水经》为基础，查阅大量文献，实地考察，积累了丰富的资料，于517年编撰《水经注》40卷，以水道为纲，注录了1250多条大小河流的走向和流域，同时记述流经地区的山陵、湖泊、郡县、城池，以及土壤、植被、气候、水文和社会经济、民俗习惯等，历史故事也有详细记载，是中国第一部以记载河道水系为主的综合性地理著作。

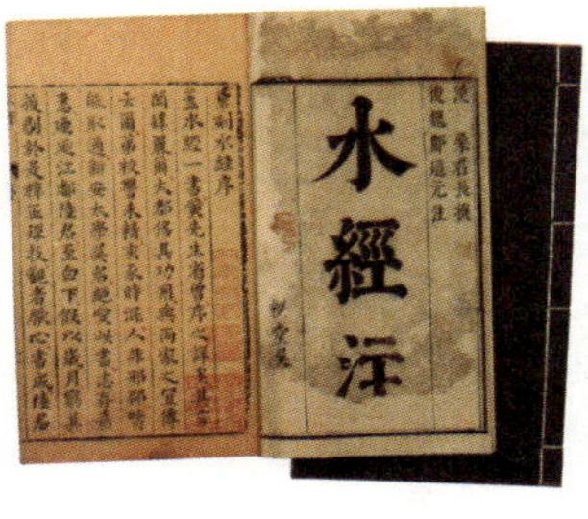

《水经注》书影

菩提达摩在中国创立禅宗

菩提达摩像

公元6世纪，一位名叫菩提达摩（? ~ 536年）的南印度僧侣来到中国，并在中国建立了一个新的佛教宗派——禅宗。禅意为“静虑”，是佛教的一种修持方法，主张不立文字，不需诵经拜佛和进行复杂的宗教修行，只要坚持相信自己本来具有佛性，经过一定的宗教体验，用自然的沉思和突然的领悟来彻底地洞见自己的佛性。

萧统与《昭明文选》

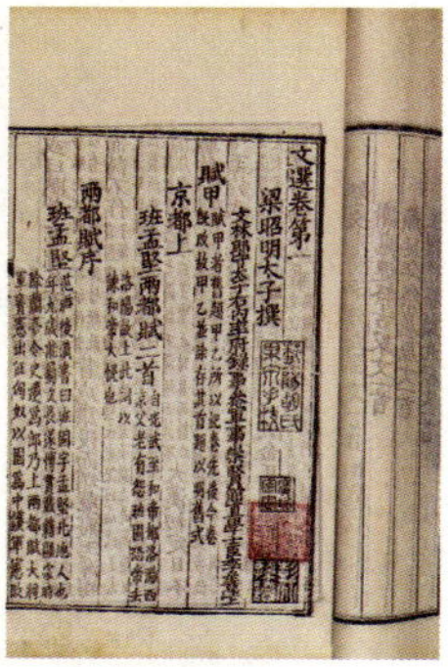

《昭明文选》书影

萧统（501年 ~ 531年）是南朝梁的皇太子，他编纂了中国现存最早的一部诗文总集——《昭明文选》。《昭明文选》选录了700多年间的130位作家的700余篇作品，内容涉及散文、诗歌以及杂文等类别，成为后世文学研究的必备书籍。特别是萧统注意到了文学作品和一般学术著作的区别，提出了明确的区分标准，这对于以后文学的发展产生了积极的影响。

贾思勰与《齐民要术》

《齐民要术》书影

贾思勰（生卒年不详），为北魏农学家，毕生从事农业生产技术知识的学习和研究。533年至534年间，他通过搜集文献和农谚，访问农民和实地试验，写成《齐民要术》。书中系统总结了6世纪以前中国黄淮地区的农业和畜牧业生产经验，其中的防旱保墒、选种和培植良种、轮作和绿肥作物栽培等，具有相当高的理论水平和可操作性。

◎ 529 年，拜占廷皇帝查士丁尼一世（526 年 ~ 565 年在位）敕命编纂《民法大全》，即《查士丁尼法典》。

隋文帝像

581年，杨坚代北周称帝，国号隋。隋灭亡于618年，历2帝，共38年。在这短暂的时间里，它统一了中国，扩大了疆域，采取了一系列稳定社会和发展经济的措施，所创建的三省六部制、科举制度等影响了中国几千年之久。但自隋炀帝即位以后，政风日懈，又动用大量人力物力建东都、开运河、筑长城、修驰道，以及多次南北巡游，穷兵黩武，致使民不聊生，民怨沸腾，最后葬送了隋朝。

隋代文官俑

杨坚（541年～604年）出身北周贵族，580年，他以外戚身份辅政，次年代北周称帝，建立隋朝，在位24年，是为隋文帝。在他的统治下，隋朝先后消灭后梁和陈，结束了中国长达300年的南北分裂局面。604年，杨坚被儿子杨广弑亡。

◎ 穆罕默德（约570年～632年）创立伊斯兰教。

三省六部制

隋文帝杨坚确立的三省六部制是隋朝的中央官僚管理体系，三省为中书省、门下省、尚书省，是国家最高政务机构，长官为宰相职，共议国政。一般是中书省决策，门下省审议，尚书省执行，共同负责。尚书省下辖吏、户、礼、兵、刑、工六部，分别负责官吏任免、人口赋税、教育礼仪、军事防卫、司法刑狱和工程营造等，长官皆称尚书。三省六部制的建立是中国古代政治体制和官制上一次重要的变革，开始将皇帝私人事务与国家事务分开处理，而且在处理国家事务时各个部门分工明确，有助于行政效率的提高。

科举制度的兴起

宋代科举考试图

587年，隋文帝开始通过考试从平民阶层选拔人才，凡考试及格的委以官职，并使这种方式成为一种制度，即科举制度。科举制度在为政府发现人才的同时，也为出身平民阶层的知识分子提供了进入仕途的通道。自隋以后，各朝各代都采用这种选人制度，只是在内容和方式上有所变化而已，直到1905年清朝覆亡之前才废止。

595年

604年

李春修建赵州桥（595年～605年）

李春是隋朝的造桥匠师，他于595年～605年在河北赵县修建了赵州桥。赵州桥净跨37.02米，高7.23米，桥面宽9米。拱由28券（窄拱）并列组成。大石拱上两端各建有两个小的肩拱（净跨分别为2.85米和3.81米），以减轻桥身自重和增大泄洪面积。赵州桥是世界上现存最早、跨度最大的空腹式单孔圆弧拱石桥。

赵州桥

隋炀帝杨广（604年～618年在位）

隋炀帝巡游情景

隋朝的第二代皇帝隋炀帝杨广（569年～618年）是隋文帝杨坚的次子，性情乖张跋扈。即帝位前，他进谗言诬陷皇后和太子，604年弑父自立。即位后，穷奢极欲，滥用民力，征调几百万民工开凿了一条沟通中国南北的运河，以方便自己到长江下游巡游。之后连续三年远征高丽；并且不顾国家财力，营建洛阳。他的所作所为使国家陷入动荡，农民起义此起彼伏，最后被部将缢杀于巡游途中。

605年

开凿京杭大运河（605年～610年）

隋炀帝杨广花费6年时间，开凿了一条以洛阳为中心，北起涿郡（今北京），南达余杭（今浙江杭州），全长2000多公里的运河，其中有些河段是把以前挖好的运河修复、加深和增设水闸。杨广即位的第二年（605年）开始挖掘从洛阳到山阳（今江苏淮安）的通济渠。608年挖通由洛阳北上涿郡的永济渠，两年后再由京口（今江苏镇江）开江南河到余杭。这条运河贯通南北，沟通了海河、黄河、淮河、长江、钱塘江五大水系。

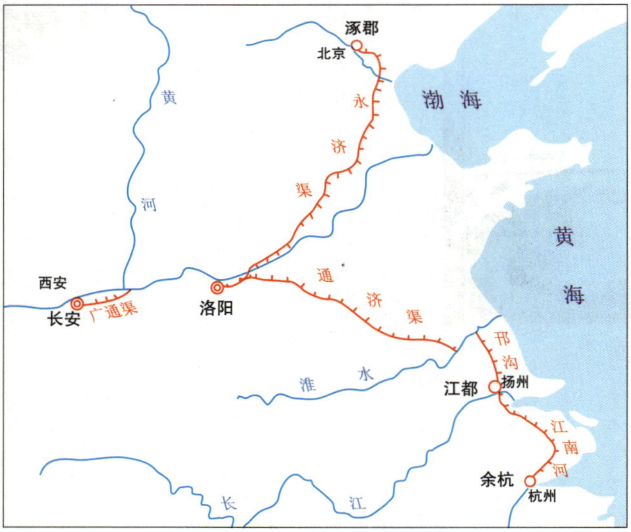

隋朝京杭大运河示意图

◎ 606年～647年，印度戒日王朝时期。

618年～907年

唐

隋朝末年，农民起义风起云涌。617年，李渊（566年～635年）起兵，次年攻入长安，建立唐朝。他的儿子李世民即位后，使唐朝在经济上得到发展，军事上逐渐强大，将国家带入到一个辉煌的时代，即历史上的“贞观之治”。李世民之后的武则天、唐玄宗都有较大作为，出现“开元盛世”。755年“安史之乱”以后，唐王朝一蹶不振，874年爆发的黄巢起义，使唐朝走向瓦解，最后于907年被后梁推翻。唐朝共历20帝，为时290年。

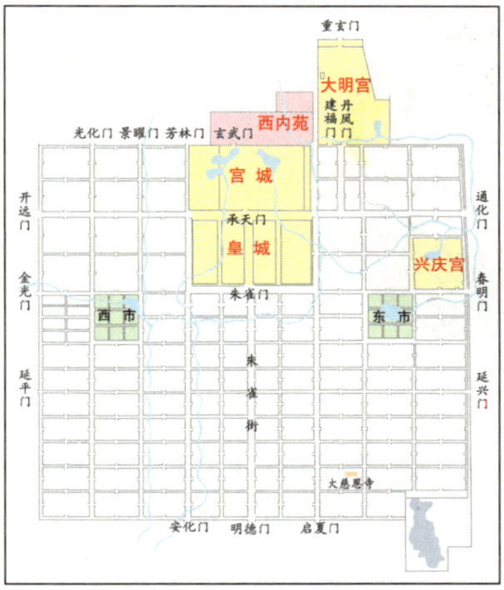

唐长安城布局示意图

唐代仕女俑

唐都长安

唐朝都城长安在很大程度上体现了盛唐时期开放、自由、包容的中华文明气象，长安始建于582年，四周筑城垣，总长35公里。由外郭城、皇城、宫城三部分组成。外城和皇城规划整齐，用纵横街道分隔为108坊，中央南北干道宽155米。长安是当时中国最繁华的都市，也是亚洲各国经济、文化交流的中心，是中世纪的国际大都市。这里有着身着各色服装的少数民族，有外国客商、留学生，很多人留居长安，唐政府为此还设立了专门的接待机构，提供各种便利。

◎ 622年，穆罕默德在麦加传伊斯兰教，麦加人逐之，穆罕默德率徒众奔麦地那。

626年

626

李世民与玄武门之变

李世民像

李世民（599年～649年）是李渊的次子。隋末农民起义如火如荼之际，他适时力劝李渊在太原起兵反隋，并在以后的战争中体现出杰出的政治谋略和军事才能，最终协助李渊占领长安，建立唐朝。天下平定之后，李渊依据中国传统的"立嫡以长"的原则，立长子李建成为太子。李建成虽一向为人豁达宽厚，但始终将弟弟李世民视为最大威胁，多次加害，均未能成功。626年，李世民在皇宫的玄武门发动政变，杀死李建成，逼迫李渊立其为皇位继承人，总揽全国军政大权。不久，李世民即皇帝位，次年改年号为"贞观"，他以非凡的治国才能为唐王朝开创了第一个盛世局面，即"贞观之治"。

贞观之治（627年～649年）

唐太宗李世民在位23年（627年～649年），他注意吸取隋朝灭亡的教训，任人唯贤，广开言路，健全法制，完善科举制度，发展民族关系，并采取了一些以农为本、减轻徭赋、厉行节约的民本政策，使得社会秩序安定，政治清明，国力不断增强。由于唐太宗在位时年号为贞观，历史上称这段时期为"贞观之治"。

唐代仕女图

627年

玄奘西游取经（627年～645年）

玄奘像

玄奘（596年～664年）本姓陈，13岁出家学佛。627年，他从长安出发，出玉门关，前往天竺。631年，到达印度那烂陀寺，在此停留5年之久，学习佛教思想。之后，遍游印度佛教鼎盛之地，参谒访问了恒河流域著名的佛教圣地和许多高僧。645年回到长安，专事佛经翻译，译经、论75部1335卷。玄奘还根据旅途见闻，写了一本《大唐西域记》，为研究南亚、中亚等地古代历史地理的重要资料。

遣唐使

唐代繁荣的经济、昌明的文化和完备的制度，对中国的近邻日本、朝鲜半岛诸国产生了强烈的吸引力，他们纷纷向中国派遣留学生，日本曾向中国派出19批留学生——“遣唐使”，每批都有数百人。朝鲜半岛上的新罗是派遣留学生最多的国家，常年居住在唐朝的留学生就有一二百人。这些留学生大多被安排在国子监系统学习中国古代经典及唐代典章制度，学习时间大多在十年以上，有些甚至长达二三十年，有的还在中国做官。由于对唐文化的钦羡，留唐学生返国后大多都具有较高的社会地位和声望，在他们的推动之下，中国的哲学思想及唐代的政治制度、文学艺术、音乐舞蹈、天文历算、医学、建筑，以至中国人的衣食住行、风俗娱乐等，都对这些国家产生了深远的影响。

◎ 632 年，穆罕默德逝世，伊斯兰教帝国建立，西方称为阿拉伯帝国，中国称“大食”、“天方”。

635年

641年

651年

635

基督教进入中国

文成公主与松赞干布

伊斯兰教传入中国

大秦景教流行中国碑拓片

唐朝初期，对各种宗教文化都采取包容的态度，基督教的聂斯脱利派——景教就是在这个时候传入中国。景教在波斯地区十分流行，635年，该派主教阿罗本沿丝绸之路来到长安，皇帝允许他留在长安翻译圣经和到各地传教。845年，唐朝颁布禁佛令，亦波及景教，使其传播受到极大影响。

641年，唐太宗李世民将宗室女文成公主（625年～680年）远嫁吐蕃赞普松赞干布（？～650年）。文成公主在藏40年，依靠自己杰出的政治才能，协助松赞干布治理吐蕃，维护了唐蕃之间的和平局面，赢得了吐蕃民众的敬重。她进藏之时，带去大量文人、乐师、农技人员和大批生产工具、医疗器械，以及各种典籍，后又从内地引进蚕种和酿酒、造纸等技术，使西藏在文化、经济等方面有了很大发展。

描述松赞干布到长安求婚的《步辇图》（局部）

651年8月25日，阿拉伯帝国的第一个使节团到达长安，他们拜见了唐皇帝，介绍了他们国家的宗教信仰和风俗习惯等情况，大部分学者将此次使团来华视为伊斯兰教传入中国的开始。唐代之时，大批阿拉伯人和波斯人通过丝绸之路来到中国，他们与中国人通婚，也可以通过考试为官，但仍然保持自己的宗教信仰和生活方式，伊斯兰教的影响逐渐增大。

◎ 645年，日本孝德天皇定年号为大化，始用中国式年号纪年，一切悉行模仿中国，改组中央政府，史称“大化改新”。

659年

孙思邈

孙思邈（约581年～682年）是隋唐时期的名医，他专心在民间采药治病，而且不分贫富贵贱，一视同仁。孙思邈著有《千金要方》、《千金翼方》等书，书中总结了前人的经验和理论，收集了大量药方和针灸资料，并首列幼儿和妇女疾病病例，倡立脏病、腑病的分类，对学习、研究中国传统医学有重要的参考价值。

《千金要方》与《千金翼方》书影

《唐本草》

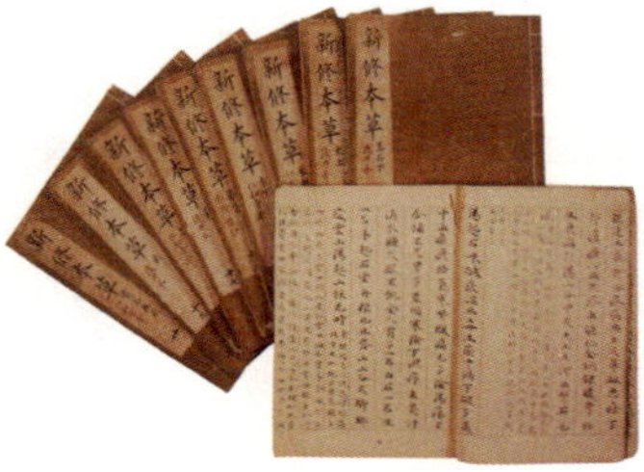

《新修本草》书影

《唐本草》又称为《新修本草》，是659年由唐朝政府颁行的药典，也是中国第一部国家药典。全书分为目录1卷，《本草》20卷，载药物800余种，新增114种，主讲每味药物的性味、产地、采制、功用和主治等；《药图》25卷，描绘药物的形态；《图经》7卷，是配合药图的说明文字。自《唐本草》颁行至公元10世纪中叶的300多年中，中国医家一直把它列为必读课本。

阎立本

唐初画家阎立本（？～673年）出身书画世家，尤其擅长人物肖像画，多描绘唐初建功立业的功臣形象。阎立本的绘画，线条刚劲有力，色彩古雅沉着，特别注重对人物的服饰、举止、面部神情的刻画，通过这些来表现人物的不同气质、个性和外貌特征。有《步辇图》、《历代帝王图》等作品传世。

历代帝王图（局部）

- 公元7～11世纪，西欧使用银便士或银丹尼尔，形成镑、先令和便士的货币体系。
- 661年～750年，阿拉伯帝国倭马亚王朝时期。
- 668年，新罗灭高句丽，统一朝鲜半岛。

惠能创立禅宗南宗

惠能像

唐代前期产生了一个新的佛教宗派，即禅宗南宗。其开创者惠能（638年 ~ 713年）认为任何人都有佛性，都可以顿悟成佛。因此，他反对通过繁琐的仪式来进行累世的苦修，而主张在平静如常的世俗生活中寻求解脱。后来，惠能在韶州曹溪大力倡导顿悟法门，成为禅宗的正系，使佛教呈现出一种平民化、世俗化的倾向，对文学、艺术、理学、心学也产生了明显的影响。

武则天（690年 ~ 705年在位）

武则天像

武则天（624年 ~ 705年）是一个木材商人的女儿，14岁入宫。在皇宫之中，她学会了使用政治权术，于655年被唐高宗李治（650年 ~ 683年在位）立为皇后，参与朝政。李治去世之后，她先后物色了两个无能的皇子做傀儡皇帝，自己独掌大权。690年，武则天登基称帝，改国号为“周”。在她15年的统治期间，唐太宗的政策基本延续下来，但她任用酷吏，屡兴大狱。705年，唐中宗李显（683年 ~ 684年，705年 ~710年在位）恢复帝位，复国号为唐。

◎ 694 年，摩尼教由波斯人佛多诞传入中国，时称明教。

◎ 697 年，意大利威尼斯建立统一政权，10 世纪建成商业共和国。1979 年终。

710年

刘知几与《史通》

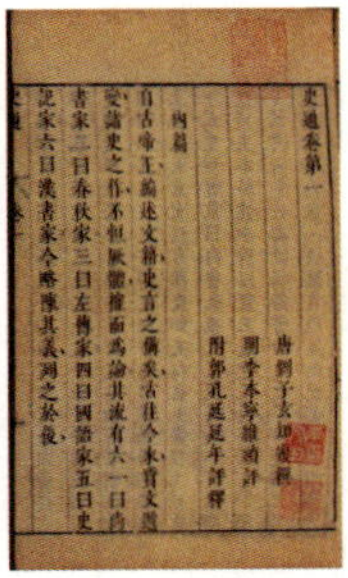

《史通》书影

唐代史学家刘知几（661年～721年）历任史官，监修国史，于710年撰写《史通》49篇，从理论、方法、技巧上阐述史书编纂的体裁、体例、史官建制、史书得失，将中国史学家从撰述历史发展到评论史家、史书和史学的新高度。他第一次提出了史学家必须具备史才、史学、史识三方面的能力。史学是历史知识；史识是历史见解；史才是研究能力和表述技巧。其中史识最重要，即忠于历史事实。

张旭与“狂草”

中国书法以汉字为基础，通过点线组合、空间排列，形成一种独特的艺术形式，草书是这种艺术形式的典型代表，而“狂草”的出现更使其发展到了极致。唐代书法家张旭（675年～750年），每次作书前必饮酒，醉后呼叫狂走，然后下笔作书，笔走墨飞，一气呵成，“狂草”因此得名。

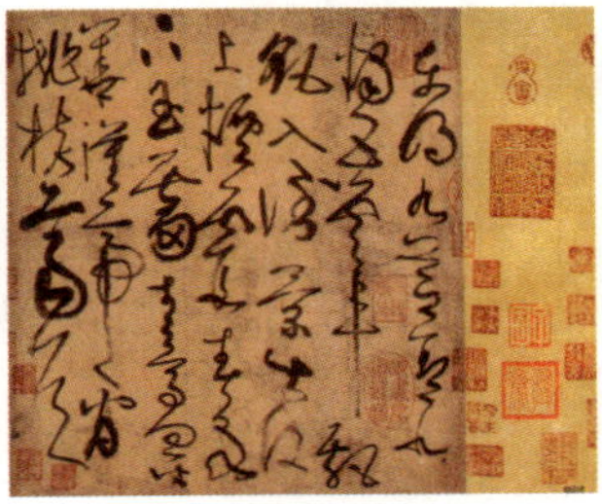

张旭《古诗四帖》（局部）

吴道子

吴道子《八十七神仙图》（局部）

吴道子（？～760年）是唐代的宫廷画师，尤其擅长宗教壁画、佛道人物的创作，也工山水画，在中国绘画史上有“画圣”之称。吴道子在师法前人绘画技法的基础上，形成了自身的画风，笔迹磊落，势状雄峻，设色简淡。特别是用状如兰叶或莼菜的笔法来表现衣褶，所绘衣带，起势圆转，似迎风飘摆之势，被誉为“吴带当风”。

◎ 710年，日本迁都奈良，自此时至794年为“奈良时期”。

712 712 年

713年

▶ **唐玄宗李隆基（712年～756年在位）**

▶ **开元盛世（713年～741年）**

李隆基像

于712年登上皇位的唐玄宗李隆基（685年～762年）是唐代在位时间最长的一位皇帝。在他统治的前期，励精图治，改革弊政，使一度混乱的政局得以稳定，出现了“开元盛世”的局面。但是他统治后期宠信宦官、重用佞臣、沉迷声色，地方割据势力也越来越难以控制，最终在“安史之乱”中黯然退位，给他的继承者留下了一个破碎的王朝。

“开元”是唐玄宗的一个年号，即713年至741年。这个时期，唐玄宗革除前代弊政，使政治局面得以清明；减轻民间赋役，兴修水利，使生产发展，国库充实，民户剧增为唐初的4倍。丝绸之路畅通，波斯、大食商人纷至沓来，对外贸易极度增长。海上交通亦有发展，日本、新罗及东南亚的访唐使者络绎不绝。唐已成为亚洲经济、文化的中心，呈现出繁荣昌盛的局面。

724年

僧一行与《大衍历》

僧一行（673年～727年）俗姓张，名遂，精通历法和天文。724年，他利用自制的天文仪器，主持了一次大规模的天文测量活动，成功地测算出了地球子午线的长度。在完成实地测量活动之后，僧一行又根据观测到的日月星辰运行情况，制定了新的历法——《大衍历》，比较正确地掌握了太阳在黄道上运行速度变化的规律。

李白

李白像

唐代的诗人数不胜数，但李白（701年～762年）的成就和名声最大。李白青年时期也曾想辅弼帝王、建功立业，但因其豪放不羁，不愿迎合权贵，这就注定了他与政治无缘，一生都在漂泊中度过。政治失意的悲愤、盛唐的万千气象以及旷达的性格成就了李白的"斗酒诗百篇"，流传至今有将近千首。他的诗豪迈奔放，语言明快流畅，音律和谐多变，想象丰富，意境高远，感染力极强，是中国古代浪漫主义诗歌的杰出代表。

◎ 726年～843年，拜占廷发生圣像破坏运动（中断26年）。

王维

王维（701年～761年）出身官宦之家，仕途坎坷，后半生隐居避世，拜佛诵经。他是诗人，又是画家。其前期的作品有一些情调激昂、气势豪放的边塞诗；后期主要描绘山水田园等自然风景，宣扬隐士情趣和佛教禅理。笔下山水景物特具神韵，略事渲染而意境悠长，极有画意。因此，王维的诗歌被誉之为“诗中有画”、“画中有诗”。

王维《长江积雪图》(局部)

杨贵妃

《杨贵妃上马图》(局部)

杨贵妃（719年～756年），字玉环，来自山西的一名地方官员的家庭，于745年被封为贵妃。由于受到唐玄宗宠幸，她的兄弟姐妹也一荣俱荣，都得到了勋位和高官，其堂兄杨国忠曾一度担任宰相。与此同时，玄宗更加沉迷于声色，国家政治走向腐败与混乱，进而引发了“安史之乱”。唐玄宗携杨贵妃逃往四川，途中随军哗变，杨国忠被处死，杨贵妃被缢杀，唐玄宗也在对杨贵妃的无限怀恋之中黯然退位。

◎ 约公元 8 世纪前半叶，英国最早、最完整的英雄史诗《贝奥武甫》成书。

马球流行

唐代的马球又叫“击鞠”，球手骑在马上手执弯头长棍击打软球，是一种兼具健身和娱乐的马上竞技运动。这种运动在唐代十分流行，连一些皇帝也是马球运动的爱好者。唐玄宗就曾经在自己的皇宫里饲养过大批比赛用马，并规定军队必须练习马球。在当时，马球也是宫中女性的娱乐项目，已经出现了专门的女子马球队。

《马球图》

唐传奇

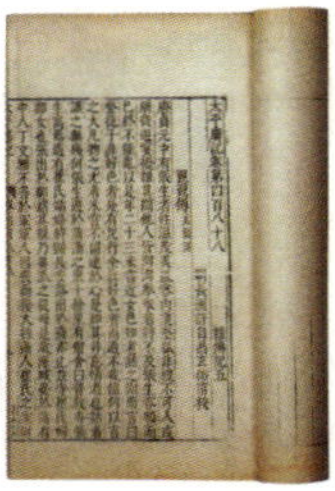

《莺莺传》书影

唐传奇是在传统志怪小说的基础上，融合历史传记、辞赋、诗歌和民间说唱艺术而形成的新的小说体裁。题材涉及爱情、历史、政治、豪侠、神仙等诸多方面，尤以爱情小说的成就最为突出，如《莺莺传》、《游仙窟》、《三梦记》等。这些作品的叙事模式也开始由以故事为中心向以情节、人物为中心演变。

鉴真东渡日本

唐招提寺鉴真坐像

742年，鉴真（687年～763年）受邀赴日传播佛学，前后六次东渡，于753年到达日本九州，开始了长达10年的弘扬佛法的历程。鉴真先在奈良东大寺传授佛教戒律，创立了日本的佛教律宗；759年，他根据中国唐代寺院建筑的样式在奈良建唐招提寺，并建戒院为日本天皇和诸臣授戒。763年，鉴真在日本圆寂，其弟子为他塑造了一尊干漆坐像，至今仍存放在唐招提寺内。

◎ 750 年～1258 年，阿拉伯帝国阿拔斯王朝时期。

755年

755

安史之乱（755年～763年）

公元8世纪初，唐玄宗为抵御外来侵扰，在全国边境设置"节度使"，他们拥有军权和财权，逐渐发展为分裂割据势力。安禄山（703年～757年），本为一名小官，但为人聪明，深得唐玄宗信任，身兼平卢、范阳、河东三镇节度使。755年，安禄山起兵反唐，攻陷洛阳，自称大燕皇帝，继而占领长安，大肆杀掠。唐玄宗匆忙逃往四川，太子李亨借回纥兵收复长安，于763年将安禄山剿灭，但唐王朝也从此走向衰落。

描绘唐玄宗败逃四川的《明皇幸蜀图》

杜甫

杜甫像

在中国文学史上，杜甫（712年～770年），与李白齐名，被誉为"诗圣"。与李白相比，杜甫的诗歌对现实社会倾注了更多的关怀，他的诗真实地记录了唐代政治由盛而衰的历史进程和社会生活画面，对人民的苦难寄予了深切的同情。在创作艺术上，杜甫的诗歌众体兼备，韵律严谨，对仗工整，语言精炼，堪称唐代律诗的楷模，流传下来的达1400多首。

◎ 752年～911年，法兰克王国卡洛林王朝时期。

陆羽与《茶经》

中国历史上有一种说法："茶兴于唐，盛于宋。"饮茶在唐朝的王公贵族、文人雅士之中非常流行。市坊间的饮茶场所茶客盈门。756年～780年，陆羽（733年～804年）在考察了各地饮茶习俗和总结了历代制茶的经验后，撰写了《茶经》，全面阐述煎茶法的制作过程，以及茶的采摘、制作、茶具、礼仪等知识，奠定了中国茶文化的基础。

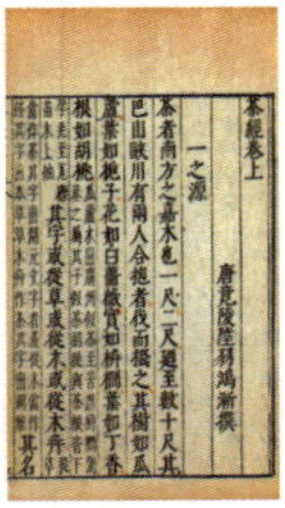
茶經卷上
唐竟陵陸羽鴻漸撰
一之源
茶者南方之嘉木也一尺二尺迺至數十尺其
巴山峽川有兩人合抱者伐而掇之其樹如瓜
蘆葉如梔子花如白薔薇實如栟櫚葉如丁香
根如胡桃
其字或從草或從木或草木并

《茶经》书影

茶马互市

茶马互市是中国古代以官茶换取青海、甘肃、四川、云南、西藏等地少数民族马匹的政策和贸易制度，始于唐，沿于宋，完备于明，清代以后逐渐淡出历史舞台。近千年间，各朝都曾经设置专门管理茶马贸易的机构，并形成一条繁华的商路，即"茶马古道"。实际上，进入"茶马古道"的商品远不止茶和马，中原地区的丝绸、布料、铁器等生产生活资料，西北地区的皮革、黄金以及虫草、贝母等珍贵药材，也成为互市的重要商品。

藩镇割据（763年～960年）

藩镇是唐朝初年设立的管理所属各州兵甲的机构，后来发展到统辖各州刺史，掌握境内军政大权。到公元9世纪，藩镇发展到40多个，唐朝北方的大部分地区已经掌握在了这些军人手中。他们实行地方割据，忽略中央政府的存在，甚至与之对抗。唐朝中央政府虽然多次想要削弱藩镇，但每每以失败而告终，反而使中央财政日益捉襟见肘。整个唐朝晚期，国家就在这种中央与地方无休止的内耗之中走向衰落，藩镇割据的局面也一直延续到10世纪中叶北宋统一。

唐代武士俑

780年

杨炎与“两税法”

杨炎（727年～781年），唐德宗（779年～805年在位）时任宰相。他目睹唐朝廷中央财政拮据，于780年开始进行税收制度变革，废除按人口征税的税收制度，而以土地、业产等财富的多寡，按每户的贫富差别进行课征，每年分夏秋两次交纳，称为“两税法”。两税法虽然对于唐代的财政状况没有产生明显的作用，但它是中国税收制度史上的一个突破。

白居易

白居易像

白居易（772年～846年），中国古代著名诗人，青年时曾为官，但不得志。他强调诗歌的通俗性、写实性，主张诗歌应该为时为事而作，曾写下了不少感叹时世、反映人民疾苦的诗篇。代表作有长篇叙事诗《长恨歌》、《琵琶行》，讽喻诗《秦中行》、《新乐府》等。白居易晚年笃信佛教，常以诗酒自娱，所写诗歌流露出一种淡泊悠闲的情调、一种稍显颓废的生活态度。

◎ 公元8～17世纪，西非马里王国时期。

古文运动

古文运动是唐代文学领域发生的一次文风、文体和文学语言的改革运动，由文学家韩愈发起。他主张文以载道，吸收古代优秀散文的特点，并结合时代的需要，创造出一种文字明朗朴素、内容充实的散文，以取代自公元3世纪以来流行的形式讲究但内容空洞的骈文。他的主张得到当时另一位文学家柳宗元的大力支持。古文运动在唐代以后的一千多年里对中国文坛产生了极大影响。

韩愈像

柳宗元像

韩愈与柳宗元

韩愈和柳宗元都是唐朝的文学家，韩愈生于768年，柳宗元小他5岁，他们代表了唐代文学发展的另一个重要成就——散文。韩愈为文长于说理；写诗则力求新奇，以文入诗；柳宗元的山水游记写景状物，多所寄托。他们积极倡导改变以往的骈体文，恢复早期的散文体，强调文以载道，“陈言务去”，使唐代及其以后的文风发生了很大变化。

杜佑与《通典》

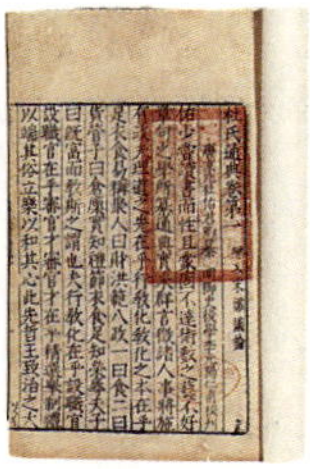

《通典》书影

杜佑（735年～812年）既是一位政治家，又是一位史学家，于801年完成巨著《通典》。这部书总共200卷，内容涉及国家的经济制度、选举制度、政府机构、军事制度、法律制度和地方政府组织等九个方面，记载了自上古至公元8世纪各种典章制度的沿革。《通典》不仅是中国第一部典章制度百科全书，也为典章制度史书的分类开创了新的体例。

◎ 802年～1431年，吴哥王朝时期。

808年

刘禹锡

刘禹锡像

唐代诗人刘禹锡（772年～842年），出身于书香世家。他借鉴中国古代的民歌形式，创作了很多反映民众生活和风土人情的诗歌作品，清新自然，健康活泼，充满生活情趣。其讽刺诗往往以寓言托物手法，抨击权贵，涉及很多社会现象，如《竹枝词》、《插田歌》等组诗。

牛李党争（808年～847年）

唐朝后期，不仅面临藩镇割据，其统治中枢内部也争斗不已，最为典型的是“牛李党争”，双方领袖分别为牛僧孺（779年～847年）和李德裕（787年～850年）。他们的主要分歧有：牛党成员多为进士出身，重科举；李党强调“朝廷显官须是公卿子弟”，以门荫入仕。在对待藩镇问题上，牛党主张姑息，李党主张压制。双方旗鼓相当、互相压制排斥，从808年一直到847年，争斗了近40年，加剧了唐王朝的衰落。

颜真卿与柳公权

唐代书法家颜真卿（708年～784年）在广泛吸收前人书法作品特点的基础上，把篆、隶、行、楷四种笔法结合起来，创造出了一种新书体——“颜体”。这种书体端庄雄伟，气势开阔，不仅成就了大唐书风，也是中国书法史上的又一次重大变革。另一位书法家柳公权（778年～865年）受到颜真卿的影响，也开创了自己的书法风格——“柳体”。他的字讲究笔势，斩钉截铁，点画爽利挺秀，骨力遒劲，结体严紧。因此，后世将颜真卿、柳公权的书法并称为“颜筋柳骨”。

颜体

柳体

868年

875年

875

雕版印刷《金刚经》

雕版印刷《金刚经》（局部）

雕版印刷术是中国古代重要的科技发明之一。制版和印刷的程序是：先把字写在薄而透明的绵纸上，字面朝下贴到板上，用刻刀按字形把字刻出，成为“反字”。然后，在刻成的版上加墨，把纸覆盖在版上，用刷子轻匀揩拭，揭下来，文字就转印到纸上并成为“正字”。唐后期，雕版印刷已相当发达。现存最早的标有年代的雕版印刷品是868年印刷的《金刚经》残卷，现收藏于英国伦敦博物馆。

黄巢起义（875年～884年）

唐朝末年，繁重的赋税负担使许多农民背井离乡，成为流民。875年，私盐贩子黄巢（？～884年）率众起义，带领起义军转战中原、江南、岭南、湖广，横扫了大半个中国，于880年攻陷洛阳和长安，即皇帝位，国号大齐。由于流动作战，没有建立稳固的根据地，于884年被唐朝将领李克用击败。黄巢起义动摇了李唐政权的统治基础，唐朝也由此进入了军阀混战的时期。

◎ 882 年，奥列格（？～912 年）兼并基辅，建基辅罗斯公国，至 12 世纪初瓦解。

唐三彩

唐代烧制陶器的技术有了显著提高，工匠们能够在1100℃的高温下烧炼出色彩绚丽的彩色釉陶，因其以黄、绿、褐（或红、绿、白）3种釉色为主而被称为“唐三彩”。唐三彩的釉料中因含有大量的铅，在烧制过程中由于铅釉的流动，各色呈现出浓淡的层次或巧妙地交织在一起，形成错综复杂、绚丽多彩的色釉，烘托出了富有浪漫色彩的盛唐气氛。唐三彩主要出土于中国的河南、陕西等地，日本、印度尼西亚、伊拉克和埃及等地均有出土，说明当时已大量出口。

唐三彩马

敦煌莫高窟

莫高窟佛塑像

莫高窟位于甘肃省敦煌东南25公里的鸣沙山东麓，上下5层，南北长1200米，现有壁画和佛像的洞窟492窟、壁画45,000平方米、彩塑像2100余尊。莫高窟始凿于公元4世纪，持续了1000年之久，而唐代是其全盛时期。莫高窟的壁画和彩色塑像，主要以佛教故事、佛教人物为主题，反映了6～14世纪佛教造型艺术的发展情况。

莫高窟飞天

▶五代 ▶十国（891年～979年）

朱温像

唐朝最后的几年里，中央政府已经名存实亡，但此时各个地方势力都尚未建立自己的国家，直到907年朱温建立后梁。朱温（852年～912年）原为黄巢起义的重要将领，当黄巢起义即将失败之际，他投降唐朝，镇压起义军，逐渐成为控制中国北方大部分地区的军阀，并代唐自立，国号梁，史称“后梁”。但后梁并不是一个很稳定的政权，16年之后即被后唐取代。13年后，后晋又取代后唐，此后又出现了后汉、后周两个短命的政权。在半个世纪中交替了五代政权，谓之“五代”。

五代十国朝代表		
朝代（或国名）	都城	年代
后梁	汴（河南开封）	907～923
后唐	洛阳	923～936
后晋	汴（河南开封）	936～947
后汉	汴（河南开封）	947～950
后周	汴（河南开封）	951～960
吴	扬州	892～937
前蜀	成都	891～925
吴越	杭州	893～978
闽	长乐（福建福州）	893～945
南汉	广州	904～971
南平（荆南）	荆州（湖北江陵）	907～963
楚	长沙	896～951
后蜀	成都	925～965
南唐	金陵（江苏南京）	937～975
北汉	太原	951～979

当中国北方的五个政权进行频繁更替时，中国南方和山西出现了十个相对稳定的地方小国，被总称为“十国”。它们是：割据长江中下游的吴和南唐、割据浙江的吴越、割据湖南的楚、割据福建的闽、割据广东和广西的南汉、割据四川和甘肃的前蜀和后蜀、割据江陵地区的南平（荆南），以及割据山西中部的北汉。五代十国是唐亡宋兴之间的历史过渡时期，在此期间，由于南方的相对稳定，长江三角洲地区的经济得到发展，南中国海的对外贸易日趋繁荣。

◎ 10世纪初，君士坦丁堡为欧洲第一大城。

916年～1125年

916

▶辽 ▶耶律阿保机（916年～926年在位）

当唐王朝分崩瓦解、地方军阀群起割据的时候，一个剽悍勇猛的北方游牧民族——契丹已经崛起。他们在耶律家族的领导下，于916年建立契丹国，又于947年改称辽国。一共经历了9个皇帝，延续了两个多世纪之久，形成北宋、西夏、辽的鼎立局面。其统治范围由蒙古草原向南扩展，直至华北平原，而东起高丽，西至阿尔泰山，隔断了汉族政权与中亚、西亚的直接联系。

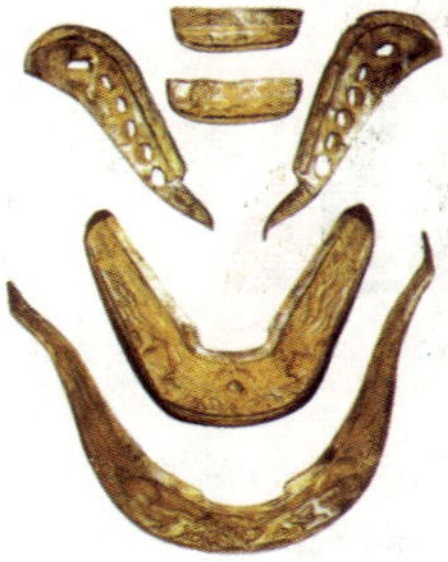

辽代鎏金银鞍桥

梳髡发的契丹男子

耶律阿保机（872年～926年）出生于契丹贵族家庭，30岁左右即掌握契丹军政大权。907年，阿保机被推举为汗。916年，正式废除传统部落联盟制度，建立大契丹国，建国后，阿保机参照汉族的政治模式，建立起新的国家机构。同时大力吸收汉文化，创制契丹文字，仿唐代长安修建皇都等。除此之外，阿保机还大肆对外扩张，使契丹国声威大振。926年，他病逝于军旅之中。耶律阿保机的一系列活动，实现了北方各族的统一，建立起幅员广阔的辽王朝，推动了北方各民族间政治、经济和文化的交流与发展。

◎ 919 年～1024 年，德意志萨克森王朝时期。

◎ 927 年，不列颠七小国并立时间结束，英格兰王国建立。

◎ 935 年～936 年，高丽先后灭新罗、百济，统一朝鲜半岛。

北宋 **赵匡胤建立宋朝**

赵匡胤像

960年，原后周将领赵匡胤代后周称帝，建立宋朝。宋朝使中国复归统一，共历16帝，为时300余年，分为两个阶段：960年至1126年，定都开封，称为北宋；后因开封被金兵攻占，1127年迁都临安，史称南宋。北宋的统一，为社会经济的发展创造了条件，在相对安定的环境下实现了经济增长。北宋时代耕地面积增加，特别是手工业发展迅速，矿冶、纺织、制瓷、造船、造纸等领域出现了显著的技术革新。商业繁荣促进了金融业的发展，纸币开始流通，海外贸易发达。儒家思想开始以理学的形式复兴，以宋词为代表的文学形式将中国文化推向了又一个高峰。与之同时，女真族建立的金朝对北宋政权形成了极大的威胁。1126年，金军攻破开封，北宋政权灭亡。

赵匡胤（927年～976年）于后汉时从军，至后周时逐渐掌握兵权。960年，他谎称契丹军队犯边，亲自领兵北上抵御，行至京郊陈桥驿发动兵变，黄袍加身，自立为帝，取代后周建立宋朝，定都开封，使中国逐渐由分裂走向统一。

北宋京城汴梁繁华街景

◎ 945年，越南发生十二使君之乱，至968年平定，建大瞿越国。

961年

杯酒释兵权

为了消除自唐朝以来就已形成的地方割据势力，避免他们再次威胁中央政府的统治，在登上皇位的第二年（961年），赵匡胤就数次设宴请石守信（928年～984年）等主要军事将领以及手握重权的地方官员，劝谕他们释去兵权，多积金银，广置田宅，终养天年。通过这种方式，中央政府很快就把地方的军权、用人权、财权收归己有，这有助于行政效率的提高，宋代能够成为中国历史上经济、文化、科技发展的黄金时代，与此不无关系。

范宽与《溪山行旅图》

《溪山行旅图》

范宽（生卒年不详）是北宋初的山水画家，长期隐居于山林，静心观察和体验云烟雾霭、风月阴晴之变幻。他重视写生，作品以真山真水为描写对象，笔墨雄健老硬，构图饱满，大山巍然矗立，深厚壮观，气势逼人。唯一存世作品是《溪山行旅图》，为绢本，高206厘米，宽103厘米，画中的悬崖峭壁迎面兀立如刀削，旅人显得十分渺小，但勇于翻山越岭，体现了画家的心境。

书院的兴盛

长沙岳麓书院御书楼

书院在公元6世纪已出现，但不及宋代这样兴盛。宋代书院多选山林名胜之地设立院址，当时著名的书院有白鹿洞书院、嵩阳书院、应天府书院、岳麓书院。这些民间性、地方性书院或专事儒家经典教育，为国家培养政治人才；或专门研究、讲求学术，以培养学派传人；或以游宴吟诗、讲学会文为事，成为文人学者讲经论道之所。书院的重要性在于进一步打破了“官学”在传统教育中的垄断地位，具有非常重要的文化传播与普及功能。

◎ 962 年～1806 年，神圣罗马帝国时期。

◎ 980 年～1010 年，越南前黎朝时期。

1004年

▶澶渊之盟 ▶景德镇的兴起

1004年，辽军大举攻宋，直抵黄河北岸的澶州。宋真宗（997年～1022年在位）在宰相寇准（961年～1023年）的劝说和鼓励之下，率军到达澶州，但不敢与辽军交战，执意求和。双方议定，宋朝每年供给辽国绢20万匹、银10万两；辽军后退，以白沟河为界。澶州又名澶渊，因此称为“澶渊之盟”。这次和议，宋朝获得了相对的和平，辽国得到了稳定的额外收入，有助于两国间的和平与稳定。

景德镇位于江西省的东北部，自公元5世纪开始生产陶瓷，宋景德年间（998年～1003年），皇帝派人到这里设官窑，烧制御用瓷器，底书“景德年制”四字，景德镇因此得名。从此之后，历代皇帝都派员到景德镇监制宫廷用瓷，创造出无数陶瓷精品。景德镇瓷器开始为白瓷，有“白如玉，明如镜，薄如纸，声如磬”之誉，后来品种越来越多，越来越精，尤以青花、粉彩为大宗，以颜色釉为名产。景德镇瓷器通过海上“瓷器之路”远销世界各地，久享盛名。

◎ 1010年～1225年，越南李朝时期。

1023年

1027年

1023

交子：世界上最早的纸币

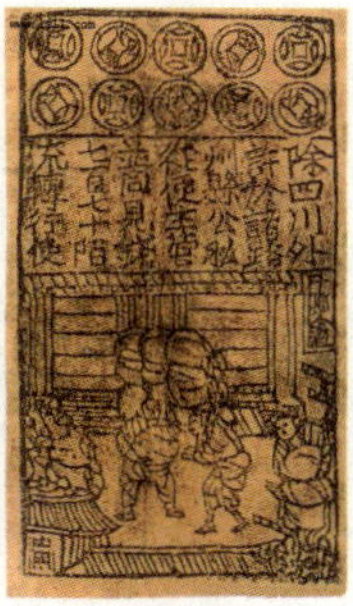

交子图样

自公元前3世纪以来，中国一直使用圆形方孔的铜钱或铁钱，铸造及携带都不便。到了公元10世纪初，中国西南地区的四川富商联合发行交子，广泛用于各种商品贸易之中。交子用统一的纸印刷，上面绘有房屋、人物等图样，签了押字，做了暗记，他人难以伪造，无论在质量还是功能方面，都成为了名副其实的货币。1023年，交子的发行权收归政府，一枚交子可以兑换一千文钱，每三年换发一次，成为流行全国的合法货币。

王惟一铸造针灸铜人

针灸铜人体模型

随着中国针灸医学的不断发展，很多新穴位被发现，为了防止混乱，北宋医官王惟一（生卒年不详）铸造了两个空心铜人体模型，其全身标注559个穴位，其中107个是一名二穴，故全身有666个针灸点。铜人既是针灸医疗的范本，又是医官院教学与考试的工具，为后代所沿用和模仿。

欧阳修与宋代诗文革新

欧阳修（1007年～1072年），号醉翁，宋代著名学者、文学家，是北宋初年文坛公认的领袖。他继承了韩愈古文运动的精神，提出文以明道的主张，大力提倡结构严谨、简单平实和流畅自然的文风。他的政论文、史论文、记事文、抒情文和笔记文等，都体现出了这种风格，如《朋党论》、《与高司谏书》、《醉翁亭记》、《丰乐亭记》等。他的平易文风对后世产生了深远的影响。

欧阳修像

1038年～1227年

1038

西夏 **李元昊（1038年～1048年在位）**

西夏是党项族在中国西北部建立的政权。党项族从10世初开始与汉族交往频繁，他们通过与宋、辽或叛或附的反复较量，形成了独霸一方的政治势力。1038年，李元昊自称皇帝，建立大夏国，定都兴庆（现宁夏境内）。在其后几年内，他模仿宋朝制度，逐步建立中央集权的专制王朝，并改革军事制度，创造了西夏文。从此，一个以党项族为主体，包括汉、吐蕃、回鹘等多民族的政权出现在中国的西北大地上，并统治这一地区长达190年之久。

西夏王陵

刻有西夏文字的残碑

西夏王陵人像石雕

李元昊（1003年～1048年）为西夏王朝的开国君主，1032年继夏王位，不甘臣服于宋，实行了一系列改革，包括废除唐、宋两朝所赐姓氏；变服饰，改礼乐，创文字，一切皆从夏俗；根据本民族特征，并仿宋制，改革夏国官制；对外用兵，扩展疆域。1038年，元昊正式称帝，国号大夏，形成宋、辽、夏三国鼎立的局面。建国之后，对宋、辽皆采取灵活的外交政策，使党项族在政治、经济、社会等方面都得到较大发展。但元昊暴虐多疑，贪婪好色，1048年被其子刺杀身亡。

1040年

1041年

火药武器的使用

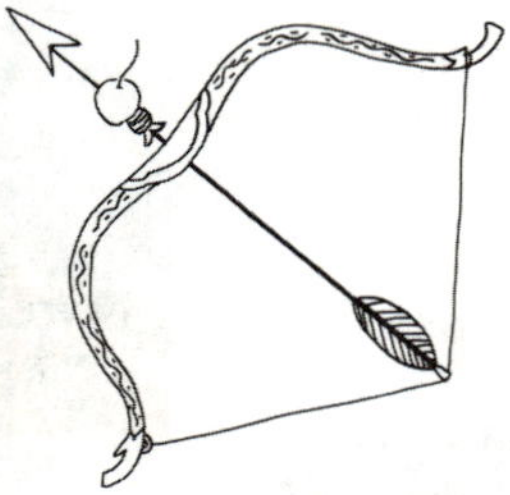

火药箭示意图

中国古代道家有很多人从事炼丹，在炼丹的过程中，发明了火药的配方。火药被发明之后，起先主要用来制作烟花爆竹，至北宋，开始出现了生产火药和火药武器的工厂。1040年刊行的《东京记》记载了当时主要的火药武器——火球的生产及使用情况，使用时分工非常明确，放烟、施毒、爆炸、燃烧各司其职。当时的火器还有火药箭、梨花枪、火蒺藜，都是以火药发射攻击敌人。

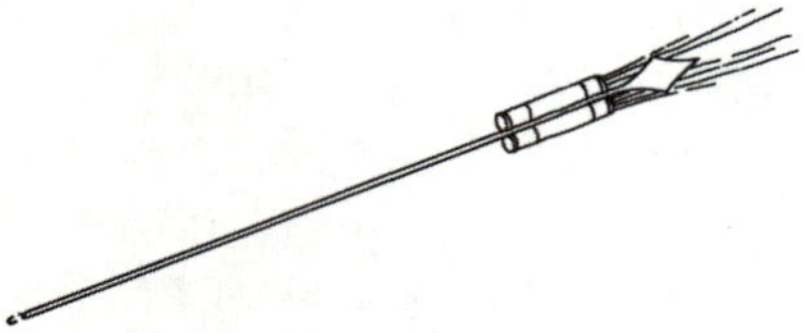

梨花枪示意图

毕昇发明活字印刷术

1041年，刻字工人毕昇（？～1051年）用一个个的小方柱体，在一端刻上阳文反字，然后煅烧坚固，成为印刷用的活字。印刷时，在带有矮边框的铁盘里铺上一层松香、蜡、纸灰的混合剂，将泥活字按照要求排列在上面，然后加热熔化混合剂。当混合剂冷却将活字凝固后，便可印刷。印毕再熔化混合剂拆除活字。活字印刷术的发明，开创了印刷术的新纪元，它以经济、省时的特点很快普及开来，并陆续传到了世界各地。

泥活字版示意模型

邵雍

邵雍像

哲学家邵雍（1011年 ~ 1077年）根据《易传》八卦之说，参及道教思想，制成《先天图》，构造了一个宇宙生成理论。主要内容是关于八卦方位和六十四卦的排列，用以推测自然和人事变化，认为宇宙本源是“太极”，“太极”永恒不变，天地万物皆按《先天图》运行变化。因此，他成为北宋先天象数之学的代表人物。

周敦颐

周敦颐（1017年 ~ 1073年），字茂叔，少年时信古好义，成年后喜谈明理，尤其精研《易》学。他在继承《易传》和部分道教思想的基础上，在中国哲学史上第一次把宇宙发生、发展问题进行了系统、完整的阐述，构造了一个容纳自然、社会、人生为统一体系的图式——《太极图说》，认为无极而太极，太极动生阳，静生阴，阳变阴合而化生万物。他的哲学思想为糅合儒、道、释三派思想开拓了道路。

周敦颐像

张载与“民胞物与”

张载像

哲学家张载（1020年 ~ 1077年）在伦理学方面主张以易为宗、中庸为的、以礼为本、以孔孟为极。最为突出的思想就是“民胞物与”，即天地是万物和人的父母，爱一切人如同爱手足同胞。因此，人类是我的同胞，万物是我的朋友，但天下万物又不是绝对平等的，有严格的等级界限。

理学

从11世纪初开始，在批判、吸收佛教、道教思想的基础上，以周敦颐、程颐、程颢、朱熹为代表的宋代学者开始对中国先秦时代的儒家思想进行宇宙论、本体论的论证与阐释，并形成了一个比较完整的理论体系，即理学。他们认为，"理"是独立于万物而存在的客观实体，由它派生和主宰万物。理学不仅提供了个人修养的基本方式，而且还成为管理国家的政治观念和整合社会的道德准则。在此后的近800多年时间里，理学逐渐成为中国及东亚地区的主导思想，对这些国家和地区的文明发展产生了深远影响。

范仲淹与"庆历新政"（1043年～1044年）

范仲淹像

北宋政治家范仲淹（989年～1052年），为官亲民敢言。宋仁宗庆历三年（1043年），他提出明黜陟、抑侥幸、精贡举、择长官、均公田、厚农桑、修武备、减徭役、覃恩信、重命令等十项改革主张，目的是提高政府行政效率，发展经济，加强国防力量。但是这些改革措施在执行过程中遭到了大官僚集团的反对，只有部分实现，两年之后，各项措施被先后取缔，范仲淹也被迫离开朝廷。范仲淹同时也是著名的文学家，其《岳阳楼记》中"先天下之忧而忧，后天下之乐而乐"的名句，传诵千古。

程颐和程颢

程颐（1033年～1107年）和程颢（1032年～1085年）都是北宋的哲学家，同是周敦颐的学生。他们提出以天理为本，万物皆是一理；理在天为命，在人为性，君臣父子乃“天下之定理”。这一“理”的概念使儒学在以后的发展中有了一个更为严格的名称——“理学”。在认识天理的方法上，兄弟二人有所不同。程颐认为，理是创造万事万物的根源，为学的方法在于“格物致知”，穷究事物之理，最终达到豁然贯通；程颢认为，天理是自己体会出来的，必须强调内心修养，不必外求。

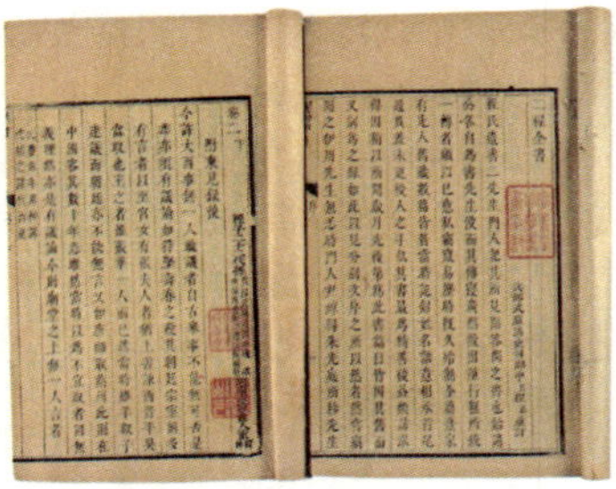

《二程全书》书影

苏东坡

苏东坡像

苏东坡（1037年～1101年），名轼，是著名的诗人、书法家、画家、文学家和政治家。他仕途坎坷，屡遭贬谪。苏东坡的诗词豪迈奔放，雄健清新；他的文章挥洒畅达，洋洋大观；他的行草，用笔丰满多姿，跌宕有致；他的画常见怪石林木，锋芒毕现。他酷爱鉴赏和收集各种古代器物，更重视教育，即使被贬到海南岛的穷乡僻壤，也不忘教化百姓。

1066年

1069年

司马光与《资治通鉴》（1066年～1084年）

司马光像

1066年，司马光（1019年～1086年）受命开始编修《资治通鉴》，意为“鉴于往事，有资于治道”，耗时19年（1084年）编撰而成。该书除取材正史之外，又博采野史、谱录、墓志、碑碣等多方面的可信资料，按编年体叙述了从战国到五代的历史，目的在于为统治者提供前代盛衰的经验教训，更好地治理国家。司马光正直、博学和睿智，是中国古代一位成就颇丰的文学家。

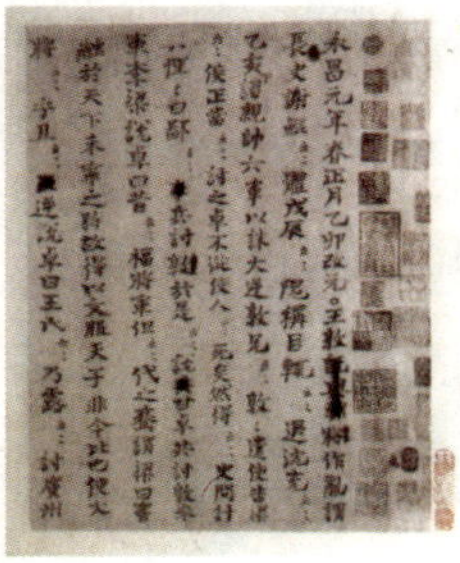

《资治通鉴》手稿

王安石变法（1069年～1076年）

王安石像

1069年，身为宰相的王安石（1021年～1086年）开始进行变法，以改变宋朝积贫积弱的局面，内容涉及政治、军事、经济、教育、道德等广泛领域。其中得到完全实施并发挥了非常好的效果的是在农业生产方面采取的措施，如兴修了大量的农田水利工程、政府直接向农民提供贷款以及按照重新丈量的土地面积征税等。王安石变法遇到很大阻力，但前后持续了近10年时间，基本上收到了预期效果。

◎ 1066 年，诺曼第公爵维廉（1066 年～1087 年在位）自法兰西渡海攻入不列颠，遂称英格兰国王。

郭熙与《早春图》

郭熙（1023年 ~ 1085年）是北宋的宫廷画师，他提出了山水画的“三远法”理论。他的《早春图》表现冬去春来，大地复苏的季节变化，画中虽无桃红柳绿的景色，却已传达出春回大地的信息。在章法上，从水边山石到远方山峰自上而下的“高远”；从前山望后山，茫茫无垠的“深远”；从近山望远山，恬淡缥缈的“平远”。“三远法”的结合巧妙地展示了峰峦秀挺，烟霭浮腾，林木舒发，溪流淙淙的景象；渔夫游人，亭台楼阁，置身其中，动静相谐。

《早春图》

沈括与《梦溪笔谈》

沈括像

沈括（1031年 ~ 1095年）是一位以博学著称的科学家。他晚年所著的《梦溪笔谈》约成书于1090年，是一部有关历史、文艺、科学等各种知识的笔记文学著作，书中关于科学技术的条目占三分之一以上，内容涉及数学、天文历法、地理、地质、气象、物理、化学、兵器、水利、建筑、史事、文学、音乐、美术、动植物及医药等广阔的领域，共26卷609条。其中有不少是对当时科学技术的忠实记录，还有作者深入钻研的科学成果，反映了中国古代特别是11世纪前后自然科学的成就。

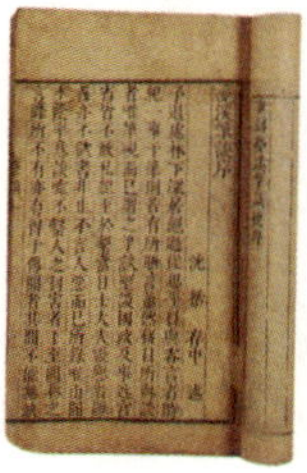

《梦溪笔谈》书影

◎ 1073 年 ~ 1085 年，罗马教皇格列高利七世（1020 年 ~ 1085 年）在位，进行教会改革。

◎ 公元 11 世纪，资本主义萌芽最早在意大利北部城市出现。

1099年

米芾

《蜀素帖》（局部）

艺术家米芾（1051年 ~ 1107年）在书法、绘画方面都具有很高的成就。他长于临摹古人书法，初师柳公权，字体紧结，笔画挺拔劲健；后转师王羲之，体势展拓，笔致浑厚爽劲。其绘画擅长枯木竹石，尤工水墨山水。传世书法作品有《向太后挽辞》、《蜀素帖》等。

指南针开始用于航海

北宋时，指南针开始应用于航海（称罗盘针），其本身的装置也得到了改进。开始是将磁针横向穿在灯草上，浮于碗装的水面，静止时，磁针两端指向南北，后来在盛水盘上刻出方位，导航更为准确。1099年 ~ 1102年间，进出于广州港的中国海船已使用水浮指南针。1123年，北宋使臣徐竞等人出使高丽，所乘海船就是使用水浮指南针导航的。此后，此项导航技术普遍使用，并传向亚欧诸国。

水浮法指南针复原模型

◎ 1096 年 ~ 1099 年，第一次十字军东征，占领耶路撒冷。

1103年

李诫与《营造法式》

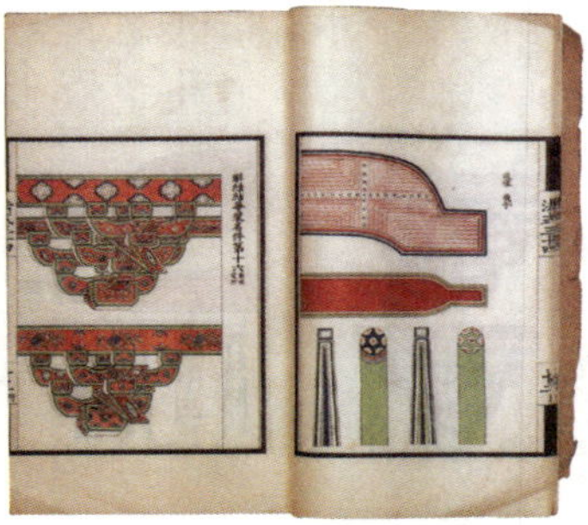

《营造法式》书影

建筑师李诫（？~1110年）曾经主持过多次大型建筑工程，在实践经验的基础上，他于1103年编撰了《营造法式》一书。全书共36卷，357篇，3555条，是一部总结性的建筑学巨著，统一了建筑规格，明确了设计施工的各项制度，制定了估工估料的定额，具有法令性的指导作用。这部完备的建筑学著作，对中国后世的建筑影响甚大。

张择端与《清明上河图》

张择端（活跃于12世纪上半叶），宫廷画师。他的《清明上河图》描绘了北宋都城开封和汴河两岸清明时节的风光。这幅长卷高24.8厘米，长528.7厘米，共分三段，分别描述了市郊的春光、繁忙的汴河码头、热闹的市区街道。画家采用散点透视的构图法，将繁杂的景物纳入统一而富于变化的画面中。画中有各色人物500多个，衣着和神情各异，还有大街小巷、百肆杂陈、官府宅第、茅棚村屋、河港池沼、舟车往来，以及牛羊骆驼、古树青柳。整个构图疏密有致，远远超出了一般风俗画的范畴，真实地再现了京城繁华热闹的景象。

《清明上河图》（局部）

1115 年 ~ 1234 年

1115

金 **完颜阿骨打（1115 年 ~ 1123 年在位）**

金代壁画《备宴图》

1115年，活跃于中国东北地区的女真族在完颜阿骨打的领导下建立金，定都会宁。在此后的一个多世纪里，金朝不断扩大疆域，统治中心南移，攻破位于现北京的辽南京，开始营建金中都。1126 年，金兵大举南下，灭亡北宋。此时，金朝的疆域西与西夏接壤，南以秦岭淮河一线与南宋对峙。1234 年，金朝在蒙古和南宋的夹击之下灭亡，历时 120 年。

完颜阿骨打（1068 年 ~ 1123 年）是女真族完颜部首领，金王朝的创立者，20 岁左右即显示出了卓越的政治和军事才华。12 世纪初，阿骨打统一女真各部，1115 年在会宁（今黑龙江阿城南白城）称帝，国号金。之后多次对辽用兵，终于 1123 年临终之际取得对辽战争的基本胜利，完成了建国与灭辽两件大事，为女真的统一与发展创建了不朽的功勋。他还对女真族以氏族血缘关系为根基的部落联盟组织进行了改造，并仿汉人楷字创制了女真文字，对女真政治、经济、文化的发展起到了极大的推动作用。

女真进士提名碑

方腊、宋江起义（1119 年 ~ 1121 年）

北宋末年，由于政治腐败，曾先后发生的两次下层民众起义事件。1119 年，宋江（生卒年不详）等人在梁山泊（今山东东平南）举旗造反，随后在河北、山东一带四处攻略。1121 年，宋江等在海州（今江苏连云港）被击败投降。此事件为宋人话本所演义，元人施耐庵据此创作《水浒传》，流传很广。1120 年，睦州青溪（今浙江淳安）人方腊（？~ 1121 年）聚众万人起事，建立政权。1121 年，宋廷 15 万大军南下镇压，方腊被俘处死，起义失败。这两次起义，对北宋王朝的统治产生了很大的震撼。

靖康之变

宋钦宗像

1126 年，金兵渡过黄河，占领了北宋首都开封。在劫掠了这个当时中国最为繁华的都市之后，还将宋钦宗（1125 年 ~ 1127 年在位）和他的父亲宋徽宗（1100 年 ~ 1125 年在位），以及整个皇室 3000 多人掳到了寒冷的北方。因发生在宋钦宗靖康元年，被称为“靖康之变”。靖康之变的直接后果是北宋王朝灭亡，部分皇室成员被迫逃到长江以南，宋徽宗第九子赵构在临安建立了南宋。

南宋 岳飞抗金（1127 年 ~ 1142 年）

南宋稻米丰收场景石刻

公元 1127 年，宋高宗赵构（1127 年 ~ 1162 年在位）即位，都城定在临安（今浙江杭州），史称“南宋”，历 9 帝计 152 年。南宋在政治、军事方面一如北宋，朋党斗争激烈，在与金、西夏等国的关系中也以妥协求和为基本方针。不过，大体稳定的政局使南宋在经济、文化、科技等方面取得了许多的成就：农业非常发达，稻米生产充足，棉花普遍种植；手工业中的纺织、印刷、造纸、制瓷、造船等发展迅速；商业繁荣，纸币大量用于商业贸易；海外贸易发达，广州、泉州、明州成为重要的港口；理学被朱熹体系化，并对后世产生了极大的影响。这些都使得中国的经济、文化重心转移到了南方地区。1279 年，南宋被蒙古族建立的元朝所灭。

岳飞像

岳飞（1103 年 ~ 1142 年），相州汤阴人（今河南汤阴）。他出身农民，应募从军，逐渐成为抗金将领。1140 年，岳飞等人凭借非凡的军事才干取得一系列的胜利，拒金兵于黄河以北，可望收复宋朝故都开封。此时，宋高宗赵构和权相秦桧（1090 年 ~ 1155 年）执意求和，命令退兵，岳飞等人的所有努力付诸东流。岳飞被调回京城临安，继而被解除兵权，遭诬下狱，1142 年被秦桧以“莫须有”罪名冤杀。

1141 年

李清照

李清照（1084年～1155年）出身富户，早年生活优裕，颇具才气，能诗、能画、能书法、通金石，尤以诗词著称于世。李清照的作品以委婉含蓄、语言清丽著称，或表现女性多情善感的独特个性，或充满身世飘零、国家变故的感伤情调，都是作者自然情绪的流露，在中国文学史上独树一帜。

李清照像

绍兴和议

“靖康之变”后，由于南宋军民的坚决抵抗，金军始终无法立足江南；而南宋统治者只求偏南东南，无意收复北方失地。绍兴十一年（1141年）12月，南宋与金签订和议，规定南宋向金称臣；东起淮水，西至大散关一线为界，以北为金统治区，以南为宋统治区；南宋向金送纳岁币。和议签订当月，南宋政府就依照金国的要求杀害了抗金名将岳飞。“绍兴和议”确定了宋金之间政治上的不平等关系，宋、金之间维持了近二十年的和平局面。

陆游

陆游像

诗人陆游（1125年～1210年）生于今浙江绍兴，自幼受父辈爱国思想的影响，一生以抗金和收复中原为己任，但仕途并不顺利。陆游是一位伟大的诗人，更是一个民族主义者，他长于文史，工诗词，一生创作了诗歌9300余首，大多数都是与抗击外族入侵、收复河山的主题有关，这使他成为南宋诗坛的杰出领袖。

◎ 1147年～1149年，第二次十字军东征。

朱熹

朱熹像

朱熹（1130年～1200年）是南宋时期最重要的思想家和教育家，他的思想与北宋的周敦颐、程颐、程颢一脉相承，最突出的贡献就是集北宋以来理学之大成，使之系统化。朱熹认为“天地之间，有理有气”，气依理而变化，化生万物；主张“去人欲，存天理”，“格物致知”以求“穷理尽性”。自朱熹之后，理学一直在中国古代的哲学思想和政治观念中占据主导地位。

陆九渊创立“心学”

陆九渊像

陆九渊（1139年～1193年）与朱熹同乡，但学术上却是朱熹的反对派。通过与朱熹的学术辩论，陆九渊阐明了自己的观点，认为“万物皆备于我”，也就是说“心”是天地万物的本源，为学的目的在于尽心以穷理；人难免受物欲的蒙蔽，受了蒙蔽心就不灵，理就不明，必须通过师友讲学，切磋琢磨，加强自我修养，以恢复心的本来面目，达到至善境界。

◎ 1187年～1569年，意大利佛罗伦萨共和国时期。

辛弃疾

辛弃疾（1140年～1207年），21岁聚众反金，不久归于南宋。他多次上疏切陈练兵抗金、收复失地的必要和可能，然而又屡次被诬落职，最后悲愤而卒。由于长期的政治生涯和社会经历，使得辛弃疾的词风悲壮激烈，笔力雄健，继承和发展了苏轼词作的豪放风格，并吸取了丰富的民间语言，题材和境界更为广阔，成为两宋期间作品最多、最具革新精神的词人。

马远

《踏歌图》

马远（约1140年～1225年）出身于书画世家，擅长山水画，注重对大自然复杂的形态进行巧妙的剪裁。这种简约、概括、洗炼的构图方法，被形象地称之为“残山剩水”。马远的艺术风格集中体现在《踏歌图》、《雪滩双鹭图》等作品中。

- 1189年～1192年，第三次十字军东征。
- 1192年，日本征夷大将军源赖朝（1147年～1199年），于镰仓设幕府，号令全国，史称“镰仓幕府”，日本幕府政治自此始。

1206 年

1231 年

1206

成吉思汗（1206 年 ~ 1227 年在位）

成吉思汗像

成吉思汗（1162 年 ~ 1227 年），名铁木真，是蒙古族首领。1206 年，铁木真统一蒙古高原各部，被推举为大汗，号成吉思汗，建立蒙古汗国。接着，他制定军事、政治、法律等制度，开始使用文字，促进了蒙古社会、经济、文化的发展。自 1205 年开始，成吉思汗三次攻打西夏，两次攻金，并于 1215 年占领金中都，确立了对整个中国北方地区的控制权。1226 年，他又一次率兵攻西夏，于次年死于甘肃六盘山下的行宫。

蒙古军作战图

耶律楚材任中书令（1231 年 ~ 1244 年）

耶律楚材（1190 年 ~ 1244 年）是契丹皇族的后裔，博学干练，通天文、地理、律历、术数等。1215 年开始受到成吉思汗的重用。窝阔台（1227 年 ~ 1241 年在位）即大汗位之后，任中书令，立仪制，行君臣礼，以尊君权。他建议军民分治，州郡长吏管民事，万户府掌军权。禁止毁田为牧场，建立赋税制度并设官掌握钱粮。他还奏请兴文尊孔，开科取士，释放被俘为奴的汉族儒士。他任事 13 年，对稳定蒙古政权和元朝统一中国有较大影响。

- 1202 年 ~ 1204 年，第四次十字军东征，建立拉丁帝国。
- 1206 年 ~ 1526 年，印度德里苏丹国时期。
- 1215 年，英王低能暴虐，贵族教士联合迫其签署公布《大宪章》，规定未经法庭审讯，不得逮捕监禁人民。是为英国宪法之始，亦为人类宪法之始。
- 1225 年 ~ 1400 年，越南陈朝时期。

1247 年

1259 年

宋慈与《洗冤集录》

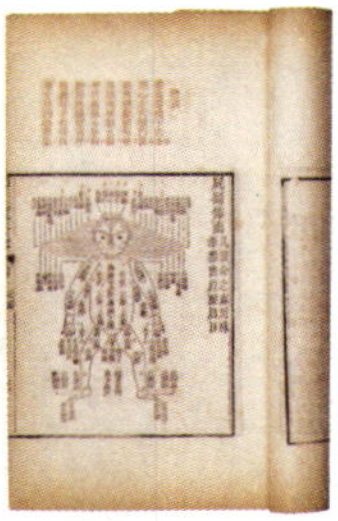
《洗冤集录》书影

宋慈（1186 年～1249 年），曾任广东、江西、湖南等地主管刑狱的官员。他根据自己的实践经验，参阅传世的相关资料，于 1247 年写出了一部系统的法医学著作《洗冤集录》。该书共 5 卷，对历代官府刑狱检验的实际经验进行了全面总结，首次把中医药学应用于刑狱检验，内容涉及现场勘查、尸体现象、尸体检查以及各种死伤的鉴别等现代法医学的所有基本内容，尤其是在骨骼损伤的检验方面有很多独到见解，成为当时和后世刑狱官员的必备之书。

火枪的出现

1259年，在安徽的南宋军队里出现了一种完整的管形火器——突火枪。它用巨竹装上火药，安上“子窠”（瓷片、石子、铁砂之类的原始子弹），用引线点燃火药后，产生很大的气压而喷发，将子窠发出，射程约 230 米，并产生很大的声音。因筒为竹制，很容易烧焦，以后逐步改用金属筒。13 世纪末，世界上最早的金属管形火器——铜火铳在中国出现，这是现代枪炮的鼻祖。

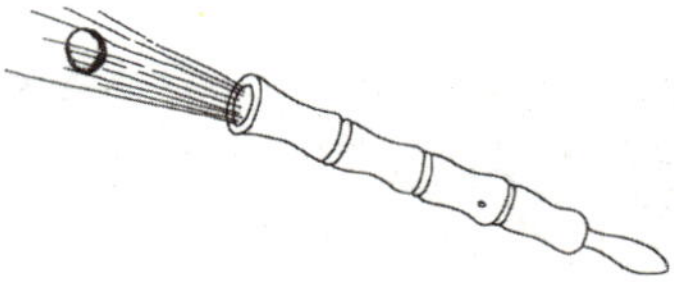
突火枪示意图

- 意大利神学家、经院哲学家托马斯·阿奎那（1225 年～1274 年）著《神学大全》，完善了基督教神学体系，提出了“君权神授”的理论。
- 1265 年，英国召开首次国会。

元 忽必烈（1271 年～1294 年在位）

1260年，忽必烈继承蒙古国的汗位，1271 年改国号为元，建都大都（今北京）。1279 年，元灭南宋，统一中国。元朝中央以中书省、枢密院、御史台分掌政务、军事和监察，除个别地区直属中央之外，地方划分为行省。同时注意兴修水利，恢复农业和手工业，在水陆要道修建驿站，改善交通，使经济、文化各方面得到发展，海外贸易亦有扩大。由于保留了蒙古族的一些旧制，影响了各民族的更大交流和融合，南北经济和文化发展不平衡，各地和各民族之间存在很多差异。元朝将全国人口划分等级，推行不平等的民族政策，进一步激化了社会矛盾，这也成为它以后为明朝所取代的一个重要原因。自元世祖忽必烈起，元朝历经 11 帝，于 1368 年被明朝军队逐往蒙古高原。

忽必烈像

《元人秋猎图》（局部）

忽必烈（1215 年～1294 年）是成吉思汗的孙子，1260 年称汗。1271 年，忽必烈定国号为元，正式按照汉族的习俗称皇帝，对南宋展开了全面的军事进攻，1279 年征服南宋，把一个统一的中国置于自己的控制之下。忽必烈重视汉族文化，仿照汉族政权建立政治机构和政治制度，还在地方建立行省，开中国省制之端。又广设驿道和驿站，推行“农桑为急务”的政策，有利于经济的恢复和发展。忽必烈逝世于 1294 年，被尊为“元世祖”。

◎ 意大利文艺复兴先驱但丁（1265 年～1321 年）创作《神曲》。

八思巴

八思巴像

八思巴（1235年/1239年~1280年）为藏传佛教萨迦派第五代祖师。1260年被尊为国师，统领天下释教。1264年，忽必烈命其领总制院事，管辖全国释教和吐蕃僧俗政务。1269年，八思巴献所制蒙古新字，继而颁行全国。1276年，八思巴返回西藏，自任萨迦寺第一代法王，协助元朝中央政府管辖西藏。他又将藏传佛教艺术传入中原，促进了汉藏民族之间的联系和文化交流。

关汉卿

关汉卿（约1230年~1300年）是公元13世纪一位伟大的戏剧作家，他一生创作了67部戏剧作品，有近20部保存至今，其中以《窦娥冤》、《玉镜台》、《救风尘》等最为著名。关汉卿的作品思想深邃，敢于抨击当时的黑暗社会和不法官员，在人物形象塑造、戏剧冲突处理、戏曲语言运用等方面取得了杰出成就，这使其作品流传至今，并广泛传播。

《窦娥冤》书影

◎ 意大利美术家乔托（1267年~1337年）奠定意大利现实主义绘画传统，代表作有《最后审判》、《犹大之吻》等。

1275 年

马可·波罗来华 **文天祥抗元（1275 年 ~ 1283 年）**

1275 年，21 岁的威尼斯商人马可·波罗（1254 年 ~ 1324 年）跟随他的父亲来到了元大都，并觐见了忽必烈大汉，开始长达 17 年的停留、游历中国及其周边地区的历程。1298 年，马可·波罗在威尼斯与热那亚的战争中被俘入狱，在狱中完成了举世闻名的《马可·波罗游记》，对中国及亚洲其他国家和民族的政治社会情况、风俗习惯、宗教信仰、土特产品、逸闻奇事进行了生动的描述，向西方展示了迷人的中华文明，激起了欧洲人对东方的热烈向往。

文天祥像

马可·波罗像

文天祥（1236 年 ~ 1283 年），吉州庐陵（今江西吉安）人。1275 年，元军渡过长江，大举进犯南宋首都临安，文天祥变卖家产，组织万人勤王。1276 年，元军兵临临安城下，文天祥被任命为丞相，前往元营谈判，遭到扣押，逃脱后继续在广东一带从事抗元活动。1278 年，文天祥被俘，拒不降元，写下《正气歌》，于 1283 年不屈而死，留下"人生自古谁无死，留取丹心照汗青"的千古名句，成为中国历史上忠君爱国的典范。

◎ 1273 年 ~ 1806 年，神圣罗马帝国哈布斯堡王朝时期。

泉州与“海上丝绸之路”

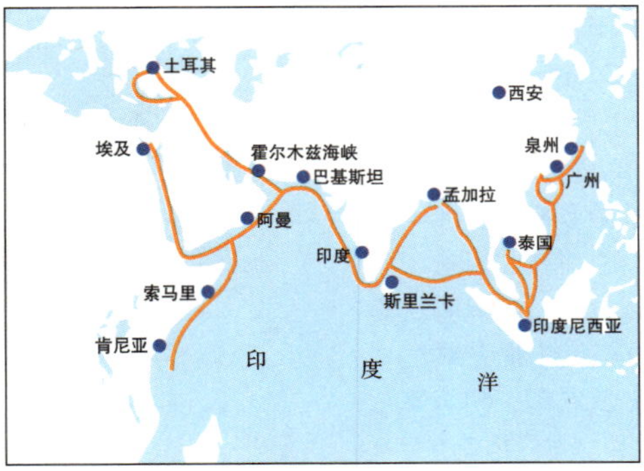

“海上丝绸之路”路线示意图

公元 13 世纪，中国的海上贸易已经形成了一条经印度洋，到达波斯湾各国，以中国的丝绸、陶瓷和印度的香料为主要商品的远洋航线，习称“海上丝绸之路”。泉州，这个位于中国东南沿海的港口城市，逐渐以“海上丝绸之路的起点”、“东方第一大港”的独特地位而驰名。由这里开出的海船，东通日本、高丽、西至东非沿岸，与元朝贸易的国家和地区有 100 多个，为此元朝在泉州设立市舶司。由于通过海上丝绸之路来到泉州的商人日益增多，泉州的文化呈现出了多元化的色彩。即使在今天，有关伊斯兰教、景教、摩尼教、天主教、基督教、佛教等曾经繁荣的痕迹，在泉州依然随处可见。

郭守敬

1279年，天文学家郭守敬（1231 年 ~ 1316 年）利用自己创制和改进的简仪、仰仪、高表、浑天象等十几件天文仪器，在中国的 27 个地点进行了大规模的测量。根据观测结果，郭守敬用两年时间，编订了中国古代最先进、施行最久的一部历法——《授时历》，取回归年长度为 365.2425 日，与现今通行的《格列高利历》完全一致。

简仪模型

◎ 公元 13 世纪后期，西欧普遍出现手工业行会。

◎ 1283 年 ~ 1713 年，莫斯科公国时期。

1295 年

王实甫与《西厢记》

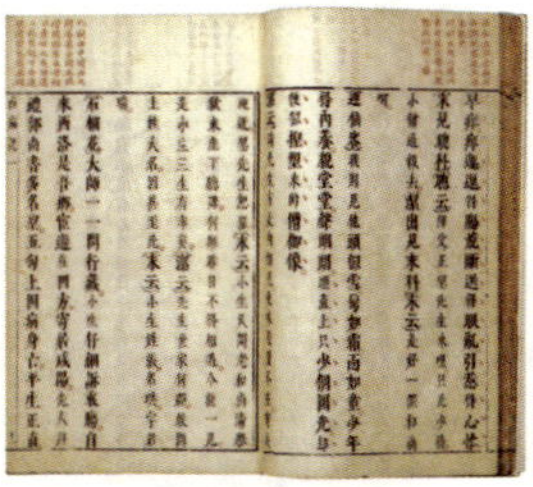

《西厢记》书影

王实甫（生卒年不详）是一位稍晚于关汉卿的戏剧作家，他的存世剧目 14 种，《西厢记》便是其中的一种，讲述一对青年男女如何相爱，又如何冲破重重障碍而结合的爱情故事。故事结构宏大，情节曲折，线索清晰，词曲优美，人物形象鲜明。

黄道婆革新纺织技术

1295年，一位普通的劳动妇女黄道婆（生卒年不详），带着从黎族人民那里学到的先进纺织技术回到了自己的故乡松江。她一方面向家乡妇女传授“错纱、配色、综线、絮花”等织造技术；另一方面改进棉纺织工具，制造了新式纺车，使效率提高了 3 倍多。14 世纪前后，棉花的种植已经普及到了中国南方的大部分地区，松江也成为中国最大的棉纺织中心。

黄道婆纺织技术分解图

赵孟頫

《鹊华秋色图》（局部）

元代书画家赵孟頫（1254 年 ~ 1322 年）的书法以正楷、行书、小楷最好，笔锋圆转而具内劲。他的绘画以山水画见长，画法精致，糅以书法技巧。在绘画理论上，他主张“画贵有古意”，崇法唐人的古拙、厚重。其代表作品为《鹊华秋色图》，高 28.4 厘米，长 93 厘米，描绘山东济南郊外景色，构图有古风，为中国画研究者所重视。

◎ 公元 13 世纪末，意大利形成佛罗伦萨画派，囊括了几乎所有文艺复兴时期的重要画家。

◎ 13 世纪 ~ 17 世纪，欧洲文艺复兴运动。

1307 年

行省制度

元朝政府在中央设立中书省，在河南、湖广、江浙、甘肃等 11 个地方设立行中书省，简称“行省”。它是地方最高行政机构，设置丞相、平章等官员总揽地方行政事务。从此，中国的地方政治制度进入划省而治的阶段，并且沿用到今天。

《文献通考》

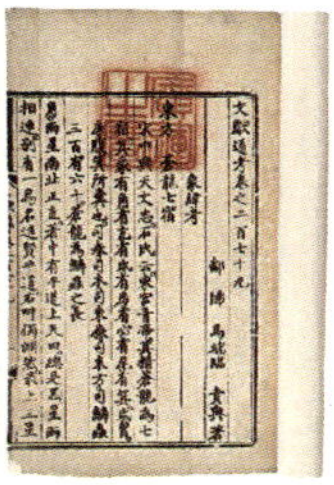

《文献通考》书影

《文献通考》是记述中国从上古到宋宁宗（1194 年 ~ 1224 年在位）时的典章制度通史，约成书于 1307 年。全书分为 24 门，348 卷，对杜佑的《通典》加以发展和补充，使制度史的体例更加完备。《文献通考》取材广泛，除了各朝正史之外，还采用了私家著述中的有关记载，对各项典章制度进行融会贯通、原始要终的研究，尤其详细记述了宋代的典章制度，对历代制度演变也有颇多独到见解。

黄公望

黄公望（1269 年 ~ 1354 年）为元代画家，50 岁后始画山水，常携带纸笔描绘虞山、富春江等地的自然胜景。笔墨简远逸迈，风格苍劲高旷，气势雄秀，对后世影响很大。有《富春山居图》、《丹崖玉树图》、《天池石壁图》、《溪山雨意图》等传世。

《富春山居图》（局部）

◎ 1299 年 ~ 1922 年，中亚奥斯曼帝国时期。

◎ 1302 年，法国首次召开三级会议。

◎ 1323 年，意大利诗人彼特拉克（1304 年 ~ 1374 年）的抒情诗集《歌吟集》出版，为欧洲抒情诗开创道路。

1313 年

1351 年

1313

王祯与《农书》

《农书》的木棉纺车图

元代科学家王祯（约 1271 年 ~ 1330 年）的《农书》是一本综合性的农学著作，刊行于 1313 年。全书约 13 万余字，包括 3 个部分：《农桑通诀》6 集，作为农业总论，体现了作者的农学思想体系；《百谷谱》11 集，为作物栽培各论，分述粮食作物、蔬菜、水果等的栽种技术；《农器图谱》20 集，占全书 80% 的篇幅，几乎包括了所有的传统农具和主要设施，堪称中国最早的图文并茂的农具史料，后代农书中所述农具大多以此书为范本。

红巾军起义（1351 年 ~ 1368 年）

元朝末年，徭役繁重，民族矛盾尖锐，激起了农民的愤恨。1351 年，农民在白莲教的发动之下组成了起义军。他们皆以红巾包头、以红旗为号，称“红巾军”。红巾军起义动摇和打击了元朝的统治，也造就了元朝的掘墓人朱元璋，十几年后元朝亡于他的手下。

白莲教

白莲教是神秘的民间宗教组织，起源于宋，流行于元，教义杂糅儒、道、佛教思想，崇拜阿弥陀佛，倡导不杀、不盗、不诳、不淫、不饮酒等“五诫”，信仰者多是来自社会下层的平民百姓。因此，很多朝代后期的农民起义都与之有关。

- 薄加丘（1313 年 ~ 1375 年）创作《十日谈》，为欧洲文学史上第一部现实主义作品。
- 1336 年 ~ 1562 年，日本室町幕府统治时期。
- 1347 年 ~ 1353 年，黑死病（鼠疫）流行欧洲，死亡约 2400 万人。

明 朱元璋（1368 年～1398 年在位）

1368年，红巾军起义中的领袖朱元璋推翻元朝统治，建立明朝，定都南京，后迁都北京。明朝历 16 帝，共 277 年。在两个多世纪中，明代在经济、文化、科技等方面的成就是巨大的。巨额白银开始源源不断地流入中国，并出现了资本主义萌芽，对世界经济产生了影响。文学开始出现了明显的世俗化趋向，《水浒传》、《三国演义》、《西游记》、《金瓶梅》等作品将中国的小说创作推向高峰。直到 16 世纪， 明代的科技依然领先于世界，技术革新不断，出现了一些科学巨著。明代初期对外开放，但在中期以后逐渐转为内向和收缩。明代在社会政治方面有一种奇特现象，就是皇帝宠信宦官，任命宦官执掌特务机构。他们横行社会，把持朝政，甚至胁持皇帝本人。这种现象为时漫长，愈演愈烈，致使政治混乱，社会不得安宁，加速了明王朝的衰亡。1644 年，农民军李自成攻破北京，明朝被推翻。

朱元璋像

《南都繁会图》（局部）

在具有宗教色彩的红巾军农民起义中，出身赤贫之家、当过和尚的朱元璋（1328 年～1398 年）逐渐显示出他非凡的才能。1356 年，朱元璋占领了南京，并以此作为根据地积蓄力量。他公开背叛红巾军，将其斥之为“妖”，先后消灭了其他反元势力，并派大军继续北上伐元。1368 年，朱元璋即皇帝位，国号明，定都南京。同年 8 月，明军攻占元大都，元朝灭亡。

施耐庵与《水浒传》

元末明初小说家施耐庵（？~ 1370 年）创作的《水浒传》是中国的四大古典名著之一，讲述宋代 108 个绿林英豪在被逼无奈之下，聚集在水泊梁山，与腐败的政府进行对抗的故事。这些绿林英豪足智多谋、骁勇善战，无畏地反抗邪恶势力和无道的社会。这部章回体小说塑造了宋江、武松、李逵、鲁智深等众多人物，个个性格鲜明，语言生动，故事情节曲折，具有极高的艺术成就。

《水浒传》人物像

罗贯中与《三国演义》

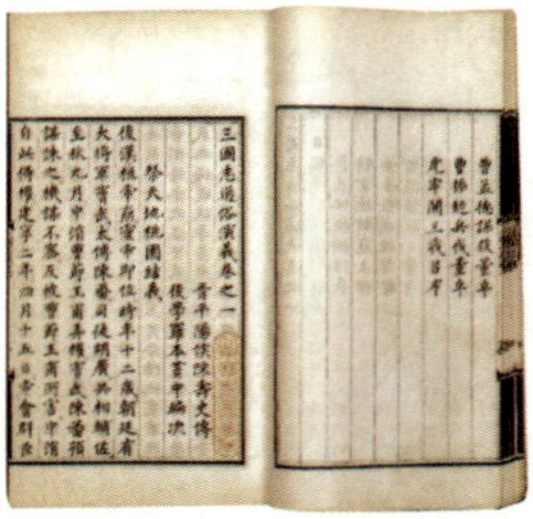

《三国演义》书影

罗贯中（？~ 1400 年）是元末明初的小说家，他创作的《三国演义》是一部长篇章回体小说，是历史演义小说的经典之作。在这部小说中，罗贯中描写了公元 3 世纪以曹操、刘备、孙权为首的魏、蜀、吴三个政治军事集团之间的矛盾和斗争。在广阔的社会历史背景上，展示出那个时代极具特色的政治军事冲突和谋略，对后世产生了深远的影响，《三国演义》也成为中国四大古典名著之一。小说中的人物，如诸葛亮、关云长、曹操等，在中国民间妇孺皆知。

靖难之役（1399 年 ~ 1402 年）

朱棣像

明朝的第二位皇帝朱允炆是朱元璋的孙子，他与谋臣们商议实行削藩，企图削弱那些分封在各地为王、手握重权的叔叔们对自己的威胁。这项政策直接导致燕王朱棣的叛乱。1399 年，朱棣以“清君侧”为名，率兵从华北南下，于 1402 年攻入南京，取代朱允炆成为明朝的新皇帝，史称明成祖（1402 年 ~ 1424 年在位）。他随即又清除朱允炆的影响和痕迹，株连甚众。这整个事件被称为“靖难之役”。

厂卫机构

明朝皇帝给予了自己身边的亲信——宦官和私人卫队过多的信任和权力，任命他们负责特务机构，即“厂卫”，刺探普通百姓和文武官员的言行，拘捕和施刑于有嫌疑的人，包括官员和皇室成员。这些宦官和锦衣卫成员滥用权力，收受贿赂，迫害无辜，非法监禁，严刑拷打和致人于死地。尤其是昏君当政的时候，这种滥用权力的危害更大，甚至祸及皇帝本人，明朝的衰落也证实了这一点。

锦衣卫木印

明代的“厂卫”包括三个主要机构：1382 年明太祖组建的锦衣卫，一支护卫皇帝的亲军，取旨行事，办理诏狱，行刑悚然；1420 年明成祖设立的东厂，由宦官充任，负责京城侦探事宜，直属皇帝；1477 年明宪宗设立的西厂，侦探范围由京城扩大到地方，亦由宦官充任。

《宪宗元宵行乐图》中太监游玩的情景

1403 年

1405 年

1403

▶《永乐大典》(1403 年 ~ 1408 年)

永乐大典是明永乐元年至六年（1403 年 ~ 1408 年）编纂的一部大型百科全书。全书分门别类地辑录了上自先秦，下迄明初近 2000 余年的 8000 余种古代典籍，共计 22,877 卷，保存了明代以前哲学、历史、地理、语言、文学、艺术、宗教、科学技术等方面丰富而可贵的资料。由于历次的战乱，《永乐大典》现在所存已经寥寥无几。

《永乐大典》书影

▶郑和下西洋（1405 年 ~ 1433 年）

明朝初期，在政府的支持下，太监郑和（1371 年 ~ 1433 年）从 1405 年至 1433 年间，七次出使“西洋”各国，到达印度、非洲和中东等地，所率船队每次皆达 100 余艘，随行人员多达 28,000 人。郑和的船队为所经过的国家带去了中国瓷器、铜器、铁器、金银和各种精美的丝织品，同时也换回了亚非各国的许多特产，如胡椒、象牙、宝石、染料、药材、香料以及长颈鹿、狮子、驼鸟、金钱豹等稀贵动物，广泛地促进了中国与亚非国家的经济交流。

郑和宝船模型

1407 年　　1449 年

明朝营造紫禁城（1407 年 ~ 1420 年）

《北京宫城图》，为明早期所绘紫禁城图

明成祖登上皇位之后，决定将都城迁往北京，从 1407 年起开始营造紫禁城，作为皇帝的居所。紫禁城于 1420 年竣工，在以后的 500 余年中，明清两代共有 24 位皇帝在这里居住和对全国实行统治。紫禁城占地面积 72 万平方米，有房屋 9000 余间，建筑面积 15 万平方米，周围宫墙长 3 公里，整体坐北朝南，前殿后宫、左右对称布局，是世界上现存规模最大、建筑最雄伟、保存最完整的古代宫殿和古建筑群，总体规划和建筑形制完全服从并体现中国古代宗法礼制的要求，突出至高无上的帝王权威。

土木之变

1449年，漠北的蒙古族瓦剌部侵扰明朝边界，权倾朝野的宦官王振怂恿皇帝亲自率领大军征讨，结果在土木堡被击败，皇帝做了俘虏，王振亦死于乱军之中。这次战败被称为“土木之变”。蒙古军队继续进逼北京，明朝匆忙改立新帝，坚守都城，才最终击败蒙古军队，但明朝强盛的局面也自此一去不复返。

《明人宫装图》中的宦官

◎ 达芬奇（1452 年 ~ 1519 年）创作《蒙娜丽莎》、《最后的晚餐》 等作品，成为文艺复兴的杰出代表。

八股取士

明代中期，科举考试发生了令人失望的变化，考试的内容和论文模式都做了死板的规定。考试题目必须选自《四书》，文章内容必须放在理学学识之上，所论依据必须出自程、朱对儒家经典的注疏，考生不能自由发挥。所有的试题必须按照规定的格式进行回答，结构上有固定的模式，这种模式称为八股文，即文章分为破题、承题、起讲、入手、起股、中股、后股、束股 8 个部分，甚至每部分都规定了具体的字数。

唐伯虎

《秋风纨扇图》（局部）

明代画家唐寅（1470 年 ~ 1523 年），字伯虎，青年时因科场舞弊案受牵连入狱，出狱后绝意仕途，潜心书画，擅山水、人物、花鸟。其山水画山重岭复，雄伟险峻，而笔墨细秀，布局疏朗，风格清俊。人物画多为仕女及历史故事，线条清细，色彩清雅，体态优美，造型准确。其花鸟画，长于水墨写意，洒脱随意，格调秀逸。有《山路松声图》、《秋风纨扇图》等作品传世。

◎ 米开朗琪罗（1475 年 ~ 1564 年）以《垂死的奴隶》、《被缚的奴隶》、《摩西》等作品，代表了文艺复兴时期雕塑艺术的最高峰。

◎ 拉斐尔（1483 年 ~ 1520 年）创作《西斯廷圣母》、《雅典学院》等绘画作品，成为文艺复兴"美术三杰"之一。

文徵明

出身官宦世家的明代书画家文徵明（1470 年 ~ 1559 年）在诗、文、书、画方面造诣都很高。他的绘画极为全面，山水、人物、花卉、兰竹等无一不工，被视为明代“吴门画派”的创始人。其山水画用笔精细，设色淡雅，构图缜密，意境清幽；人物画不画任何配景，也不刻意追求外在的形似，而是注重刻画人物的内在神韵。其代表作有《山水图》、《江南春图》等。

《山水图》

王阳明

王阳明像

王阳明（1472 年 ~ 1528 年）又名守仁，是中国哲学史上返本开新的人物。他认为“心外无物”，一切事物都产生于人心，是人心发生的意念活动的结果，没有心就没有客观事物，所以心是宇宙的本体，是第一位的。在此基础上，王阳明对知与行做出了创造性的解答，即“知行合一”，意思是知与行本出于一心，只不过分为两面：知是行之始，行是知之成。“心学”不仅在中国传播广泛和深入，还曾在海外风靡一时。

- 1488 年，葡萄牙人迪亚士（1450 年 ~ 1500 年）率船队抵达非洲西南端的好望角。
- 1492 年 ~ 1504 年，哥伦布（1451 年 ~ 1506 年）先后四次远航，发现美洲大陆。
- 1519 年 ~ 1522 年，葡萄牙人麦哲伦（1480 年 ~ 1521 年）环球航海。
- 1526 年 ~ 1858 年，印度莫卧儿王朝统治时期。

1553 年

葡萄牙占据澳门 **戚继光抗击倭寇（1553 年 ~ 1567 年）**

1553年，葡萄牙商人来到中国沿海，借口晾晒水湿的货物在澳门登陆，并重金贿赂当地官员，取得了在澳门的居住权，在澳门南湾沿岸一带，依山建楼房，筑炮台，建城墙，设岗哨。在他们刻意经营之下，澳门成为中西方之间的第一个贸易商埠，宗教和文化也随之发展起来。1851 年和 1864 年，葡萄牙又先后侵占了氹仔岛和路环岛。1999 年，中华人民共和国对澳门恢复行使主权。

《戚继光抗倭图卷》（局部）

约19世纪的澳门情景油画

倭寇实际上是由水手、海盗、日本武士、中国盗匪和流浪者组成的团伙，公元 14 世纪至 16 世纪，他们乘中国海防空虚之机，据守海岛，进行劫掠，致使明朝政府不得不禁止海上贸易。1553 年，明政府将谙熟兵法的戚继光（1528 年 ~ 1588 年）调入浙江防倭。戚继光组织了一支以当地农民、矿夫为主体的新军，于 1561 年获得台州大捷，又转战福建、广东，1567 年彻底荡平倭寇，海上贸易也随之恢复。

◎ 1541 年，法国人加尔文（1509 年 ~ 1564 年）在瑞士日内瓦主持宗教改革。

◎ 1543 年，波兰天文学家哥白尼（1473 年 ~ 1543 年）完成自己的著作《天体运行论》，提出“太阳中心说”。

俺答汗与三娘子

三娘子像

俺答汗(1507 年 ~ 1581 年)是明代后期蒙古土默特部首领，他经过多年不懈努力，使土默特部称雄于全蒙古，成为当时蒙古的政治中心和经济、文化最发达的地区。三娘子（1550 年 ~ 1612 年）为蒙古土尔扈特部人，为人豪爽不羁，颇具才华，嫁于俺答汗为妻。她尽己所能，积极辅佐丈夫治理所属部族。俺答汗去世后，三娘子执掌蒙古权柄，维护了土默特部的统一及蒙古与明朝 30 多年的和平，受到蒙汉两族人民的爱戴。

吴承恩与《西游记》

《西游记》图册

公元 16 世纪中叶(约 1570 年)，吴承恩(1500 年 ~ 1582 年）根据乡间传说、杂剧故事、志怪图书等资料，加上自己丰富的想象力，创作了一部备受中国人喜爱的古典神魔小说《西游记》。该书以唐代僧侣玄奘远赴印度求取佛经的真实历史事件为基础，虚构出一个完整的神灵世界，并以曲折离奇的情节、诙谐生动的语言，成功地塑造了孙悟空、猪八戒这两个不朽的艺术形象，成为中国古典小说的四大名著之一。

1566 年，尼德兰革命爆发，至 1648 年荷兰正式为欧洲各国承认。

1573 年

张居正改革（1573 年 ~ 1582 年）

张居正像

在16 世纪的最后 30 年里，明朝的财政几近枯竭，身为内阁首辅的张居正(1525 年 ~ 1582 年）用了 10 年时间使国库积累显著增长，粮仓有足够的存粮。张居正的改革包括：整顿吏治；调遣戚继光等名将加强北方防务；治理黄淮水患，鼓励垦荒；清丈田亩，将各项税役合并为一，按亩征粮。可惜张居正逝世以后，各项措施陆续废止，他本人也蒙受不白之冤。

1578 年

李时珍与《本草纲目》

出身医学世家的李时珍（1518 年 ~ 1593 年）花费 27 年时间，博览典籍 800 多种，广集验方，进行药草生长环境的实地调查，于 1578 年编写成一部宏大的医药学著作《本草纲目》。全书 90 多万字，分 52 卷，载有药物 1892 种，其中新药 374 种，收集医方 11,096 个，还绘制了 1160 幅精美的插图，系统总结了几千年来中国的医药学成就，同时对动植物学、矿物化学等也有重要贡献。

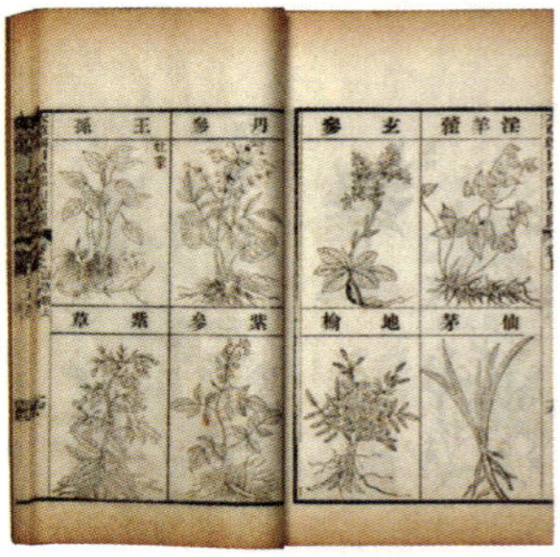

《本草纲目》书影

徐渭

《墨葡萄图》

徐渭（1521 年～1593 年）是明代的画家、书法家，擅山水、人物，尤长于大水墨写意花鸟。融合前人泼墨、破墨、积墨、简笔、写意手法，挥毫泼洒，随意点染，画面水墨交融、淋漓酣畅、气势豪放、充满激情，充分表达了他孤傲不群的个性和激昂郁愤的思想感情，对后世影响很大。有《墨葡萄图》、《牡丹蕉石图》等传世。

利玛窦来华

利玛窦（左）与徐光启（右）

1582年，一个名叫利玛窦（1552 年～1610 年）的意大利人，从欧洲远涉重洋来到中国。为了在中国传播天主教，他广泛学习中国的语言、文化和习俗。1601 年，利玛窦来到北京，向皇帝进献天主图像、经书以及自鸣钟、雅琴等，广泛结交中国官员和社会名流，向他们传播西方天文、数学、地理等科学技术知识。这样，他被允许在北京传教，并授予官职，死后葬在北京。

1590 年

努尔哈赤

努尔哈赤像

努尔哈赤（1559 年 ~ 1626 年）是曾经建立金朝的女真人的后裔，他于 1583 年起兵，凭借自己的政治、军事才能统一女真各部。努尔哈赤不仅创制了女真文字，而且创立"八旗制度"，这是一种兼有军事、行政、生产等多种职能的社会组织形式，对于提高女真人的战斗力至关重要。1616 年，努尔哈赤建立后金政权，正式与明朝决裂，向明朝军队发动了大规模的进攻，多次取得成功。1626 年，在围攻宁远的战役中，努尔哈赤重伤而死，把入主中原的梦想留给了儿子皇太极。

满洲八旗各期佐领印信

李贽与《焚书》

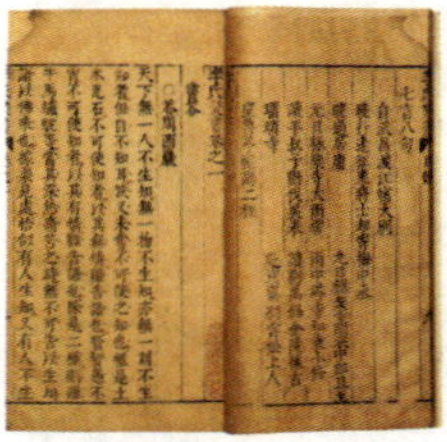

《焚书》书影

明代思想家李贽（1527 年 ~ 1602 年），做过多年小官，晚年专事著述和讲学。他批判宋明理学用"天理"压制"人欲"的禁欲主义，提出"穿衣吃饭就是人伦物理"，强调物质生活的重要性。1590 年，他刊印《焚书》，因书中理论有悖于当时的主流意识形态而被捕入狱，著作也被焚毁，1602 年自尽身亡。

英国诗人、戏剧家莎士比亚（1564 年 ~ 1616 年）创作《哈姆雷特》、《奥赛罗》、《李尔王》、《麦克白》、《威尼斯商人》等作品，写作十四行诗。

1598 年

汤显祖与《牡丹亭》

明代在戏剧方面不及元代，但出现了杰出的戏剧家汤显祖(1550年～1616年)。他的《牡丹亭》成于1598年，表现了一对青年男女对自由的爱情生活的追求，深刻地解剖了人性从压抑到苏醒、爱情从禁锢到解放的过程，人物心理活动描写细腻，曲词优美，被誉为中国版的“罗密欧与朱丽叶”。

《牡丹亭》书影

董其昌

董其昌《青卞山图》

明朝书画家董其昌(1555年～1636年)长于山水绘画，主张绘画要以古人为师，因此要读万卷书；以天地为师，故应行万里路，从大自然获得创作灵感。他还根据不同画家的笔墨形式和由此创造出的不同意境，将中国山水画分成了“南宗”与“北宗”两个派别。

1604 年

东林党（1604 年 ~ 1644 年）

1604年，吏部郎中顾宪成（1550 年 ~ 1612 年）革职回乡，在无锡的东林书院讲学，与一些知识分子一道议论朝政，抨击时弊，尤其是揭露宦官的丑行。他们的行为言论为权臣和宦官集团所忌恨，被诬为“东林党”而遭到捕杀。这种对江南知识分子的迫害直到崇祯皇帝（1627 年 ~ 1644 年在位）即位才渐告终止。但东林党与宦官集团的斗争一直持续到 1644 年满清入关才最终结束，前后达 40 余年。

东林书院

白话小说

中国古代有一种讲说故事的表演形式，叫做“评话”，这类口头表演的内容被记录整理成书面文字，就出现了中国小说史上一个重要的文学形式——“白话小说”。它以普通大众作为主要的读者对象，语言通俗易懂，内容也多是反映市井小人物的荣枯沉浮和悲欢离合，表现的是与传统士大夫诗文迥然不同的市俗精神风貌。

“三言”、“二拍”是宋明短篇白话小说的代表作，“三言”指的是《喻世明言》、《警世通言》、《醒世恒言》，为冯梦龙（1574 年 ~ 1646 年）辑成；“二拍”指的是《拍案惊奇》、《二刻拍案惊奇》，为凌初（1580 年 ~ 1644 年）编集。

◎ 1603 年 ~ 1867 年，日本德川幕府统治时期。

◎ 1605 年，西班牙作家塞万提斯（1547 年 ~ 1615 年）的《唐吉诃德》出版。

徐弘祖与《徐霞客游记》

徐弘祖（1586 年 ~ 1641 年），号霞客，一生不应科举，专心从事地理学研究。他数十年不避寒暑和艰险，踏遍中国的东南、华南、西南各地，进行地理、地质、水文、植物等方面的科学考察，用旅游日记的形式写出了一部科学著作《徐霞客游记》。书中有许多新的地理发现，如他查明金沙江是长江的上游，并指出澜沧江和怒江的上游是不同的河流，还最早考察了中国西南地区的喀斯特地貌。

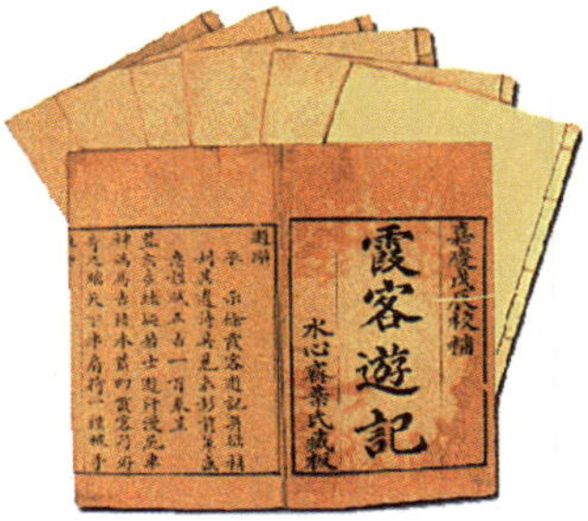

《徐霞客游记》书影

《金瓶梅》刊行

1617年，一部饱受争议的文学著作——《金瓶梅》刊行了，这是中国文学史上第一部由文人独立创作的长篇小说，而此前这类小说都是由作家在民间讲说故事的基础上加工提炼而成的。《金瓶梅》善于刻画人物，描摹人情世态十分细致，使用语言的技巧娴熟。它之所以引起争议在于，一方面作者以现实社会中的人物和家庭日常生活为主题，洞达世情，暴露社会的腐败，透析人性的善恶，其深其细其广，在中国古代小说中罕有其匹；另一方面，作者在涉及男女之事时，直写白描，且多秽词，惊世骇俗，被称之为“古今天下第一淫书“，长期列为禁书。

《金瓶梅》插图

◎ 1607 年，英国在北美建立第一个殖民地弗吉尼亚。

◎ 1609 年，意大利科学家伽利略（1564 年 ~ 1642 年）制成望远镜，探测太空，为人类第一架望远镜。

◎ 1609 年，德国学者开普勒（1571 年 ~ 1630 年）发现了行星沿椭圆形轨道绕太阳运行的规律。

1620 年

1626 年

1620

汤若望来华

汤若望（1591 年 ~ 1666 年）是德国天主教耶稣会的传教士，1620 年来到中国。他在天文学、数学等方面都有很高的造诣，1623 年他准确预测了日食，从而获得了很高的声望，受命修订历法，编成《崇祯历书》，中国人称他是“新来的利玛窦”。明朝灭亡后，清朝仍然信任汤若望，令其执掌钦天监，运用西方天文知识制定精确的历法，对推动中国天文学走向近代化起了很大作用。

荷兰人占据台湾

1626 年，荷兰人在占领了爪哇岛之后，向明朝管辖的澎湖进军，但被中国守军击败。荷兰人转而占领台湾，将台湾变成了自己的势力范围，强迫当地居民缴纳各种租税，把收购到的中国生丝、糖和瓷器经台湾转口运往世界各地，牟取高额利润。1662 年，郑成功将荷兰人逐出台湾。

陈洪绶

《升庵簪花图》(局部)

明代画家陈洪绶（1598 年 ~ 1652 年）擅人物、山水、花鸟、竹石等，以工笔人物著称。所画人物躯干伟岸，衣纹线条细劲清圆，晚年的人物造型则形象夸张，性格突出。花鸟等描绘精细，设色清丽，富有装饰味。亦能画水墨写意花卉，酣畅淋漓。还长于为文学作品创作插图，能表现出原作人物的精神气质。有《荷花鸳鸯图》、《升庵簪花图》等木刻插图传世。

1629 年　　　　1636 年

李自成起义（1629 年 ~ 1644 年）

李自成（1606 年 ~ 1645 年），出身农民，于 1629 年举起了反对明王朝的大旗，被推举为“闯王”，提出了一个极具诱惑力的口号——“均田免粮”，吸引了上百万农民参与到起义之中，于 1644 年建立大顺政权，同年攻陷北京。当李自成立足未稳之时，守卫长城山海关的明朝辽东总兵吴三桂打开大门，使清军兵不血刃地越过最坚固的防线，将李自成逐出北京，他最后在湖北被杀害。

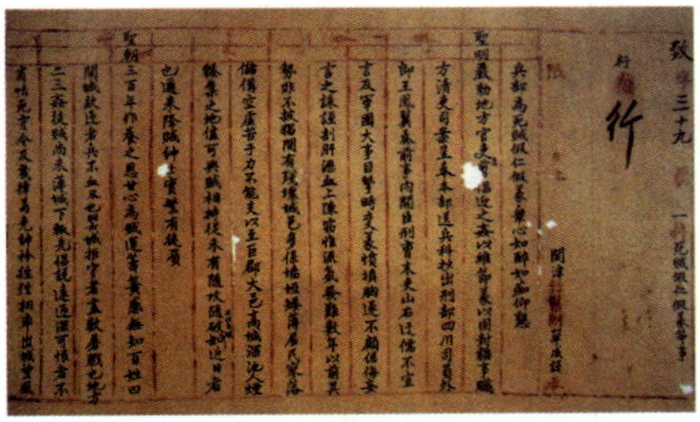

明兵部报告李自成活动的行稿（局部）

皇太极建立清

皇太极像

皇太极（1592 年 ~ 1643 年）是努尔哈赤的第八子，他极富政治和军事谋略，即位不到 10 年就统一整个东北，屡挫大明官兵。1636 年，皇太极改后金为清，称帝号，将族名改称“满洲”。政治上仿效明朝官制，加强皇权，规定君臣之分，并开科取士；经济上实行安民政策，重视农业；文化上吸取汉文书籍的精华；军事上直接控制正黄、镶黄、正蓝三旗，另创蒙古八旗和汉军八旗。皇太极尽管未能突入山海关击败明王朝，却为之打下坚实的基础。在他去世仅仅一年之后，由满族人建立的清朝就控制了中国的大部分地区。

1637 年

1639 年

宋应星与《天工开物》

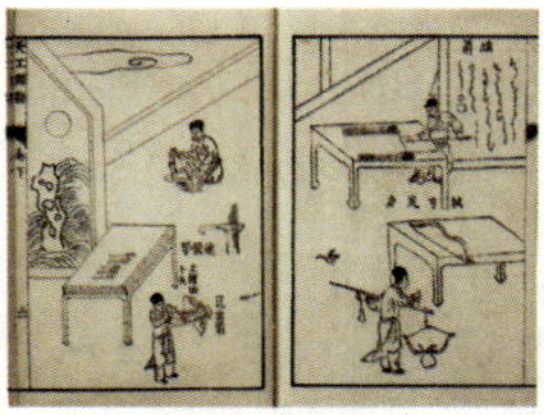

《天工开物》书影

1637年出版的《天工开物》堪称中国17世纪的工艺百科全书。全书分为三篇18卷，讲述各种生产行业，广泛介绍当时的工艺和制造技术，包括灌溉、织布、磨坊、抽水、打井、烧窑、舟车、锻造、开矿等，附有大量绘图，是一部关于农业和手工业技术的综合性著作。作者宋应星（约1587年~1661年）曾任明朝的地方官员，博学多才，专心于农业、手工业的生产技术，以及天文、音律等的研究。

《天工开物》书影

徐光启与《农政全书》

徐光启像

明末文渊阁大学士徐光启（1562年~1633年）热心于科学研究，他根据中国的实际和自己的心得，撰成《农政全书》。《农政全书》出版于1639年，这是一部关于农业历史和晚明农业状况的大型类书，附有插图，共60卷70多万字，分田制、农事、水利、农器、树艺、蚕桑、蚕桑、种植、牧养、荒政，野菜等专题，特别对番薯和棉花的种植技术与经营方法作了重点介绍。明代以农为本，这部书的出版，不仅是生产技术的总结，对治理国家也具有重要意义。

◎ 1640年~1688年，英国资产阶级革命。

1644 年 ~ 1911 年

1644

清

清朝是中国的最后一个封建王朝，1616 年由满族人（女真人后裔）建立，初称后金，1636 年改国号为清，1644 年入关，共历 10 帝计 268 年。清朝前期，整个王朝处于一种开明专制的氛围之下，这使得清朝在国家统一、经济发展、民族关系等方面取得了一系列的成就，成为当时世界上幅员最辽阔、财富增长最快的国家。清代后期，貌似强大的帝国成为已经进入工业文明的英、法等西方国家的殖民对象，开始逐渐沦为半殖民地半封建社会；与此同时，社会各阶层也开始了对国家富强的探索之路，从“师夷长技以制夷”的洋务运动到学习西方政治制度的戊戌变法，从“中体西用”的改良到彻底的革命，直到 1911 年被辛亥革命所推翻。

清代北京前门大街的繁华景象

剃发令

清朝占领北京以后，企图通过身体的改造消弭汉族的反抗意识，于 1644 年和 1645 年两次颁布“剃发令”，要求所有汉族男子必须像满族男子一样，剃去前额和四周的头发，留存头发编成辫子垂之脑后。并要求清军到达后的 10 日之内，必须按要求剃发，否则“留头不留发，留发不留头”。

黄宗羲与《明夷待访录》

黄宗羲与《明夷待访录》书影

黄宗羲（1610 年 ~ 1695 年）为明末清初思想家。明末，他反权贵反宦官；清兵南下，他招募义兵抵抗；失败后，隐居讲学、著述。他撰写的《明夷待访录》抨击君主专制制度，认为设立君主的本来目的是为了让他们负起抑私利、兴公利的责任，然而，现在的君主却是"一家之法"，以一己之利而害天下，成为"天下之大害"，国家动乱的根源。因此，他主张变"独治"为"众治"，"立天下之法"限制君权，成为近代民主思想的先声。

顾炎武

明末清初以来，中国的知识分子逐渐厌倦了宋明时期空谈哲学概念、不求实际的学风，开始倡导经世致用的实学，以有益于国计民生。中国哲学家顾炎武（1613 年 ~ 1682 年）就是这一学术潮流的先驱。顾炎武早年参加抗清斗争，失败后漫游四方，遍访民俗，搜集史料，潜心治学，在史学、音韵、地理、边防等方面都取得了突出成就。他反对空谈，主张经世致用，"天下兴亡，匹夫有责"。

顾炎武像

王夫之

王夫之像

王夫之（1619 年 ~ 1692 年），湖南衡阳人。明朝灭亡后，他参加了很多抵抗满清的斗争，失败之后隐居深山，开始了长达 40 年的著述生活，对哲学、史学、文学、天文、历法、数学、地理学等均有深入研究，尤其精于经学。他对宋明理学持激烈的批判态度，认为“习成而性成”，否定“人性不变”。

康熙皇帝（1661 年 ~ 1722 年在位）

康熙（1654 年 ~ 1722 年）是清朝一位颇有作为的皇帝。他 7 岁登基，13 岁独掌大权，亲政之后，严令永停圈地，“滋生人丁，永不加赋”，以发展经济，缓和社会矛盾。1673 年下令削藩，平定“三藩之乱”。10 年后，派施琅率水军收复台湾。1685 年至 1689 年，经过斗争，与沙俄签订条约，确定了两国的东段边界。1690 年至 1697 年，三次领兵平定准噶尔部首领的叛乱。后又派兵入藏，保卫边疆。康熙在位的 61 年里，经济、文化、军事都有非常大的发展，呈现出盛世景象。

康熙像

《康熙南巡图》（局部）

◎ 17 世纪中叶，英国科学家波义耳（1627 年 ~ 1691 年）把严密的实验方法引入化学，被视为近代化学的创始人。

朱耷

清初画家朱耷（1626 年～1705 年）即“八大山人”，擅花鸟、山水，所画花鸟、鱼虫造型夸张，形象突出，甚至将鸟、鱼的眼睛画成“白眼向人”，以此来表现自己国破家亡、孤傲不群、愤世嫉俗的心情，从而创造了一种前所未有的花鸟造型，对后世影响深远。有《牡丹孔雀图》、《墨花图》、《河上花图》等传世。

《河上花图》（局部）

郑成功收复台湾

盘踞台湾的荷兰殖民者向郑成功投降

郑成功（1624 年～1662 年），福建南安人，满清入关之后，他反抗清政府，成功地组织了一支庞大的海上舰队，控制着中国东南部的福建、广东、浙江地区 20 余年，甚至一度进入长江流域。直到 1660 年清军才取得对郑成功作战的优势，并迫使他退守厦门。1662 年，郑成功率领两万多人、数百艘船舰退往台湾，首先攻破荷兰军队在台湾的据点赤嵌城（台南），继而围困“台湾城”（安平），击败荷兰援军，遂在台湾确立了自己的统治。1683 年，康熙皇帝派兵从郑氏手中收复台湾，正式建府设县，台湾回归祖国。

1679 年

1684 年

1684

蒲松龄与《聊斋志异》

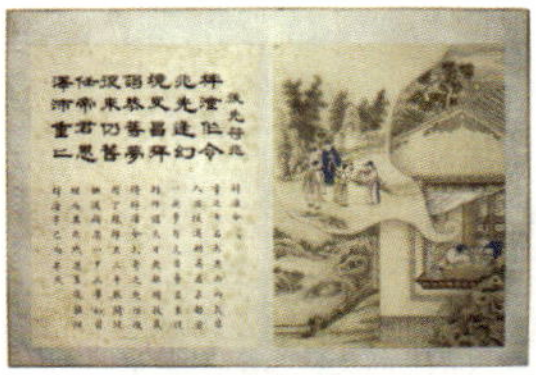

清人所绘《聊斋图册》

清代文学家蒲松龄（1640 年 ~ 1715 年）毕生致力于收集民间传说和野史轶闻，于 1679 年创作出中国文言小说的集大成之作《聊斋志异》。全书由 491 篇短篇小说组成，讲述了狐、仙、鬼、怪、魅等与人类之间发生的各种故事，对当时社会的黑暗、官吏的作恶，以及科举和旧礼制加以批判。

石涛

清代画家石涛（1642 年 ~ 1718 年）的山水画广泛师法历代笔墨技法之长并加以变化，又注重从大自然吸取创作源泉，主张“借古以开今”、“搜尽奇峰打草稿”等。作品笔法流畅凝重，构图新奇，对后世绘画发展产生了极为深远的影响。有《搜尽奇峰打草稿》、《淮扬洁秋图》等传世。

《淮扬洁秋图》（局部）

台湾府的设置

雍正年间巡台御史巡视台湾

1684 年，清朝中央政府在台湾设立台湾府，隶属于福建省，下辖台湾、凤山、诸罗三县。1885 年 10 月 12 日，清政府改台湾府为行省，任命刘铭传为巡抚。

- 1687 年，英国科学家牛顿（1642 年 ~ 1727 年）出版《自然哲学的数学原理》一书，经典力学体系形成。
- 1688 年，英国光荣革命。

1689 年

1703 年

中俄《尼布楚条约》

从16世纪后期起，俄国不断侵扰中国的东北地区，都被中国守军打败。1689年，双方在尼布楚举行边界谈判，签订了两国历史上第一份边界条约——《尼布楚条约》。条约确定中俄两国东段边界以额尔古纳河、格尔必齐河为界，再由格尔必齐河源顺外兴安岭至海为界，河岭以南属中国，以北属俄国。凡持护照者可以互相往来，也可从事边境贸易。

承德避暑山庄（1703 年 ~ 1792 年）

承德避暑山庄

承德在北京以北100多公里处。这里群山环抱，地势高峻，气候凉爽。1703年，康熙皇帝开始在这里营建避暑行宫，命名为“避暑山庄”。历经90年建成，山庄内有建筑物110余处，总面积564万平方米，分为宫殿区和苑景区两大部分。难以忍受北京夏天闷热的满族统治者每至暑夏都要来这里避暑，清代前期的几位皇帝每年都要在这里度过大半年的时间。

◎ 1689 年，英国国会通过《权利法案》，英国君主立宪制自此确立。

◎ 1690 年，英国经验主义哲学家洛克（1632 年 ~ 1704 年）出版《人类理解论》，全面阐释宪政民主思想。

达赖、班禅册封制度

达赖五世觐见顺治皇帝图

1653年，顺治皇帝册封达赖五世为“达赖喇嘛”，“达赖”是蒙语“海”的意思，“喇嘛”是藏语“上师”的意思。1713年，康熙皇帝又遣使册封五世班禅为“班禅额尔德尼”，“班禅”是梵文“大师”的意思，“额尔德尼”是满语“珍宝”的意思。与此同时，清政府确立了以后历世达赖和班禅都必须经过中央政府册封的制度，一直沿用至今。

康熙皇帝册封五世班禅额尔德尼的谕旨

雍正皇帝（1723 年 ~ 1735 年在位）

《雍正帝祭先农坛》（局部）

雍正（1678 年 ~ 1735 年）是满清进入中国后的第三任皇帝，在位 13 年，勇于革新、勤于政事，使清朝的强盛又向前推进了一步。1724 年，雍正实行“摊丁入亩”，规定将人丁税摊入地亩，按地亩多少定纳税数目，从而取消了在中国存在了几千年的人头税。1727 年，他与沙俄签约，划定了中俄的中段边界。1726 年至 1731 年，在西南少数民族地区推广“改土归流”，加强民族间的经济、文化交流。1729 年设立军机处，进一步集权于皇帝。这些都为乾隆盛世的出现打好了基础。

1728 年

1736 年

《古今图书集成》

《古今图书集成》是一部大型类书，由陈梦雷主编，从1700年开始编纂，至1706年完成初稿，由康熙皇帝钦定书名；雍正时期，又由蒋廷锡主持增删润色，于1728年最终定稿刊行。全书分为6编，共5000册，10,000卷，1.44亿字，全面收录从上古时代到18世纪以前的典籍文献，被誉为“大清百科全书”。

《古今图书集成》书影

乾隆皇帝（1736年～1795年在位）

《乾隆皇帝大阅图》（局部）

乾隆（1711年～1799年）是雍正的第四个儿子，他在位60年，从祖父、父亲那里继承了一份丰厚的遗产，并在此基础上将清王朝发展到了强盛的顶点。在位期间，巩固了对天山南北两路的管辖；颁布《钦定西藏章程》，加强西藏地方政府与中央政府的隶属关系，维护了中国的固有版图。

和珅

和珅（1750年～1799年）是乾隆时的权臣，少年家贫，因机灵善辩、仪表俊伟，且办事干练，受到乾隆赏识，历任显官，后升任军机大臣，居此要职24年，还兼任多种文武官职。乾隆后期，和权倾朝野，广收贿赂，致使府库空虚，吏治败坏。乾隆死后，继位的嘉庆皇帝立即数其20大罪，责令自尽，查抄金银珍宝甚多。

和珅像

郑板桥

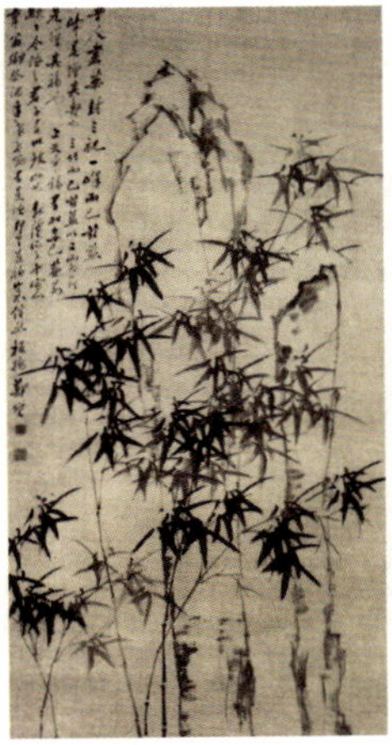
郑板桥《竹石图》

清代画家郑板桥（1693 年 ~ 1765 年），以诗、书、画“三绝”闻名于世，擅画兰、竹。其画以侧锋画兰、竹，笔墨潇洒纵逸，苍劲豪迈；通过题跋诗文，表现对民间疾苦的同情和愤世嫉俗的情怀，率真自然，具有新意。其书法在行、隶之间，以画法作书，结体、行款纵横错落，整整斜斜，而中国书法的神韵和笔力全都寓于其中。

“二十四史”刊行（1739 年 ~ 1784 年）

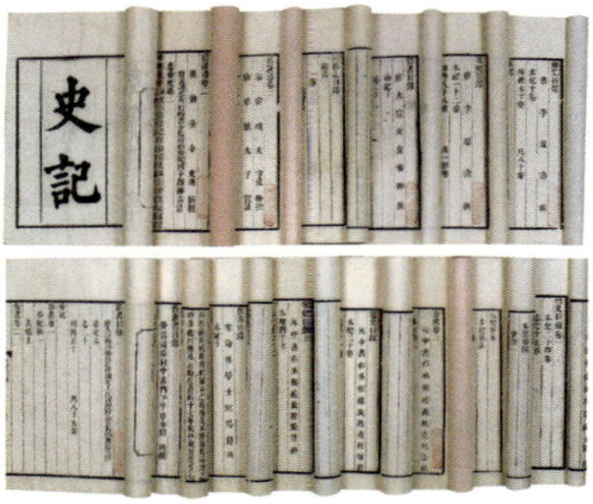
“二十四史”书影

中国古代有修史的传统，各个朝代的历史都有史书传世，往往是下一代为上一代修史，还有重修的现象。1739 年，《明史》完稿，乾隆皇帝命令刊刻历代正史，至 1784 年完成，共 24 种，合称“二十四史”，计有《史记》、《汉书》、《后汉书》、《三国志》、《晋书》、《宋书》、《南齐书》、《梁书》、《陈书》、《魏书》、《北齐书》、《周书》、《隋书》、《南史》、《北史》、《旧唐书》、《新唐书》、《旧五代史》、《新五代史》、《宋史》、《辽史》、《金史》、《元史》、《明史》。

约 1750 年

1750

吴敬梓与《儒林外史》

《儒林外史》书影

清代文学家吴敬梓（1701 年～1754 年）出身于一个贵族家庭，他的祖父和父亲都官运亨通，但他自己却在官场之上屡屡受挫，家庭日渐衰败，生活穷困。在这种境遇之下，他于 1750 年前后完成的《儒林外史》以悲天悯人的手笔描写科举制度下众多知识分子的悲剧命运，通过栩栩如生的人物形象，揭露和抨击官场的腐朽黑暗和科举制度的没落，成为中国现实主义小说和讽刺小说的代表作。

曹雪芹与《红楼梦》

曹雪芹（1724 年～1764 年）是 18 世纪上半叶的一位贵族，少年时过着优裕奢华的生活，后来家庭败落，晚年穷困潦倒，《红楼梦》就是在这种境遇中写出来的。《红楼梦》是曹雪芹撰写的长篇小说，它以贾宝玉、林黛玉、薛宝钗三人之间的感情悲剧为主线，展示了 18 世纪上半叶一个中国贵族家庭的兴衰变迁，在艺术成就上已经达到了中国古典小说的顶峰，并在今天形成了一门学术课题——“红学”。

《红楼梦》人物像

- 1748 年，法国思想家孟德斯鸠（1689 年～1755 年）《法意》出版，提出立法、司法、行政三权分立学说。
- 法国哲学家、文学家伏尔泰（1694 年～1778 年）成为法国启蒙运动的旗手。
- 1762 年，法国思想家卢梭（1712 年～1778 年）《社会契约论》出版，提出“天赋人权”和“人民主权”学说。

1772 年

1790 年

1790

《四库全书》（1772 年 ~ 1782 年）

《四库全书》书影

1772年，在乾隆皇帝的支持之下，清政府开始集中全国 3800 多名优秀学者编纂《四库全书》。到 10 年后这项浩大的工程结束之时，全套丛书共收录 36,000 多册书籍，成为中国传统文化最丰富、最完备的集成之作。乾隆皇帝在督促图书的征集、整理的同时，更对不利于满族的文献进行了大量的禁毁。《四库全书》共有 8 部，分藏于全国各地，现仅存 3 部半。

纪晓岚

清代学者纪晓岚（1724 年 ~ 1805 年），性好滑稽，官至大学士，以学问文章名重朝野，曾编写、主持纂修多部著作。乾隆年间编修《四库全书》，任总纂官，主持写定《四库全书总目提要》200 卷，为清代目录学巨著。

京剧

1790年，中国著名的地方戏剧表演团体“徽班”来到北京为乾隆皇帝祝贺 80 岁生日。在北京，徽班与其他剧种在艺术风格方面经过半个多世纪的融合，形成了一个新的剧种——京剧，并逐渐成为中国的“国粹”。作为综合性的表演艺术，京剧集唱、念、做、打、舞为一体，通过程式化的表演手段叙演故事，刻画人物。角色可分为生、旦、净、末、丑五种，在装扮、脸谱颜色等方面都有所区别。唱腔属于板腔体，以西皮、二黄为主。伴奏乐器有京胡、二胡、月琴以及打击乐器。

19世纪末茶园演剧图

- 1776 年，英国经济学家亚当・斯密（1723 年 ~ 1790 年）出版《国富论》，被誉为“现代经济学之父”。
- 1776 年，北美大陆会议宣布美国独立，定国名为“美利坚合众国”，发表《独立宣言》，任命华盛顿（1732 年 ~ 1799 年）为总司令。1783 年，英国战败，承认美国独立。
- 18 世纪 80 年代，德国哲学家康德（1724 年 ~ 1804 年）发表《纯粹理性批判》、《实践理性批判》、《判断力批判》等著作，对启蒙运动做了经典的总结。

戴震

戴震（1723 年～1777 年），清代思想家、考据学家。他反对理学通过形而上的论辩来探究事物的规律，认为只有经过观察和分析才能认识事物的道理。抨击理学家“以理杀人”比“以法杀人”更加残酷，并说“人死于法犹有怜之者，死于理其谁怜之”。戴震治学态度严谨，崇尚对资料进行严密的考证，长于音韵、训诂，这使他在古典文献整理方面取得了突出成就，成为清代实学的代表人物。

“金瓶掣签”制度的确立

金瓶掣签是确认达赖喇嘛和班禅喇嘛转世灵童必须经过的手续，一代达赖或班禅圆寂后，由几批资深喇嘛出外寻找转世灵童，有时会找回好几个，同时进行教育培养。待到 6 岁后，要在雪山神女金像前，将写有名字的玉签放入金苯巴瓶中掣签，由神来决定达赖或班禅的转世灵童，然后举行坐床仪式。用金瓶掣签的方式来认定藏传佛教最高活佛的转世灵童，是清王朝于 1792 年设立的制度，当年乾隆皇帝颁布《钦定藏内善后章程二十九条》，对西藏地方的宗教事务、行政、财政、军事、外事等各方面都作出了明确的规定，其中第一条即确立了金瓶掣签的历史定制。

清代金苯巴瓶和象牙玉签

- 18 世纪 80 年代，瓦特（1736 年～1819 年）研制的改良蒸汽机投入使用，人类进入“蒸汽时代”。
- 1787 年，美国制定联邦宪法，确立了联邦制原则、三权分立原则和民主共和原则，成为第一部比较完整的资产阶级成文宪法。
- 1789 年～1794 年，法国大革命，国民会议发表《人权宣言》。
- 1804 年，拿破仑（1769 年～1821 年）称帝，法兰西第一共和国，改称法兰西帝国。

马嘎尔尼使团访华

马嘎尔尼使团拜见乾隆皇帝图

1793年7月，英国国王乔治三世派遣以马嘎尔尼为特使的代表团来到中国，他们希望觐见乾隆皇帝，以便获准在北京设立永久性的使馆。但乾隆更注重来使的礼仪，坚持觐见时要行三跪九叩的大礼。马嘎尔尼则提出，如果有一位地位与他相当的中国官员向英王的头像叩头，他便可以在乾隆面前叩头，最终这场争执以英国人不愿就范而结束。

龚自珍

清代学者、思想家龚自珍（1792 年 ~ 1841 年）主张“经世致用”，倡导学术研究要与现实政治社会问题密切地联系起来。他自己特别致力于典章制度和边疆民族地理的研究，并提出了改革建议，告诫统治者要警惕外国势力借口入侵，应做好战备准备。在他的文学作品中，龚自珍打破了清中叶以来诗坛单纯描写自然景物的沉寂局面，而是着眼于现实政治、社会形势发表议论。

程长庚

程长庚（1811 年 ~ 1880 年），安徽人，幼入徽班坐科，1822 年随父北上进京演出，以《文昭关》、《战长沙》崭露头角。他的唱腔熔徽音、汉调、昆曲等于一炉，调高声宏，字正腔圆，气势磅礴；他的表演善于体察人物性格、身份，注重表现其气质、神采，做功身段沉稳凝重，为京剧艺术的形成做出重要贡献，被称为徽班领袖、京剧鼻祖。

程长庚剧照

- 1810 年 ~ 1826 年，西属拉丁美洲独立运动。
- 1814 年，维也纳会议，重新划定欧洲政治地图。
- 1823 年，美国总统门罗（1758 年 ~ 1831 年）以美洲各殖民地纷纷独立，惧欧洲神圣同盟干涉，发表宣言，谓美、欧互不干涉，是为“门罗宣言”。

1839 年　　1840 年

1839

林则徐虎门销烟

第一次鸦片战争（1840 年～1842 年）

林则徐像

1838年底，林则徐（1785 年～1850 年）奉命赴广州查禁鸦片。他在广州整顿海防，倡办义勇，严缉走私烟贩，惩处受贿官吏，追令英、美烟贩交出鸦片 120 万公斤，于 1839 年 6 月在虎门当众销毁，并多次击退英军的挑衅和进犯，充分显示了中国人抵制毒品、反抗侵略的决心。

中英广州海战图

中国对鸦片的坚决抵制使英国在中国甚至亚洲的鸦片贸易遭受致命打击，英国的海军舰队在中国沿海燃起了战火。1840 年，当双方谈判之际，英军突然占领香港，攻陷虎门，炮轰广州，其舰队又沿海岸进攻福建、浙江、江苏的港口。在谈判无果的情况下，先后攻占了厦门、上海等重要港口，并沿长江直达内陆，威胁南京。第一次鸦片战争历时两年多，中国以割地赔款告败。

◎ 1831 年，英国科学家法拉第（1791 年～1867 年）发现电磁感应现象。

◎ 19 世纪三四十年代，欧洲三大工人运动。

1842 年

《南京条约》 魏源与《海国图志》

1842年，英国军队兵临南京城下，清朝政府被迫坐到了谈判桌前，签订了第一个不平等条约《南京条约》，中国除支付大量的战争赔款外，还将香港的主权转让给英国，并开放广州、厦门、福州、宁波、上海五个港口城市作为通商口岸，海关税率双方议定。不仅如此，美国、法国、西班牙、意大利等国家纷纷闻讯而至，要求享有《南京条约》中英国人所获得的特权，中国顿时陷入半殖民地的状态。

《海国图志》书影

香港开埠图

魏源（1794 年 ~ 1857 年）曾任清廷官员，因对朝廷战和不定的寡断不满，辞归著述。他主张学术要为现实社会服务，变古革新。他所编撰的《海国图志》成书于 1842 年，最早向中国人介绍了西方各国历史、地理和政治、经济及文化状况，主张学习西方的先进科学技术，提出“师夷长技以制夷”，是中国近代向西方寻求救国真理的先行者之一。

- 法国批判现实主义作家巴尔扎克（1799 年 ~ 1850 年）创作《人间喜剧》，其中《欧也妮 · 葛朗台》、《高老头》等最为著名。
- 法国浪漫主义文学家维克多·雨果（1802 年 ~ 1885 年）创作《巴黎圣母院》、《悲惨世界》、《九三年》等长篇小说。
- 1840 年前后，英国率先完成工业革命，成为世界上第一个工业国家。

1851 年

1856 年

太平天国运动（1851 年 ~ 1864 年）

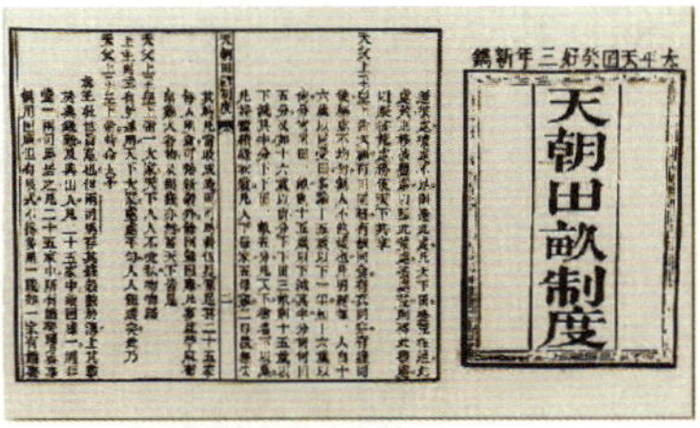
太平天國癸好三年新刻

天朝田畝制度

《天朝田亩制度》，太平天国的纲领性文件。

正当清政府忙于应付接踵而至的外国列强之时，一场声势浩大的农民起义在南方爆发了。起义领袖洪秀全（1814 年 ~ 1864 年）是一个屡试不第的秀才，于 1851 年在广西桂平县金田村发动起义。实际上，早在 1843 年他就组织秘密的“拜上帝会”，把农民的切身利益与宗教结合起来，动员他们参加起义。起义后号称“太平天国”，洪秀全称天王。起义军转战江南，势如破竹，于 1853 年占领南京，改名天京。在以后的 11 年里，太平天国控制了中国南方的大部分地区，还曾一度威胁北京。清政府不得不允许地方官员组织军队，又求助于外国的军事力量，于 1864 年将起义运动扑灭。

第二次鸦片战争（1856 年 ~ 1860 年）

从 1854 年开始，西方各国纷纷要求在中国全境范围内自由贸易，并强迫中国政府承认鸦片贸易的合法性。在遭到拒绝后，英国于 1856 年进攻广州。尔后，英法联军在俄国、美国的支持之下，沿中国的海岸线一路北上，进犯天津，占领北京，劫掠、焚烧皇家园林圆明园，最后以清政府被迫签订一系列不平等条约而告终。

第二次鸦片战争期间，中国与西方签订的不平等条约包括与英、法、美、俄签订的《天津条约》（1858 年）、中俄《瑷珲条约》（1858 年），以及与英、法、俄签订的《北京条约》（1860 年），根据这些不平等条约，中国除支付大量的战争赔款外，还将对外开放的区域扩大到长江流域，允许外国公使常驻北京，外国传教士在中国自由传教。尤其是俄国通过上述条约，将中国东北 100 多万平方公里的领土据为己有。

- 英国作家狄更斯（1812 年 ~ 1870 年）创作《大卫·科波菲尔》、《荒凉山庄》、《艰难时世》、《远大前程》、《双城记》等作品。
- 1854 年，俄国同英法为了争夺在奥斯曼帝国的利益，爆发了克里米亚战争。

1859 年

1860 年

1860

洪仁玕与《资政新篇》

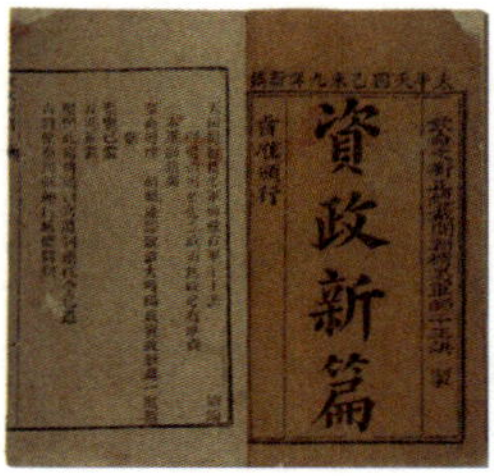

《资政新篇》书影

洪仁玕（1822 年 ~ 1864 年）是太平天国后期主要领导者，1859 年开始总理太平天国朝政。执政之年作《资政新篇》，提出一套统筹全局的革新方案，目的是学习西方，在中国发展资本主义。但当时的太平天国内外交困，洪仁玕的计划根本不可能得到实施。1864 年，太平天国运动失败，洪仁玕也被俘身亡。

《资政新篇》的主要内容：

1、主张中央集权，反对结党营私，提倡广开言路；
2、主张仿效西方资本主义，发展工矿、交通、邮政、金融、水利等事业；
3、准许私人开办工业，奖励科技发明；
4、中外自由通商，平等往来，积极学习外国先进科学技术；
5、创立银行和发行纸币；
6、改变传统陋习，兴办学馆，建立医院，设立社会福利机构。

火烧圆明园

圆明园遗址

圆明园在北京城的郊区，是清代的大型皇家园林，建于 18 世纪，占地 350 公顷，堪称中国园林建筑的典范，园内珍藏有各种珍宝、典籍和历史文物，有“万园之园”之誉。1860 年 10 月 11 日，英法联军占领北京，他们在圆明园进行了长达一周的疯狂劫掠，将无法带走的珍宝全部打碎。10 月 18 日，联军纵火焚烧圆明园，连续三昼夜的大火使这座世界名园化为焦土，近 300 名太监、宫女、工匠葬身火海。

◎ 1859 年，英国博物学家达尔文（1809 年 ~ 1882 年）发表《物种起源》，提出了进化论。

条约制度

晚清所绘《时局图》

从19世纪40年代开始，西方各国在实行武力威胁的同时，开始通过各种书面条约在中国获取利益，进而控制中国，这就是条约制度。西方国家通过这一制度，拥有了中国的大量领土；在中国城市建立“租界”；把持中国海关，控制中国的对外贸易和汇兑；在中国的外国人享有治外法权，等等。这样，不仅中国的主权遭受了极大侵犯，中国经济也被彻底纳入到有利于西方国家的世界市场，自身日益贫弱。

慈禧太后“垂帘听政”（1861年~1908年）

1861年8月，咸丰皇帝病死，即位的同治皇帝仅有6岁，作为皇帝生母的慈禧太后（1835年~1908年）在今后的47年中成为了中国真正的统治者。在皇帝上朝之时，她都会在幕后指挥。在慈禧太后的治理之下，中国曾经出现过短暂的振兴局面，但由于她迷恋权力，对内排斥和迫害异己，对外卖国求存，丧失了治国的兴趣。而当她去世之后，这个王朝已经无法维持下去了。

慈禧太后像

1861 年

洋务运动（1861 年 ~ 1895 年） 总理衙门的建立

奕䜣像

洋务运动是由洋务派发起的改良运动，由咸丰皇帝的弟弟奕䜣（1832 年 ~ 1898 年）及曾国藩、左宗棠、李鸿章、张之洞等地方实力派官员主持。他们提出了许多方案，并付诸实施。例如：购买洋枪、洋炮、洋船，建立新式军备；建立兵工厂，制造武器，以改变中国在战争中的劣势；建立民用型企业，包括工矿和交通；创办新式学堂，学习西方的语言和自然科学知识；或派遣留学生到欧美去学习，以实现中国富强。19 世纪末，持续了 30 多年的洋务运动宣告失败。

两次鸦片战争之后，随着通商口岸的增多和外国公使进驻北京，清政府于 1861 年初设立了一个专门的外交机构——总理各国事务衙门，简称“总理衙门”。总理衙门是主管外交、通商、订购军火、举办同文馆、派遣留学生等洋务事宜的中央机构，下设北洋、南洋两名通商大臣，主管各自管辖地区的洋务事宜。官员由一些了解外国情况的中国人及少数的外籍雇员组成，并聘用具有国际影响的外国人作为顾问。1901 年，总理衙门改称外交部。

总理衙门

19 世纪 60 年代，第二次工业革命兴起。

曾国藩

曾国藩像

曾国藩（1811年～1872年），湖南湘乡人，早年是清政府的一个文职官员，1852年起在家乡组织训练湘军，镇压太平天国运动。后来他乘太平天国内讧之机攻占武汉，升为两江总督，不久被任命为钦差大臣，指挥一支近20万人的军队，向太平军发起进攻，于1864年攻下天京。在以后的8年多时间里，曾国藩频繁地用自己的思想影响清政府的决策者，积极推进洋务运动。

李鸿章

李鸿章像

作为曾国藩的学生，李鸿章（1823年～1901年）也是靠组织地方武装——淮军起家的，后来成为洋务运动的代表人物。从19世纪60年代到他去世的40多年里，中国的许多事情都与之有关。李鸿章积极筹建军工企业，仿造外国船炮；创办民用企业及新式学堂，派人留学欧美；倡导成立海军衙门，组建北洋水师。他身为外交事务大臣，先后与法国签订《中法新约》、与日本签订《马关条约》、与俄国签订《中俄密约》、与八国联军签订《辛丑条约》，这些都是丧权辱国的不平等条约。

李鸿章创办的轮船招商局

◎ 1861年，俄国废除农奴制，走上资本主义道路。

◎ 1861年～1865年，美国南北战争，美国统一。

1862 年

张之洞

张之洞像

张之洞（1837 年 ~ 1909 年），河北南皮人。他任湖广总督期间，创办汉阳铁厂、湖北枪炮厂，设织布、纺纱、缫丝、制麻四局，推动工业的发展。张之洞重视教育，力主兴办新式学堂，学习西方技术，主张“旧学为体，新学为用”。

京师同文馆

1862年，中国第一所新式学堂在北京诞生，即京师同文馆。它最早在中国采用班级授课制，以培养外语翻译人才、洋务人才为目的。馆内附设印书处、翻译处，曾编译出版自然科学及国际法、经济学书籍，还设有化学实验室、博物馆、天文台等。京师同文馆培养了一批外国语人才，毕业生多半担任政府译员、外交官或洋务机构官员。

京师同文馆旧址

徐寿

清代科学家徐寿（1818 年 ~ 1884 年）是中国近代化学的先驱。1862 年，他曾设计制造出中国第一艘木质蒸汽机轮船，此后致力于西方化学知识的翻译、传播工作，编译《化学鉴原》、《化学鉴原补编》、《化学材料中西名目表》、《西药大成中西名目表》等书，1874 年在上海创设传授化学知识的格致书院，系统地介绍了 19 世纪 60 ~ 80 年代国外的化学知识，对化学元素命名法做出可贵的贡献。

- 1864 年，各国劳工代表于伦敦集会，成立“国际劳工协会”，是为“第一国际”。
- 1864 年 ~ 1870 年，普鲁士通过三次王朝战争，逐渐完成统一。

吴昌硕

吴昌硕《梅花图》（局部）

吴昌硕（1844 年 ~ 1927 年）出身书墨世家，工书法、绘画、篆刻。其书法笔致凝练遒劲，圆熟精悍，刚柔相济。其篆刻注重章法，奏刀大胆迅疾，不多加修饰，风格浑朴古拙。其画擅花卉，笔墨老辣，苍劲深厚，富有金石气，注重诗、书、画、印的有机结合，对现代中国大写意花鸟画的发展有极大影响。

赫德与中国海关（1863 年 ~ 1908 年）

1861 年，清政府在总理衙门之下正式设立总税务司署，掌握海关的用人、行政和财务大权。在不平等条约的制约之下，中国人无权控制自己的海关，只能由外国人出任总税务司。北爱尔兰人赫德（1835 年 ~ 1911 年）是第二任总税务司，他于 1863 年上任，主持中国海关达 45 年之久，其活动涉及中国的军事、政治、经济、外交、文化、教育各个方面。赫德恪尽职守，创建了税收、统计、浚港、检疫等一整套严格的海关管理制度，还主持创建了中国的现代邮政。但是，他作为一个外国人把持中国海关本身就是对中国主权的侵犯，他竭力保障的是西方国家对华贸易的根本利益，受损害的始终是失去主权的中国。

晚清中国海关的外籍职员

- 19 世纪 60 年代，俄国化学家门捷列夫（1834 年 ~ 1907 年）发现了元素周期律，制定了元素周期表。
- 1867 年，马克思（1818 年 ~ 1883 年）出版《资本论》第一卷，建立科学社会主义学说。
- 1868 年，日本明治天皇即位，幕府政治终结，开始“明治维新”。

留美幼童

1872年夏，“中国留学生之父”容闳组织第一批留美幼童30人赴美留学，此后至1875年，清政府每年继续遴选30名少年渡洋深造，4年共派出120名，是为中国最早的官派留学生。

第一批留美幼童合影

黄遵宪

黄遵宪像

黄遵宪（1848年～1905年），广东人，曾在晚清中国驻外机构任职十余年，1895年创办《时务报》，鼓吹变法。黄遵宪是中国近代文学史上诗界革命的最早倡导者，他的诗歌运用现实主义方法，反映中国社会现实，批判专制主义，宣传改良主义思想和外国的科学文明。在艺术表现和艺术风格上，多写古体，常采用散文化笔法，内容丰富，篇幅较长，热情洋溢，豪迈奔放。

谭鑫培

谭鑫培像

谭鑫培（1847年～1917年），湖北人，是清末杰出的京剧表演艺术家，幼年随父亲学戏，先工武生，后改老生。他在唱念做打方面均有独特风格，声调悠扬婉转，长于抒情，念白字斟句酌，清晰流畅；武功根底坚实，身段灵活洒脱，干净洗练，创立了京剧的“谭派”唱法，有“伶界大王”的美誉。

- 1870年，法兰西第三共和国建立，1875年通过宪法，资产阶级共和制最终确立。
- 俄国文学家列夫·托尔斯泰（1828年～1910年）创作长篇小说《战争与和平》、《安娜·卡列尼娜》、《复活》等作品。
- 1871年初，德意志帝国建立，君主立宪政体确立。1871年3月，法国无产阶级政权——巴黎公社成立，5月底失败。

1883 年

中法战争（1883 年 ~ 1885 年）

1883年，法国殖民者率先在中越边境挑起战争。第二年，法军进攻谅山的清军，同时攻击台湾和福建的水师，中法战争同时在台湾和越南展开。期间，法军惨败，法国内阁为之倒台。而清政府本来有希望取得胜利，却主动与法国签订了停战条约《中法新约》，中国不仅损失了东南沿海的一支重要舰队，法国也由此可以长驱直入中国的云南、广西和广州湾。

郑观应

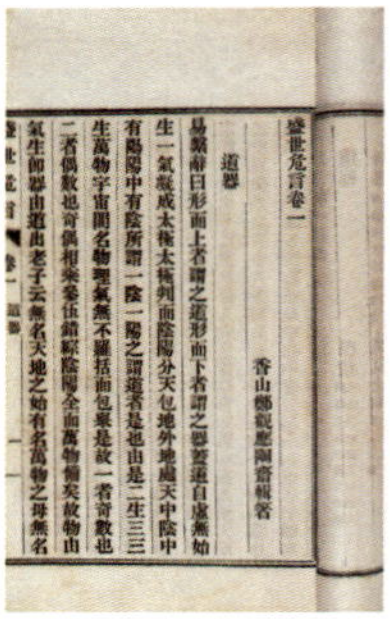
盛世危言卷一
香山鄭觀應陶齋輯著
道器
易繫辭曰形而上者謂之道形而下者謂之器蓋道自虛無始
生一氣凝成太極太極判而陰陽分天包地外地處天中陰中
有陽陽中有陰所謂一陰一陽之謂道者是也由是二生三三
生萬物宇宙間名物理氣無不釐括而包羅是故一者奇數也
二者偶數也奇偶相乘參伍錯綜陰陽全而萬物備矣故物由
氣生即器由道出老子云無名天地之始有名萬物之母無名
盛世危言 卷一 道器 一

《盛世危言》书影

郑观应（1842 年 ~ 1921 年），广东人，是清末民初的实业家、改良主义思想家。他致力于创办洋务企业，所著《盛世危言》一书，从政治、经济、军事、文化等方面论证中国必须大力发展资本主义工商业，实行君主立宪制度，培养具有近代科学技术知识的实学人才。

- 美国作家马克·吐温（1835 年 ~ 1910 年）创作《镀金时代》、《汤姆·索亚历险记》和《哈克贝利·费恩历险记》等作品。
- 美国科学家爱迪生（1847 年 ~ 1931 年）以 1000 多项发明，推动了电力的广泛应用。
- 1882 年，德、奥、意三国“同盟条约”签字，三国同盟正式建立。
- 1886 年，美国芝加哥工人爆发了争取八小时工作日的“五一”大罢工，国际劳动节由此始。

孙中山

孙中山像

孙中山（1866 年 ~ 1925 年），广东人，中国伟大的革命先行者。1894 年，他创建兴中会，领导发起广州起义，失败后流亡海外，积极游说各国政府及政界名人支持中国革命，为兴中会筹措资金。1905 年，孙中山在日本东京组织成立中国同盟会，任总理，提出“驱逐鞑虏，恢复中华，建立民国，平均地权”的革命纲领和“民族、民权、民生”的三民主义。1911 年辛亥革命之后，孙中山出任中华民国临时大总统，次年让位于袁世凯，专注于国家经济建设。1924 年 1 月，中国国民党第一次全国代表大会在广州召开，孙中山主持了大会，改组国民党，提出“联俄、联共、扶助农工”三大政策。同年，创立黄埔军校，为建立革命军队打下基础。1925 年 3 月 12 日逝世于北京。

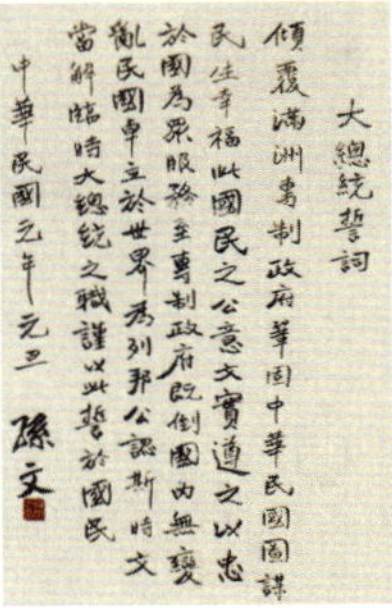

大總統誓詞

傾覆滿洲專制政府，鞏固中華民國，圖謀民生幸福，此國民之公意，文實遵之，以忠於國，為眾服務。至專制政府既倒，國內無變亂，民國卓立於世界，為列邦公認，斯時文當解臨時大總統之職。謹以此誓於國民。

中華民國元年元旦 孫文

孙中山就任临时大总统时的誓词

宋庆龄

宋庆龄（1893 年 ~ 1981 年），海南文昌人。1908 年赴美留学，1915 年与孙中山结婚，全力协助孙中山从事革命活动。在孙中山逝世后的数十年里，她与中国共产党风雨同舟，为国家、民族、人民做出了重大贡献。1949 年 9 月当选为中央人民政府副主席。此后曾担任世界保卫和平委员会执行局委员、亚洲及太平洋区域和平联络委员会主席、全国人大常委会副委员长、全国政协副主席等职。她长期主持中国救济总会、中国红十字会的工作，关注新中国的妇女和儿童，做了许多有益的工作。1981 年 5 月 15 日，中共中央接收她为正式党员。1981 年 5 月 29 日在北京病逝。

◎ 1889 年，各国劳工代表于巴黎集会，成立“国际社会主义者劳动联盟”，即“第二国际”。

◎ 1889 年，日本颁布《日本帝国宪法》，成为亚洲第一个立宪国家。

1894 年

1895 年

1894

甲午战争（1894 年 ~ 1895 年）

甲午海战图

1894年（农历甲午年）日本出兵侵略朝鲜和中国，中国军民奋起抗击，中日战争爆发。日军很快控制了朝鲜半岛，又通过黄海海战掌握了制海权，继而分海陆两路进攻中国的东北和山东沿海城市，清朝北洋舰队覆没殆尽，中国战败。战后双方签订了《马关条约》，中国政府因此背负沉重的外债，半殖民地半封建化程度进一步加深。

《马关条约》

1895年，中日甲午战争结束以后，清政府与日本签订了《马关条约》，主要内容包括：中国承认日本对朝鲜的控制；割辽东半岛、台湾全岛及所有附属岛屿、澎湖列岛给日本；"赔偿"日本军费白银两万万两；增开通商口岸，允许日本人自由贸易，等等。《马关条约》的签订，进一步加深了中国社会的半殖民地化，也成为中国近代民族觉醒的重要转折点。

《马关条约》谈判现场

1895 年，德国物理学家伦琴（1845 年 ~ 1923 年）发现"X 射线"。

袁世凯

袁世凯像

袁世凯（1859年~1916年），北洋军阀首领。1895年，袁世凯受李鸿章等人举荐赴天津小站编练新军，乘机培植起了自己的势力。1898年，袁世凯出卖戊戌变法的维新派，次年镇压义和团运动，成为中外瞩目的实力派人物，后因以他为首的北洋军事政治集团对满族亲贵造成严重威胁，袁世凯暂时去职。1911年辛亥革命后，袁世凯被清王朝重新起用，但他却反戈一击，倡导共和，逼迫清帝退位。1912年，袁世凯成为中华民国临时大总统，并于次年正式就职大总统。1915年，袁世凯企图恢复帝制，遭到一致声讨，于次年被迫取消，继而病死于北京。

张謇

张謇创办的南通博物苑，为中国人最早创办的博物馆。

张謇（1853年~1926年），近代立宪派、资本家。生于江苏南通，1894年中状元，后投身实业和教育。1895年，在南通筹办大生纱厂，继而创设淮海实业银行，形成大生资本集团。在经营实业的同时，张謇还举办了一些文化教育事业，把实业、教育称为“富强之本”。在清末参与发起立宪运动。

1897 年

1897

严复与《天演论》

严复（1854 年 ~ 1921 年），中国近代翻译家。早年留学英国，回国后担任教师。中日甲午战争后，他著文抨击封建君主专制，主张向西方国家寻找救国的真理。1897 年，他将英国博物学家赫胥黎的《进化论与伦理学》翻译成了中文，定名《天演论》，第一次把进化论思想系统地介绍到了中国。

严复与《天演论》书影

晚清谴责小说

从 19 世纪晚期开始，中国的内忧外患使人们对清政府失去了信心，这个时期的文学作品加强了对社会现象的反映与批判，出现了一些"谴责小说"，其中有四部著名作品：李宝嘉（1867 年 ~ 1906 年）的《官场现形记》、吴趼人（1866 年 ~ 1910 年）的《二十年目睹之怪现状》、刘鹗（1857 年 ~ 1909 年）的《老残游记》、曾朴（1872 年 ~ 1935 年）的《孽海花》。

京师大学堂

创建于 1898 年的京师大学堂是中国近代最早的大学，办学目的在于"广育人才，讲求时务"。计划设置道、政、农、工、商等科，至 1910 年京师大学堂发展为设有经、法、文、格致、农、工、商七科的大学，1912 年改名北京大学。

现在的北京大学西门

◎ 1897 年，意大利科学家马可尼（1874 年 ~ 1937 年）发明无线电报。

1898 年

戊戌变法　义和团运动（1898 年 ~ 1900 年）

在戊戌政变中遇难的谭嗣同

甲午战争失败以后，以康有为为首的1300多名举子上书光绪皇帝（1875年~1908年在位），要求在中国建立君主立宪，“变法图强”。1898年6月，光绪皇帝开始实行新政，起用维新人士，颁发政治、经济、文化、军事等方面的维新法令。但是，操纵军政大权的慈禧太后等人坚决反对变法维新，于9月21日发动政变，幽禁光绪皇帝，捕杀变法人士，贬黜支持变法的官员，这场改良运动仅持续103天便宣告结束。

义和团原是一个活跃在中国北方以练习武术为主要活动的秘密会社。1898年，义和团运动在山东、河北爆发，随后遍及华北、东北、京津等地，口号是“扶清灭洋”，反对外国侵略势力。清政府既惧怕义和团实力壮大，又默许义和团打击外国势力，以坐收渔翁之利；后迫于帝国主义国家的压力，清政府开始进行血腥镇压，义和团运动失败。

义和团“扶清灭洋”旗

◎ 1898 年，波兰科学家居里夫人（1867 年 ~ 1934 年）发现放射性元素——镭。

康有为

康有为像

康有为（1858年~1927年），广东南海人，初学传统儒学，1879年接受改良思潮，开始糅合古今中西之学，改良政治。1891年，先后刊印《新学伪经考》、《孔子改制考》，用孔教名义提出变法要求，力主学习西方的君主立宪制，实现中国富强。1895年~1898年，先后创立《万国公报》、强学会、保国会，4次上书光绪皇帝，最终促成戊戌变法。变法失败之后，流亡海外，力主立宪保皇，反对共和。晚年著述讲学，著作颇丰。

梁启超

梁启超（1873年~1929年）是康有为的学生，也是康有为变法的主力。他利用在上海主办报纸的机会，发表了很多鼓吹变法维新的文章，在社会上产生了很大影响。变法失败后逃亡日本，坚持立宪保皇，1913年回到中国。梁启超在学术方面的成就更为突出，他学贯中西，涉猎广泛，在文学、史学、哲学、佛学等诸多领域都有较深的造诣。

梁启超及其主办的《时务报》

1900 年

1901 年

1901

八国联军侵华

《辛丑条约》

八国联军在天津大沽口登陆情景

1900年，英、美、德、法、俄、日、意、奥八个国家为了达到瓜分中国的目的，借口义和团运动和清政府"排外"，组成侵华联军，先侵占大沽炮台和天津，继而攻陷北京，恣意烧杀淫掠。慈禧太后携光绪皇帝仓皇逃往西安，委任李鸿章等人与上述八国及西班牙、比利时、荷兰的代表谈判，最后签订了《辛丑条约》，联军才最终撤出北京。

《辛丑条约》是1901年俄、英、美、德、法、日、意、奥、西、比、荷11国与以李鸿章为代表的清政府签订的条约。内容主要包括：惩办包庇义和团的官员，赔款白银4.5亿两，各国设置常驻卫队保卫使馆区，拆毁大沽炮台，北京至山海关铁路沿线驻扎外国军队，禁止中国人成立或参加"与诸国仇敌"的组织，等等。《辛丑条约》全面侵犯了中国的主权，扩大和加深了帝国主义对中国的统治。

《辛丑条约》谈判现场

章炳麟

章炳麟像

章炳麟（1869年～1936年），号太炎，早年倾向维新，后倡言革命，同改良派论战。辛亥革命后，由日本回国，继续从事政治活动。五四运动后，反对新文化运动，宣扬“尊孔读经”，于1935年在苏州设馆讲学。他早年受过严格的中国古典文化教育，在哲学、文学、史学、语言学等方面都有精深研究，取得了非常大的成就，世人称他为“国学大师”。

陈天华

陈天华（1875年～1905年）是中国近代革命宣传家、活动家，他撰写的《猛回头》、《警世钟》等通俗读物，在宣传民主革命、鼓动推翻清王朝方面影响巨大。1905年，他参与起草同盟会会章，拟定《革命方略》。同年11月，日本驱逐清朝留日学生，他坚决主张归国，反对忍辱留日。为抗议日本政府和唤起同胞觉醒，陈天华于12月8日在日本东京大森湾蹈海自尽，留《绝命书》以激励中国留学界。

《警世钟》与《猛回头》书影

1903年，俄国社会民主工党第二次代表大会召开，把实现无产阶级专政写入党的纲领，出现了布尔什维主义。

邹容

邹容像

邹容（1885 年 ~ 1905 年）是中国近代的革命理论家，17 岁赴日留学。1903 年，邹容返回上海，写成《革命军》一书，号召推翻清朝统治，建立中华共和国，成为当时最具革命感染力的论著。后邹容被清政府逮捕入狱，两年后死于狱中。

《革命军》书影

秋瑾

秋瑾（1879 年 ~ 1907 年），近代民主革命烈士。1904 年赴日留学，积极参加留日学生的革命活动，次年先后加入光复会和同盟会。1906 年反对日本取缔留学生而归国，提倡女权，宣传革命。1907 年，组织光复军，准备反清起义。后起义失败，被捕遇害。

秋瑾像

科举制度的废除

清末广州贡院

在1898 年的变法维新中，光绪皇帝诏令保留科举制度，只是废除八股，改试策论。1905 年，存在了 1300 多年的科举制度终于被完全废除，此后新式学堂毕业的学生、具有外国高等院校学历的人在政府部门中占据的比例越来越大，中国的教育制度开始向具有近代意义的教育体制转化。

1905 年

1905

▶中国同盟会 ▶詹天佑与京张铁路（1905 年 ~ 1909 年）

1905年，一些以推翻帝制、建立共和为宗旨的革命团体在孙中山的倡导之下，在日本东京组成了一个全国性的革命组织——中国同盟会，他们明确提出了“驱除鞑虏，恢复中华，建立民国，平均地权”的革命纲领，制订《中国同盟会总章》和《革命方略》，在国内外各地建立支部或分会，从事革命活动。1911 年，中国同盟会本部由日本迁至上海，再迁往南京，1912 年改组为中国国民党。

京张铁路通车典礼

孙中山与新加坡同盟会会员合影

詹天佑像

詹天佑（1861 年 ~ 1919 年）1872 年随第一批留美幼童赴美留学，1881 年毕业于耶鲁大学工学院土木工程系铁路工程专业。1905 年到 1909 年，他设计、主持修建了中国第一条自筹资金、自行勘探和施工的干线铁路——京张铁路，创造性地使用了人字形轨道，比原定计划提前两年通车，筑路费用也仅为外国人估价的七分之二。

◎ 1905 年 ~ 1907 年，俄国第一次资产阶级民主革命。

◎ 1907 年，英俄协定签字，标志着英、法、俄三国协约建立，欧洲两大军事集团最终形成。

1911 年

末代皇帝溥仪

溥仪像

溥仪（1906 年 ~ 1967 年）是清朝末代皇帝。1908 年登位，年号宣统，1912 年 2 月退位。1917 年曾被拥复辟，仅 12 天便失败。1924 年 11 月被废除帝号逐出皇宫。1932 年在侵华日军策划下的伪满洲国"执政"，1934 年称"满洲帝国皇帝"。1949 年后，溥仪被苏联红军移交中国政府，1959 年获特赦释放，后从事文史研究工作。1967 年病逝于北京。著有《我的前半生》。

辛亥革命

从 20 世纪初开始，革命思潮、革命组织发展迅速。1911 年，当清政府准备将全国铁路修筑权转让给外国时，举国反对。10 月 10 日武昌起义爆发，接着十多个省宣布独立，清政府迅速解体。1912 年 1 月 1 日，孙中山在南京就任临时大总统，成立中华民国临时政府。2 月 12 日，清帝退位，结束了中国两千多年的王朝体制和君主专制，而代之以共和体制。1911 年是中国农历的辛亥年，故称"辛亥革命"。

中华民国第一次国民代表会议会场

1910 年，日本强迫朝鲜签订《日韩合并条约》，正式吞并朝鲜。

1912年1月1日

8月25日

1912

中华民国正式成立

1912年1月1日，孙中山宣誓就任中华民国临时大总统，亚洲第一个民主共和国——中华民国正式成立。3月11日，带有资产阶级共和国宪法性质的《中华民国临时约法》颁布。

《中华民国临时约法》

《中华民国临时约法》的前身是《中华民国临时政府组织大纲》，分总纲、人民、参议院、临时大总统副总统、国务员、法院、附则等七章，共五十六条，对中华民国的国家性质与制度、人民的权利和义务、政府组织形式等做出了规定。《临时约法》确立起资产阶级民主共和国的体制，使民族共和的观念深入人心，是一个具有历史性的进步。

中国国民党成立

1912年8月25日，中国同盟会、统一共和党、国民公党、国民共进会和共和实进会5个政团，合并为中国国民党，是日在北京召开成立大会，通过《国民党政见宣言》及政纲，选举孙中山、黄兴、宋教仁等9人为理事，阎锡山、张继、李烈钧、胡瑛等30人为参议，孙中山任理事长。国民党成立后，为中国第一大党。

宋教仁像

◎ 1912 年 3 月，保加利亚、塞尔维亚、希腊和门的内哥罗为反对土耳其而建立的政治军事联盟——巴尔干同盟成立。

◎ 阿尔弗雷德·韦戈纳提出大陆漂移说。

1913年7月12日

1915年5月9日

二次革命（1913年7月12日～9月1日）

1913年3月10日，袁世凯接任中华民国临时大总统， 在国会召开前夕，他派人暗杀了本应出任内阁总理的宋教仁。4月，又非法签订善后大借款，为发动内战筹集经费。7月12日，江西都督李烈钧在孙中山的指导下通电讨袁，随后江苏、广东、上海、安徽、福建、湖南、四川等地相继宣布独立，史称“二次革命”。但未足两月即告失败，建立民主国家必须的举措，如民选议会、以法治国等，都失去了健康发展的契机。

袁世凯接受丧权辱国的“二十一条”

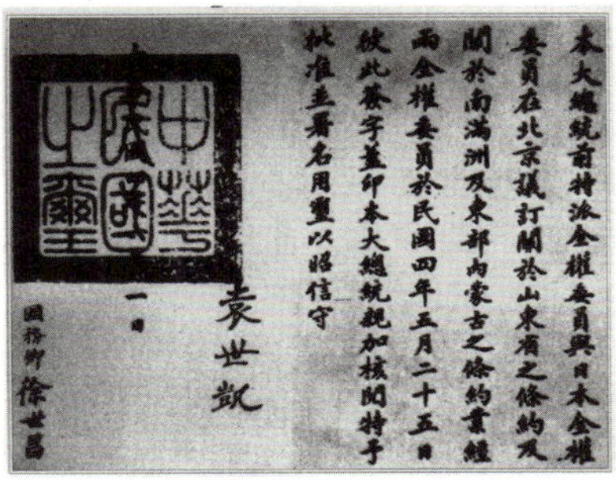
本大總統前特派全權委員與日本全權
委員在北京議訂關於山東省之條約及
關於南滿洲及東部內蒙古之條約業經
兩全權委員於民國四年五月二十五日
竣此簽字蓋印本大總統親加核閱特予
批准並署名用璽以昭信守

袁世凱

中華民國之璽

一日

國務卿 徐世昌

袁世凯批准接受“二十一条”的文书

1915年1月18日，日本驻华公使日置益晋见袁世凯，递交了企图把中国的领土、政治、军事及财政等都置于日本控制之下的“二十一条”文件。此后日本帝国主义威胁利诱，历时五个月的交涉，最终迫使袁世凯政府在5月9日接受“二十一条”中的部分条款。

◎ 1914 年 6 月 28 日，萨拉热窝事件。7 月 28 日，奥匈对塞尔维亚宣战，第一次世界大战爆发。

新文化运动开始

陈独秀与《青年杂志》创刊号

李大钊

李大钊（1889 年 ~ 1927 年），中国最早的马克思主义者，中国共产党的创始人和早期领导人，河北乐亭人。早年赴日留学，回国后积极参加新文化运动。俄国十月革命后，迅速接受和传播马克思主义，发表《庶民的胜利》、《布尔什维主义的胜利》等文章，创办《每周评论》，积极领导五四运动。1920 年在北京发起组织马克思学说研究会和共产主义小组。中国共产党成立后，负责北方党区的工作，在第一次国共合作中发挥了重要作用。1927 年被奉系军阀张作霖杀害。

新文化运动是一场反对封建思想的启蒙运动。1915年9月，陈独秀主编的《青年杂志》（第二卷起改为《新青年》）出版，揭开了这场运动的序幕。一批激进的知识分子，如陈独秀、李大钊、鲁迅、胡适等纷纷发表文章，高举民主和科学的大旗，反对旧思想，提倡新思想；反对旧道德，提倡新道德；反对旧文学，提倡新文学，猛烈冲击封建主义，广泛宣传民主主义，促进了人民的思想解放。1917年俄国十月社会主义革命和1919年的五四运动发生后，马克思主义开始在中国广泛传播，逐渐成为新文化运动的主流。

李大钊与《每周评论》

护国运动

蔡锷像

二次革命失败后，袁世凯迫使国会选举其为中华民国第一任大总统，下令解散国民党、停止参众议员职务、解散各省议会，并于1914年5月1日颁布《中华民国约法》，为其复辟称帝提供法理基础。1915年12月，袁世凯发布命令承受帝位，并宣布改翌年为"中华帝国洪宪元年"。12月25日，蔡锷发起讨袁护国运动，与唐继尧、李烈钧联名宣布云南独立，并率军向北、向东进攻，形成全国规模的反袁斗争，迫使袁世凯于次年3月23日取消帝制。6月6日，袁世凯忧惧而死，此后西南各省实力派联合北洋军阀段祺瑞，以黎元洪继任总统和恢复国会为条件，结束了护国运动。

北洋军阀

北洋军阀是民国军阀势力之一，由袁世凯掌权后的北洋新军主要将领组成。袁世凯死后，分裂为皖系、直系、奉系三大派系，主要首领先后有段祺瑞、冯国璋、王士珍、曹锟、吴佩孚、张作霖、孙传芳等。各派系之间争权夺利，混战不断，北京政权亦由不同时期的军阀所控制，故北京政府又有北洋军阀政府或北洋政府）的称呼。直到1928年张学良"东北易帜"，北洋军阀才彻底覆灭。

袁世凯（前排左三）与北洋军阀将领的合影

◎ 1916年2月21日～12月18日，第一次世界大战的转折点——凡尔登战役，从此德意志帝国开始走向最终失败。

1917年1月4日

▶蔡元培就任北京大学校长

蔡元培（1868年～1940年），浙江绍兴山阴县（今绍兴县）人，曾任中华民国首任教育总长，主张采用西方教育制度，废止祀孔读经，实行男女同校等改革措施。1917年，蔡元培就任北京大学校长，主张“思想自由，兼容并包”，实行教授治校，开“学术”与“自由”之风。他支持新文化运动和五四爱国运动，多方营救被捕学生，最后被迫辞职。

7月

▶护法运动（1917年7月～1918年5月）

1919年2月至5月，“南北和平会议”在上海召开。

张勋复辟失败之后，段祺瑞重任国务总理，拒绝恢复《临时约法》和国会。7月12日，孙中山以“拥护约法、恢复国会”为号召，率驻沪海军及部分国会议员到广州，召开国会非常会议，组织护法军政府。9月，孙中山被推举为大元帅，领导滇军、粤军及部分桂军、黔军、川军等，抗击段祺瑞的军事进攻，击败了进入湖南和四川的北洋军阀军队。1918年5月，由于桂、滇军阀的排挤，孙中山愤而去职。护法军政府遂成为南方军阀政权，酝酿南北议和。

1917年7月1日～12日，张勋复辟

1917年6月14日，时任长江巡阅使的张勋以率5000“辫子兵”入京，逼黎元洪解散国会，又将其逐出北京，拥立清废帝溥仪复辟。消息传出后，遭到全国人民的反对，孙中山在上海发表《讨逆宣言》，段祺瑞组成讨逆军讨伐，张勋战败，复辟丑剧仅上演12天就宣告破产，中国随之进入军阀混战时代。

◎ 1917年3月15日，俄国资产阶级民主革命（二月革命）胜利。

◎ 1917年11月7日，俄国爆发了由列宁领导的无产阶级十月革命建立了世界上第一个苏维埃国家——俄罗斯苏维埃联邦社会主义共和国。

1918年5月15日

鲁迅发表《狂人日记》

1918年5月15日，鲁迅在《新青年》第四卷第五号上发表了中国现代文学史上第一篇白话小说《狂人日记》。小说以一个精神病患者的日记片段，反映了当时的先进知识分子面对沉重的封建社会迫害的复杂心态，并通过“狂人”反反复复地研究“吃人”的问题，从历史的角度揭露、抨击封建家族制度和礼教的弊害，发出了“救救孩子”的呼号，从而奠定了新文学运动的基石。

鲁迅在北京师范大学演讲

鲁迅

鲁迅（1881年～1936年），原名周树人，浙江绍兴人，中国现代文学家、思想家、革命家。早年赴日学医，后转事文艺工作，企图用以改变国民精神，五四新文化运动前后，参加《新青年》杂志编辑工作，高举新文化运动的大旗。20世纪20年代陆续出版《呐喊》、《坟》、《热风》、《彷徨》、《野草》、《朝花夕拾》、《华盖集》、《华盖集续编》等专集，表现出爱国主义和彻底的革命民主主义思想。1930年起，先后参加中国左翼作家联盟、中国民权保障同盟等，介绍马克思主义文艺理论，拥护中国共产党关于建立抗日民族统一战线的主张。从1927年到1935年，创作了《故事新编》、《而已集》、《三闲集》、《二心集》、《南腔北调集》等杂文集，深刻分析了各种社会问题，表现出卓越的政治远见和坚韧的战斗精神。同时领导“未名社”、“朝花社”等进步文学团体，主编《莽原》、《奔流》、《萌芽》等文艺期刊，热忱关怀和培养青年作者。

1919年5月4日

1919

五四运动爆发

第一次世界大战结束以后，英、法、美、意、日等国家在法国巴黎召开“和平会议”，中国北洋政府向和会提出希望帝国主义放弃在华特权，要求取消“二十一条”和收回被日本夺去的原德国在山东的权利，遭到与会帝国主义国家的拒绝，而北洋政府竟然准备在和约上签字。消息传出，举国愤怒。1919年5月4日，北京学生三千余人在天安门前集会，高呼“外争国权、内惩国贼”、“取消二十一条”、“拒绝和约签字”等口号，会后举行游行示威，遭到了北洋政府的镇压。随后，抗议风潮迅速蔓延至上海等22省的150多个城市，学生罢课、工人罢工、商人罢市，最终迫使中国代表团拒绝在巴黎和约上签字。

五四运动中上海商界罢市游行

◎ 1919 年 1 月 5 日，德国纳粹党成立。

◎ 1919 年 1 月 18 日 ~ 6 月 28 日，巴黎和会召开，处理第一次世界大战战后问题。

◎ 1919 年 3 月，第三国际（共产国际）成立。

◎ 1920 年 1 月 10 日，国际联盟成立。

1921年7月23日

中国共产党成立（1921年7月23日 ~ 31日）

通过马克思主义学说在中国的广泛传播，以及各地共产主义小组的筹划准备，中国工人阶级政党的成立条件已经成熟。1921年7月23日 ~ 31日，中国共产党第一次全国代表大会在上海举行（期间转至浙江嘉兴南湖）。出席大会的有毛泽东、何叔衡、董必武、王尽美、邓恩铭、李达、李汉俊、张国焘、刘静仁、陈公博、周佛海，及陈独秀的代表包惠僧。他们代表了全国50多名党员。大会讨论了党的基本任务、组织原则、组织机构等问题，制定了党纲，陈独秀当选为中央局书记。中国共产党从此诞生。

中共一大会址

毛泽东

毛泽东（1893 年 ~ 1976 年），湖南省湘潭人。毛泽东是伟大的马克思主义者，伟大的无产阶级革命家、战略家和理论家，近代以来中国伟大的爱国者和民族英雄，中国共产党和中华人民共和国第一代领导集体的核心。他是中国共产党的创始人之一，对中国共产党的诞生和初期发展发挥了关键性的作用。1935 年遵义会议之后，他一直是中国共产党最重要的领导人。他是新中国的缔造者之一，为中国社会主义事业的发展建立了不朽功勋。以他命名的毛泽东思想已写入《中华人民共和国宪法》，成为中国人民和中国共产党人的指导思想和精神财富。毛泽东一生著述颇丰，有《毛泽东选集》（五卷）、《毛泽东诗词》行世。

- 1921 年 11 月 12 日，英、美、日、法、意、中、荷、葡、比 9 国在美国华盛顿举行“华盛顿会议”。
- 1922 年 1 月 11 日，加拿大多伦多综合医院的医生班廷博士首次使用胰岛素治疗糖尿病。
- 1922 年 12 月 30 日，俄罗斯联邦、南高加索联邦、乌克兰、白俄罗斯 4 个苏维埃社会主义共和国结成联盟，成立苏维埃社会主义共和国联盟（简称苏联）。

1924年1月

第一次国共合作（1924年1月～1927年7月）

1923年6月，中国共产党确定了全体共产党员以个人名义加入国民党，与国民党建立革命统一战线的方针。1924年1月20日至30日，在中国共产党的参加与帮助下，孙中山在广州召开中国国民党第一次全国代表大会，确定了联俄、联共、扶助农工的三大政策，改组国民党，实现国共的第一次合作。国共合作开创了中国革命的新局面，创建黄埔军校，发展工农革命运动，实施北伐。但是，革命统一战线仅维持了三年多时间，蒋介石、汪精卫先后发动反革命政变，国共合作宣告破裂。

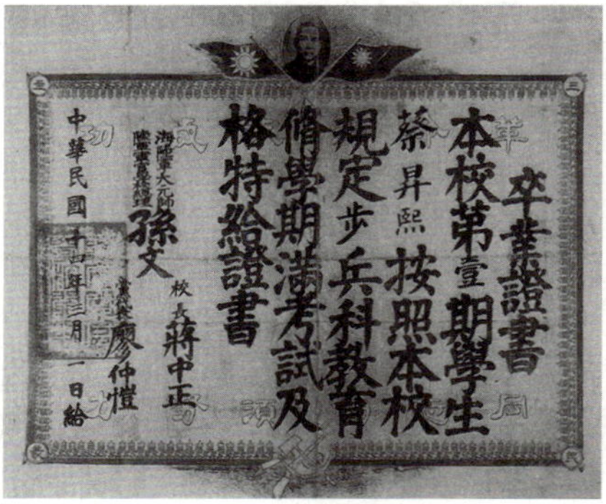

黄埔军校第一期毕业证书

黄埔军校

黄埔军校本名中国国民党陆军军官学校，成立于1924年6月16日，校址设于广东省广州市黄埔区长洲岛，因此称黄埔军校。这所军校是孙中山在中国共产党和苏联的积极支持和帮助下创办的，是第一次国共合作的产物，孙中山任军校总理，蒋介石任校长，廖仲恺任国民党代表，周恩来、恽代英、叶剑英、聂荣臻等共产党人都曾在学校担任政治领导工作和其他重要职务。大多数学员毕业后在国民党军队中任职，也有少数先进分子成为中国共产党领导的革命军队的骨干。

◎ 1924年11月30日，人类首次通过无线电波将一张图片传送过大西洋。

1926年7月

北伐战争（1926年7月～1928年12月）

国共合作后，国民党军队先后进行了东征、南征，肃清了广东境内的军阀势力，于1925年7月1日建立了广东国民政府。1926年2月，中国共产党提出出兵北伐、推翻军阀统治的主张。7月1日，广东国民政府发表《北伐宣言》，随后蒋介石就任国民革命军总司令，国民革命军分三路开始北伐，共产党组织并发动广大工农群众积极配合，沉重打击了北洋军阀的统治。但正在革命形势一片大好之时，蒋介石、汪精卫于1927年先后发动反革命政变，导致第一次国共合作破裂。直到1928年12月29日，张学良通电全国“东北易帜”，服从南京国民政府，北伐战争方告成功。

北伐的国民革命军在行军途中

蒋介石

蒋介石（1887年～1975年），名中正，字介石。早年加入中国同盟会，追随孙中山。1924年国民党改组后，任黄埔军校校长、广州警备司令、国民革命军第一军军长。1926年制造“中山舰事件”和“整理党务案”，排斥共产党人，得任国民党中央执行委员会常委会主席、组织部长，国民政府军事委员会主席、国民革命军总司令等职。1927年发动四一二反革命政变，使国共合作破裂。南京国民政府成立后，蒋介石历任军事委员会委员长、中央政治会议主席、行政院长和政府主席兼海陆空三军总司令。九一八事变后，对日本帝国主义的武装侵略实行不抵抗政策，坚持“攘外必先安内”，继续进行反共内战。1936年西安事变后，被迫接受第二次国共合作，共同抗日。抗战时期，任国民党总裁、同盟国中国战区最高统帅，多次掀起反共高潮。1943年9月再度出任国民政府主席。抗战胜利后，一面与中国共产党进行和谈，一面部署内战，1946年命令向解放区发动进攻。1949年在反共内战失败后去台湾，任台湾当局“总统”和国民党总裁。

◎ 1925年1月6日，墨索里尼组建法西斯内阁，在意大利实现独裁。

◎ 1925年10月16日，英、法、德、意、比、捷、波七国签署《洛迦诺公约》。

1927年4月12日

1927

四一二反革命政变与第一次国共合作破裂

四一二反革命政变之后，蒋介石成立南京国民政府。

汪精卫

汪精卫（1883 年 ~ 1944 年），浙江绍兴人，早年参加同盟会，辛亥革命后拥护袁世凯，后又投奔孙中山。1925 年任广东国民政府常委会主席兼军事委员会主席，1927 年发动七一五反革命政变，后任南京国民政府行政院院长兼外交部长。抗日战争期间，汪精卫对日妥协投降，于 1940 年 3 月在南京成立伪国民政府，建立伪军和特务组织，残酷统治沦陷区人民，并配合日军对敌后抗日根据地进行封锁。1944 年死于日本。

1927年4月12日，以蒋介石为首的国民党右派在上海发动反革命政变，逮捕和屠杀共产党员、革命群众。在此之前，蒋介石从1926年就通过“中山舰事件”及一系列的枪杀、暴乱事件开始“清党反共”，而以陈独秀为首的中共中央严重右倾，对蒋介石抱有幻想，导致中国共产党的力量遭到严重损失。4月18日，蒋介石在南京建立代表大地主大资产阶级利益的国民政府。7月15日，汪精卫领导的武汉国民政府（原广州国民政府）叛变革命，执行分共计划，疯狂屠杀共产党员和革命分子。至此，第一次国共合作全面破裂，中国大革命失败。

南昌起义

大革命失败后，中国共产党决定举行武装起义，南下广东建立革命根据地。1927年8月1日，周恩来、贺龙、叶挺、朱德、刘伯承等领导国民革命军两万余人，在江西南昌起义。起义胜利后，部队退出南昌，再向广东进发的途中，多次打破国民党军的阻截，但在10月初队伍被打散，一部分在朱德、陈毅的率领下转战湘南，上了井冈山；一部分加入海丰、陆丰地区的革命斗争。南昌起义打响了武装反抗国民党反动派的第一枪，标志着中国共产党独立地领导人民革命战争、创建人民军队和武装夺取政权的开始。

南昌起义总指挥部旧址——江西大旅社

周恩来

周恩来（1898年～1976年），浙江绍兴人，生于江苏淮安，是中国共产党、中华人民共和国和中国人民解放军的主要缔造者和领导人之一。1917年天津南开学校毕业后留学日本。五四运动中，在天津组织觉悟社，从事反帝、反封建的革命活动。1920年赴法国勤工俭学，1921年加入中国共产党。1927年南昌起义后，一直是中国共产党的核心领导之一。1949年中华人民共和国成立后，一直担任政府总理，曾兼任外交部长，同时担任中共中央、中央军委、全国政协的领导职务，为中国的革命事业和社会主义建设事业鞠躬尽瘁、死而后已。

井冈山革命根据地的创建

1927年8月7日，中共中央在湖北汉口秘密召开紧急会议，确定了土地革命和武装反抗国民党反动派的总方针。这次会议后，毛泽东作为中央特派员到湖南改组省委，并于9月9日领导发动了湘赣边界的秋收起义，随后将起义部队带到敌人控制比较薄弱的山区寻求立足地。在随后的进军途中，部队进行了著名的三湾改编，将党的支部建在连队上。10月上旬，起义部队到达湘赣边界罗霄山脉中段的江西宁冈县茅坪，开创第一个农村革命根据地——井冈山革命根据地，从此开辟了建立农村革命根据地，以农村包围城市，武装夺取政权的道路。1928年4月，朱德、陈毅率领的南昌起义军余部由湘南转移到井冈山。两军会师后，合编为中国工农革命军第四军，朱德任军长，毛泽东任党代表兼军委书记，辖一万余人。这次会师，壮大了井冈山革命根据地的力量，对红军和土地革命战争的发展具有重大意义。

朱德

朱德（1886年～1976年），四川仪陇县，毕业于云南讲武堂，曾参加辛亥革命，1922年11月加入中国共产党。1927年8月1日参与领导南昌起义，后率部上井冈山与毛泽东会师，建立工农红军和革命根据地。解放战争时期，任中国人民解放军总司令，参与组织和指挥中国人民解放军解放全中国。新中国成立后，曾任中央人民政府副主席、中国人民解放军总司令、全国人大常委会委员长等职，位列中华人民共和国十大元帅之首。

《井冈山会师》油画

◎ 1928年2月13日，英国细菌学家、医学家弗莱明发现青霉素。

◎ 1929年～1933年，西方世界发生经济危机。

1931年9月18日

九一八事变

九一八事变后成为一片废墟的东北军驻地北大营

1931年9月18日，日本关东军蓄意炸毁柳条湖附近南满铁路的一段路轨，反诬中国军队破坏，以此为借口，突然向沈阳中国东北军驻地发动进攻，次日占领沈阳，并向东北其他地区发动进攻。时任国民政府东北边防司令长官的张学良执行蒋介石的不抵抗命令，将军队撤入关内，次年2月日本关东军占领东北全境。3月9日，日本帝国主义扶植清朝末代皇帝爱新觉罗·溥仪成立傀儡政权“满洲国”，使之成为日本帝国主义统治东北，实行政治、军事、经济、文化侵略的工具。

◎ 1933 年初，富兰克林·罗斯福当选美国总统，开始实施旨在挽救经济危机的新政。

◎ 1933 年 1 月 4 日，柏林 10 万人反法西斯示威游行。

◎ 1933 年 2 月 27 日，德国国会纵火案。

1934年10月

1934

中国工农红军长征（1934年10月～1936年10月）

1928年，工农红军离开井冈山根据地转战到赣南的瑞金建立苏维埃政权，扩大了中央苏区。从1930年冬到1934年，国民党军队先后对中央苏区发动了五次“围剿”。1934年10月，由于王明“左”倾冒险主义的错误领导，中央红军在第五次反“围剿”中失利，被迫开始长征。1936年10月，红军第一、二、四方面军在甘肃会宁胜利会合，结束了长征，其中红一方面军行程在二万五千华里以上。在两年的时间里面，红军翻雪山、过草地，辗转十四省，突破数十万国民党军的围追堵截，将中国革命的大本营转移到了西北，为开展抗日战争和发展中国革命事业创造了条件。这次长征堪称人类历史上的伟大奇迹。

红军在翻越雪山

中央苏区

从1927年10月开始创井冈山革命根据地到1931年秋的4年时间里，中国共产党领导人民创建了10多块革命根据地，掀起了土地革命的高潮。1930年12月到1931年9月，毛泽东、朱德领导红军连续取得第一、二、三次反“围剿”的胜利，赣南、闽西两块革命根据地连成一片，形成了以瑞金为中心的拥有21座县城、5万平方公里面积、250万人口的全国最大的革命根据地——中央苏区。1931年11月7日至20日，中华苏维埃第一次全国代表大会在瑞金隆重开幕。大会通过了《中华苏维埃共和国宪法大纲》以及《中华苏维埃共和国土地法》、《中华苏维埃共和国劳动法》等法律文件，选举产生了毛泽东、项英、周恩来、朱德等63人组成的中央执行委员会，设立中华苏维埃中央革命军事委员会，朱德任主席，王稼祥、彭德怀任副主席，此次大会宣告了中华苏维埃共和国临时中央政府的成立。

◎ 1934年1月26日，德国与波兰签署十年互不侵犯条约。

1935年1月15日

1936年12月12日

1936

遵义会议（1935年1月15日～17日）

遵义会议会址

1935年中国工农红军长征到达贵州，1月15日～17日，中共中央政治局在贵州遵义召开扩大会议。会议批评了第五次反“围剿”和长征以来中共中央在军事领导上的错误，肯定了毛泽东等关于红军作战的基本原则，推选毛泽东为政治局常委，组成了毛泽东、周恩来、王稼祥三人小组，负责领导军事行动。遵义会议结束了王明“左”倾冒险主义在中央的统治，确立了以毛泽东为代表的新的中央的正确领导，在极端危急的历史关头挽救了党和红军，是中国共产党历史上一个生死攸关的转折点。

西安事变

在日本帝国主义不断扩大对中国侵略的形势下，蒋介石坚持“攘外必先安内”，强令以张学良为首的东北军和杨虎城为首的十七路军继续“剿共”，12月4日又亲到西安督战。张、杨在多次“诤谏”无效的情况下，于12月12日发动兵谏，扣留蒋介石于临潼华清池，并通电全国，提出改组南京政府、停止内战等八项主张。西安事变发生后，中共派周恩来等前往西安进行谈判，迫使蒋介石接受了停止内战、联共抗日、改组国民党与国民政府、释放爱国人士和政治犯等主张。西安事变的和平解决，使国共两党得以再次合作，中华民族抗日统一战线正式形成。

西安事变和平解决后，周恩来（左四）等回到延安与毛泽东（左三）等在机场留影。

- 1936 年 3 月 7 日，德军违反凡尔赛条约进驻莱茵兰。
- 1936 年 10 月 25 日，德国和意大利签订《柏林协定》，形成“柏林—罗马”轴心。
- 1936 年 12 月 5 日，苏联颁布新宪法，标志着社会主义制度在苏联确立。

1937年7月7日

七七事变

卢沟桥的中国守军在掩体后准备战斗

1937年7月7日夜，驻北平丰台的日军诡称演习中“失踪”一名士兵，要求进入北平西南的宛平县城搜查，遭到中国守军的拒绝，日军遂向卢沟桥一带发起进攻，中国驻军奋起抗击。8日，中国共产党通电全国，号召全民族抗战。随后，日本不断向平津一带增兵，至7月30日，平津陷落。七七事变是日本帝国主义全面侵华的开始，中国由此开始了八年的抗日战争。

被日军屠杀的中国人的尸体

1937年12月13日~1938年2月5日，南京大屠杀

七七事变后，日本大举侵略中国，直逼南京。1937年11月南京国民政府迁往重庆。1937年12月13日，南京沦陷，日军逢人便杀，见房就烧，奸淫掳掠，有计划地对南京人民进行了长达六周的血腥大屠杀。中国军民被集体枪杀和活埋的达十九万之多，零散被杀居民仅收埋的尸体就有十五万多具，此即骇人听闻的南京大屠杀。

1938年4月

1940年8月

台儿庄大捷

李宗仁

为了迅速实现灭亡中国的侵略计划，日军在1937年12月先后占领南京、济南后，又于次年从南北两端沿津浦铁路夹击徐州，在台儿庄地区遭到了第五战区司令长官李宗仁指挥的中国军队的顽强抵抗。4月初，中国军队歼灭日军一万余人，取得会战的胜利。台儿庄大捷是抗战爆发后中国在正面战场取得的首次重大胜利，打破了所谓“大日本皇军不可战胜”的神话，改变了国际上对中国抗日战争前途的悲观看法。

百团大战（1940年8月～12月）

1940年8月～12月，彭德怀指挥八路军晋察冀军区、第一二九师、第一二〇师等部共105个团20余万人在华北地区发动了震惊中外的百团大战。战役分为三个阶段，第一阶段以破袭正太铁路（石家庄至太原）为重点，第二阶段重点攻击交通线两侧以及根据地内的日伪据点，第三阶段是反击日伪军对抗日根据地的扫荡。百团大战是抗日战争时期，八路军为打击日军在中国华北地区发动的一次规模最大、持续时间最长的战役。

彭德怀在前线指挥战斗

- 1938 年 11 月 9 日，“水晶之夜”事件标志着纳粹对犹太人有组织的屠杀的开始。
- 1939 年 8 月，苏联与德国签署有效期为 10 年的《苏德互不侵犯条约》。
- 1939 年 9 月 1 日，德国闪击波兰，第二次世界大战在欧洲爆发。
- 1940 年 9 月 27 日，德国和意大利接受日本加入轴心国，签署《三国公约》，柏林—罗马—东京轴心正式形成。

1941年1月6日

5月

1941

▶ 皖南事变

▶ 延安整风运动（1941年5月～1945年4月）

1940年下半年，国民党集团掀起第二次反共高潮，强令在长江南北和黄河以南坚持抗战的新四军、八路军，在一个月内全部撤到黄河以北。中国共产党拒绝了这种无理要求，但做出一定的让步，决定将皖南新四军撤到长江以北。1941年1月4日，驻皖南的新四军共9000多人，在叶挺、项英率领下，由泾县云岭起程北上。1月6日，当部队到达茂林地区时，突然遭到国民党8万多人的包围袭击，除约两千人突围外，大部分壮烈牺牲，军长叶挺被扣押，副军长项英被杀害，这就是震惊中外的“皖南事变”。1月20日，中共中央军委重建新四军军部，任命陈毅为代理军长，刘少奇为政治委员，整饬部队，坚持抗战。

皖南事变后周恩来在《新华日报》发表的题词

遵义会议后，中国共产党逐渐纠正了“左”倾错误，但“左”倾错误思想根源并未彻底肃清。为了提高全党的马克思主义水平，从1941年5月起，毛泽东先后作了《改造我们的学习》、《整顿党的作风》、《反对党八股》的报告，号召全党反对主观主义以整顿学风，反对宗派主义以整顿党风，反对党八股以整顿文风，在全党掀起整风运动。1945年4月，中共六届七中全会召开，通过了《关于若干历史问题的决议》，对党的历史作出正确结论，整风运动全面结束。在这场运动中，党中央始终坚持“惩前毖后、治病救人”的方针，达到既要弄清思想，又要团结同志的目的，使广大党员、干部受到了一次深刻的马克思主义教育，统一了全党的认识，使全党达到了空前团结，为夺取中国革命的胜利奠定了坚实的基础。

八路军官兵在学习整风文件

◎ 1941年12月7日，日本偷袭珍珠港，太平洋战争爆发，美国对日宣战，还有其他20多个国家同时对日宣战，第二次世界大战全面爆发。

◎ 1942年1月1日，美、苏、英、中等26个国家在华盛顿签署《联合国家宣言》。宣言的主要内容是：签字国保证运用军事和经济的全部资源同与之处于战争状态的轴心国及其仆从国家作战、各国保证不与敌国单独缔结停战协定或和约等。

◎ 1942年6月4日～7日，中途岛战役成为太平洋战争转折点。

◎ 1942年7月7日～1943年2月2日，斯大林格勒保卫战，这是第二次世界大战的转折点。

日本政府签署投降书，中国抗日战争结束

1945年9月9日，中国战区日本投降仪式在南京举行。

1945年8月15日，日本天皇宣布无条件投降。9月2日上午9时，日本在投降书上签字，至此中国人民历时八年的抗日战争胜利结束。抗日战争期间，中国军民共毙伤俘日军155万余人，伪军118万人，接受投降日军128万余人。中国人民伤亡3120余万人，中国军队伤亡380万人，直接经济损失1000亿美元，间接经济损失5000亿美元。

重庆谈判与《双十协定》

毛泽东（右）在重庆谈判时与蒋介石（左）合影

抗日战争胜利后，国民党政府为欺骗国内外舆论，争取时间发动内战，在1945年8月由蒋介石出面三次电邀毛泽东到重庆共商国是。中国共产党为争取和平民主，团结、教育广大人民，于8月28日派毛泽东、周恩来、王若飞等从延安飞赴重庆，同国民党谈判。谈判进行了43天。谈判中，蒋介石被迫承认中国共产党提出的和平建国的基本方针，同意召开有各党派代表及社会贤达参加的政治协商会议。但在解放区和军队等根本问题上，蒋介石固执地坚持所谓的党令政令“统一”，以致双方难以达成一致。10月10日，双方签订《政府与中共代表会谈纪要》，即《双十协定》。但不久之后，蒋介石便撕毁协定，向解放区发动进攻。

- 1944 年 6 月 6 日，由美国、英国和加拿大等国部队组成的盟军在法国诺曼底登陆，开辟了第二次世界大战的欧洲第二战场。
- 1945 年 2 月 ~ 11 日，雅尔塔会议召开。
- 1945 年 5 月 8 日，德国无条件投降。
- 1945 年 6 月 26 日，联合国成立。
- 1945 年 8 月 6 日及 9 日，美国使用原子弹先后轰炸日本广岛、长崎。

1946年6月26日

蒋介石开始进攻解放区

1946年6月26日，蒋介石公然撕毁停战协定，开始向解放区发动全面进攻，中共中央制定以歼灭国民党军有生力量而不是以保守地方为主的积极防御的战略方针，指挥解放区军民奋起还击，经过8个月的作战，迫使国民党军放弃全面进攻计划，将进攻重点放在了山东和陕北。1947年6月，人民解放军（解放战争爆发后，中国共产党领导下的八路军和新四军改称中国人民解放军）由战略防御转入战略进攻，以主力一部挺进中原，将战争引向国民党统治区，在外线大规模歼灭国民党军，以部分主力和地方武装坚持内线作战，收复失地。1948年9月，蒋介石对解放区的进攻彻底失败，战争进入到战略决战阶段。

刘邓大军千里挺进大别山

1947年5月

国统区爆发反饥饿、反内战、反迫害运动

为配合人民解放战争，1947年5月，国民党统治区人民在中国共产党领导下，发动了反对美蒋反动派的大规模群众运动。5月4日，上海各高校学生举行游行示威，提出“要生存、要饭吃、反内战、反迫害”的口号，并与工人群众联合包围国民党警察局，国民党政府派军警镇压，激起公愤，斗争迅速扩大到南京、北平、杭州、沈阳、青岛、开封等地。5月20日，国民党政府同时在南京、天津野蛮镇压游行示威的学生，殴伤和逮捕学生百余人，制造“五・二〇血案”。此后，“反饥饿、反内战、反迫害”的爱国民主运动遍及全国六十多个大中城市。

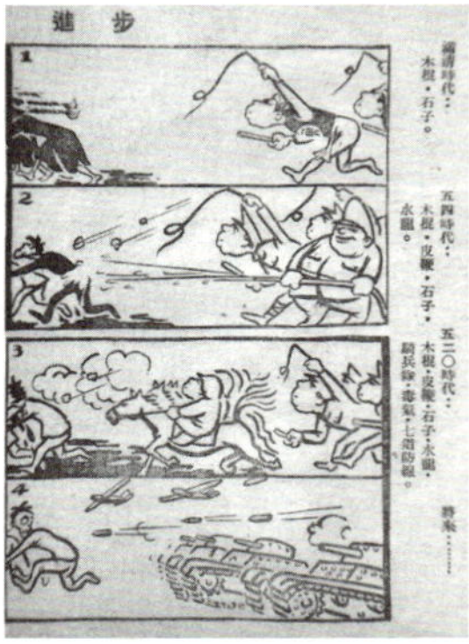

国统区“反饥饿、反内战、反迫害”运动的宣传画

◎ 1946 年 4 月 29 日，远东国际军事法庭开庭。

三大战役（1948年9月～1949年1月）

从1948年9月～1949年1月，中国人民解放军先后发起辽沈、淮海、平津三大战役，解放战争进入到战略决战的阶段。辽沈战役1948年9月12日开始，同年11月2日结束，林彪、罗荣桓等指挥中国人民解放军以伤亡6.9万人的代价，歼灭及改编国民党军47.2万人，解放东北全境。从1948年11月6日～1949年1月10日，刘伯承、邓小平等指挥中国人民解放军在以徐州为中心，东起海州，西迄商丘，北起临城（今枣庄市薛城），南达淮河的广大地区，对国民党军进行了第二次战略性进攻战役，即淮海战役，消灭及改编国民党军约55.5万人，基本上解放了长江以北的华东、中原地区。1948年11月29日，平津战役打响，至次年1月31日北平和平解放，中国人民解放军共歼灭及改编国民党军52.1万人，基本上解放了华北地区。三大战役基本上消灭了国民党赖以维持其反动统治的主要军事力量，奠定了人民解放战争在全国胜利的基础。

1949年4月23日，人民解放军占领南京。

北平和平解放后，人民解放军举行入城仪式。

北平和平解放

1949年1月，据守北平的国民党傅作义部队在人民解放战争形势迅猛发展的情况下，接受北平和平解决问题的条件，宣布自1月22日开始停战，傅作义属下的25万国民党军队撤离市区，到城外指定地点听候改编。1月31日，人民解放军进城接管，北平宣告和平解放。北平的和平解放使平津战役胜利结束，解放了华北地区；它创造的解放国民党军队的“北平方式”成为后来解放湖南、四川、新疆、云南的范例；它使驰名世界的文化古都免于战火而完整地保存下来，为新中国的定都奠定了基础。

◎ 1948年12月10日，联合国大会通过《世界人权宣言》。

1949年10月1日

“开国大典”

开国大典

1949年10月1日，中华人民共和国中央人民政府委员会举行第一次会议，中央人民政府主席、副主席及委员就职。下午3时整，30万军民齐集北京天安门广场，隆重举行开国大典。毛泽东主席按动电钮，升起第一面五星红旗，并宣读《中华人民共和国中央人民政府公告》，向全世界庄严宣布：“中华人民共和国中央人民政府今天成立了！”

中国人民政治协商会议第一届全体会议举行

1949年9月21日，中国人民政治协商会议第一届全体会议在北平举行，参加会议的有由中国共产党、各民主党派、各人民团体、各地区、人民解放军、各少数民族、海外华侨及其他爱国人士的代表共662人。会议通过了《中国人民政治协商会议共同纲领》和关于新中国的国名、首都、国歌、国旗、纪年的决议，选举毛泽东为中华人民共和国中央人民政府委员会主席，确定每年的10月1日为国庆纪念日。

政协第一次全体会议会场

◎ 1949年8月，“北大西洋公约组织”建立，以美、苏为代表的两极格局形成。

1950年2月14日

《中苏友好同盟互助条约》的签署

中苏友好同盟互助条约的签署

1950年2月14日，中国政府与苏联政府在莫斯科签署了《中苏友好同盟互助条约》，主要内容是：双方保证共同尽力采取一切必要措施制止任何国家的侵略与破坏和平；当一方受到进攻时，另一方即尽全力给予军事及其他援助；双方均不缔结也不参加任何反对对方的同盟、集团或行动；双方对有关两国共同利益的一切重大国际问题进行彼此协商；双方遵照平等、互利、互相尊重主权与领土完整及不干涉对方内政的原则，发展和巩固经济文化互助合作关系。该条约的签订标志着中苏同盟关系的确立。

新中国成立之初的第一次建交高潮

1949年10月2日，苏联承认中华人民共和国，决定建立外交关系并互派大使。此后至1950年1月中旬，新中国与保加利亚、罗马尼亚、匈牙利、朝鲜、捷克斯洛伐克、波兰、蒙古、民主德国、阿尔巴尼亚、越南等国家建立了外交关系。至建国一周年时，与中国建交的国家总计17国，另有8国表示承认中华人民共和国。

3月3日　　5月1日

1950

全国财政经济的统一管理

1950年3月3日，中国政府颁布《关于统一全国财政经济工作的决定》，要求：统一全国财政收支，将财政收入的主要部分集中到中央；统一全国贸易和物资调度，全国物资由中央财委统一调度，各地国营贸易机构的物资调度由中央贸易部门统一指挥；统一全国现金管理，军政机关、学校、团体和国营企业的现金一律存入国家银行。这是新中国成立后在恢复国民经济方面所采取的第一个重大措施。

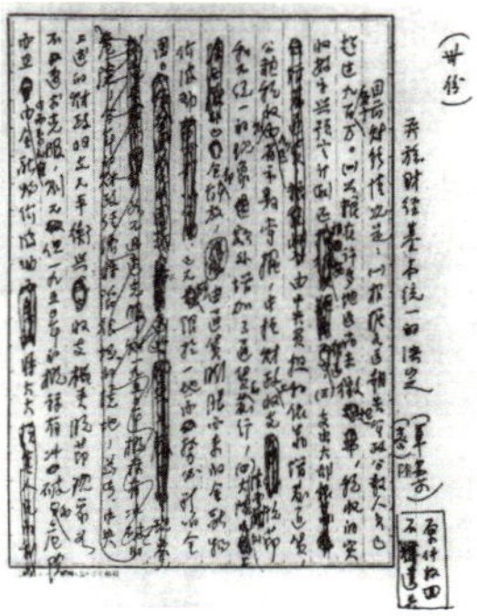

陈云起草的《关于统一国家财政经济工作的决定》部分手稿

建国初期面临的严重财政困难

新中国成立后，中央财政面临严重困难。一方面，由于长期战争，国民经济濒于崩溃，工农业生产和交通运输遭到严重破坏，内外贸易滞塞，投机资本猖獗，人民生活困苦。另一方面，战争的持续和经济的恢复需要庞大的费用，加剧了新中国的财政支出，收支严重失衡，货币大幅贬值和市场波动。因此，在稳定物价后，统一管理全国财经的任务也就提上了中国政府的议事日程。

《中华人民共和国婚姻法》颁布实施

1950年5月1日，《中华人民共和国婚姻法》公布实施，共8章27条。主要内容包括：坚决废除包办强迫、男尊女卑、漠视子女利益的封建主义婚姻家庭制度，实行男女婚姻自由、一夫一妻、权利平等、保护妇女和子女合法利益的婚姻家庭制度；禁止重婚、纳妾、童养媳、干涉寡妇婚姻自由和借婚姻关系索取财物等。这部《婚姻法》的颁布施行标志着全国范围内婚姻家庭制度改革的开端。

◎ 1950 年 3 月 23 日，世界气象组织成立。

◎ 1950 年 5 月 9 日，法国外交部长罗贝尔・舒曼提出了西欧煤钢联营的计划，即“舒曼计划”。

6月6日

10月14日

中共七届三中全会召开
（1950年6月6日～9日）

1950年6月6日至9日，中国共产党在北京召开新中国成立后的第一次中央会议——中共七届三中全会。会议制定了头三年“不要四面出击”的方针，确定了在国民经济恢复时期的主要任务是争取国家财政经济状况基本好转。这次会议对迅速战胜财政经济困难，恢复与发展国民经济，巩固人民民主专政起到了重要作用。

治理淮河

1950年10月14日，中国政府发布《关于治理淮河的决定》，拉开了全面治理淮河的序幕，其基本方针是蓄泄兼筹，上游以拦蓄洪水、发展水利为长远目标，中游蓄泄并重，下游开辟入海水道。1951年5月起，几百万治淮大军疏浚旧河，开挖新河，修建船闸、水库和蓄洪泄洪控制工程，对淮河进行全流域的治理。这是新中国全流域治理淮河的开始。

◎ 1950 年 6 月 25 日，朝鲜战争爆发。

◎ 1950 年 7 月 5 日，美国操纵联合国安理会组织通过组织联合国军的决议，武装干涉朝鲜战争。

中国人民志愿军抗美援朝（1950年10月25日～1953年7月）

抗美援朝的起因

1950年6月25日，朝鲜内战爆发，美国宣布出兵干涉。9月15日，美国纠集15个国家的军队，打着“联合国军”的旗号登陆朝鲜。与此同时，美国海军第七舰队侵入台湾海峡，侵占中国领土台湾。美国政府不顾中国政府的一再警告，于10月初令其军队越过“三八线”，继而占领平壤。美国空军还不断入侵中国领空，轰炸中国东北边境城镇和乡村，海军不断炮击中国渔船和商船。中国人民忍无可忍，决心保家卫国，掀起抗美援朝运动。

中国人民志愿军跨过鸭绿江，开赴朝鲜战场。

1950年10月初，中国共产党根据朝鲜劳动党和政府的请求，作出了“抗美援朝、保家卫国”的决策。10月25日，由彭德怀率领的中国人民志愿军开赴朝鲜前线，揭开了抗美援朝战争的序幕。这场战争分为两个阶段：在1950年10月25日至1951年6月10日的第一阶段，中朝军队五战五捷，歼敌23万多人，把战线稳定在“三八线”附近。1951年6月11日至1953年7月27日为第二阶段，中朝军队共歼敌72万人、击伤击落敌机1.2万多架，迫使美军三易统帅，并最终在停战协定上签字。抗美援朝战争的胜利保卫了国家，维护了世界和平。

朝鲜军民热烈欢送中国人民志愿军凯旋回国

1950年冬

1951年5月23日

新解放区的土地改革（1950年冬～1953年春）

木桩，是分到土地的标志。

从1950年冬开始，土地改革运动在新解放区展开。这次土地改革的总方针是依靠贫雇农，团结中农，中立富农，有分别有步骤地消灭封建剥削制度，发展农业生产。主要内容是：没收地主的土地、耕畜、农具、多余的粮食及其在农村中多余的房屋，征收祠堂、庙宇、教堂、学校和团体在农村中的土地及公地；没收和征收的土地及其他生产资料，除依法收归国有者外，均分配给贫苦农民，对地主也分给一份。至1953年春，除西藏和新疆等部分少数民族地区外，新解放区如期完成了土地改革，全国有3亿多农民无偿获得了7亿亩土地和大量生产资料。

西藏和平解放

1951年4月，西藏地方政府就和平解放西藏问题派出以阿沛·阿旺晋美为首席代表的全权代表团前往北京谈判。5月23日，《中央人民政府和西藏地方政府关于和平解放西藏办法的协议》（简称“十七条协议”）签订，主要内容有：驱逐帝国主义势力出西藏；西藏地方部队逐步改编为人民解放军；西藏实行民族区域自治；逐步进行社会改革；实行宗教信仰自由政策等。10月26日，中国人民解放军进驻西藏，西藏和平解放。

西藏和平解放的历史背景

1949年底，西藏地方当局在英、美等境外势力的唆使煽动下，妄图以武力抗拒人民解放军进驻西藏，制造“西藏独立”。为实现祖国统一，中央政府决定和平解放西藏，通知西藏地方政府派代表来北京谈判。1950年10月初，西藏代表未能如期赴京谈判，人民解放军开始向西藏进军。10月19日，昌都解放，西藏上层统治集团迅速分化，为和平解放西藏创造了条件。

◎ 1951年4月18日，比利时、联邦德国、法国、荷兰、意大利、卢森堡6国签署煤铁共同体协定。

◎ 1951年6月，艾尔弗雷德·鲍尔创办柏林国际电影节。

《毛泽东选集》第一卷出版　镇压反革命运动基本结束

市民排队购买《毛泽东选集》第一卷

1950年春，中共中央成立毛泽东选集出版委员会，由刘少奇任主任，开展《毛泽东选集》的编辑出版工作。1951年10月12日，《毛泽东选集》第一卷由人民出版社出版，收录了毛泽东1926年3月至1937年8月的17篇著作。

《毛泽东选集》

《毛泽东选集》共五卷，均由人民出版社出版。除 1951 年出版的第一卷外，1952 年 8 月出版了第二卷，收录了 1937 年 7 月至 1941 年 5 月的 40 篇著作；1953 年 5 月第三卷出版，收录了 1941 年 3 月至 1945 年 8 月的 31 篇著作；1960 年 9 月出版的第四卷，收录了 1945 年 8 月至 1949 年 9 月的 70 篇著作；1977 年 4 月第五卷出版，收录了 1949 年 9 月至 1957 年 11 月的 70 篇著作。

新中国成立初期，各种反动势力和敌特分子的活动十分猖獗，直接威胁各地新生的人民政权。为此，从1950年12月开始，镇压反革命运动在全国范围内展开，重点打击土匪、特务、恶霸、反动会道门头子和反动党团骨干分子。次年2月21日，镇反运动进入高潮，至10月基本结束。通过镇反运动，社会秩序日趋安定，有力地支持了抗美援朝战争和各项建设工作。

中国人民解放军在江西剿匪

12月

1952年1月

“三反”运动普遍开展（1951年12月～1952年10月）

自1951年12月起，以反对贪污、反对浪费和反对官僚主义为内容的“三反”运动在国家机关、部队、国营企业等单位中迅即展开，其方针是“严肃与宽大相结合，改造和惩治相结合”。次年1月中旬，运动的重点转向清查和打击严重的贪污分子，3月份进入审理、定案、处理阶段，至10月结束。这次运动有效揭露和制止了国家工作人员中的严重违法乱纪行为。

公审贪污犯刘青山、张子善

“五反”运动普遍开展（1952年1月～10月）

1952年1月26日，中共中央要求全国大中城市在私营工商业者中展开反行贿、反偷税漏税、反盗骗国家财产、反偷工减料、反盗窃经济情报的“五反”运动，以配合党政军民机关内部的“三反”运动。2月上旬，“五反”普遍展开，至10月结束。这次运动有力地打击了不法资本家，也有利于揭露国家工作人员中的蜕化变质分子。

上海黄浦区国际贸易业的资本家排队向“五反”委员会递交“坦白书”

◎ 1951 年 10 月 14 日，洪都拉斯、哥斯达黎加、尼加拉瓜、萨尔瓦多和危地马拉 5 国签署《中美洲国家组织宪章》，并于同年 12 月成立中美洲国家组织。

◎ 1952 年 1 月 30 日，联合国安理会通过调节和裁减军备的决议。

全国高等院校院系调整（1952年4月～12月）

中日“民间外交”的逐步开展

原辅仁大学和原燕京大学的教育系合并到北京师范大学以后，北京师范大学举行开学典礼。

1952年4月，新中国开始对全国旧有高等院校的院系进行全面调整。当年底，调整工作基本完成，全国共新组高等院校182所，改变了旧中国高等教育文重工轻、师范缺乏的状况，建成了机械、土木、电机、化工等工科专业比较齐全的教育体系，形成了文理科性质的综合性大学、分科性的理工学院和单科性的专门学院等3类高等院校并存的格局，基本上适应了当时的人才需求。

1962年11月，廖承志和高碕达之助签署了关于发展中日两国民间贸易的备忘录及其附件。

1952年4月，在莫斯科参加国际经济会议的日本代表高良富应邀来华谈判贸易问题，双方于6月1日签订了第一个民间贸易协议，开启了中日民间交流的大门。在此后的几年里，双方又续签了民间贸易协议。1952年5月，帆足计等3名日本国会议员打破日本政府的“禁令”，绕道欧洲访华。9月，日本工人学生代表小泽清等人来到北京访问。10月，出席亚洲及太平洋地区和平会议的部分日本代表来到中国进行友好交流。这种中日“民间外交”推动了两国友好关系的发展。

◎ 1952年5月27日，法、比、荷、意、卢、联邦德国6国外长在巴黎签署《欧洲防务集团条约》。

◎ 1952年6月27日，美国国会通过《麦卡伦—沃尔特移民法案》，为以后的移民法奠定了基础。

成渝铁路建成通车

成渝铁路，即由四川成都到重庆的铁路，全长530公里。1950年6月16日开工兴建，1952年7月1日全线建成通车，是新中国成立后修建的第一条铁路干线。

成渝线上某段大桥在建筑中

庆祝成渝铁路通车典礼

成渝铁路的前身——川汉铁路的两次“夭折”

1903年7月，清朝政府计划修筑川汉铁路，预定线路自四川成都，经内江、重庆、宜昌，迄于湖北汉口。1909年10月，川汉铁路部分路段开工，1911年8月宣告停工。1936年6月，国民党政府开始续建成都至重庆的成渝铁路，后因抗日战争和经费不足等原因，于1947年停工。至此，历经40余年的修建，仅完成了总工程量的14%。

◎ 1952年7月22日，埃及“自由军官组织”发动“七月革命”，法鲁克王朝被推翻。1953年6月18日，埃及宣布成立阿拉伯埃及共和国。

◎ 1952年7月25日，欧洲煤钢共同体建立。

《中华人民共和国民族区域自治实施纲要》公布实施

1952年8月9日，中国政府公布实施《中华人民共和国民族区域自治实施纲要》。该《纲要》共7章40条，规定了自治地方的民族组成、区域界线、行政地位、自治机关、自治权利、内部关系和上下关系的处理原则。这是新中国颁布的第一个关于实行民族区域自治的法规，其内容都载入了1954年9月颁布实施的第一部《中华人民共和国宪法》。

拉萨各族各界群众庆祝西藏自治区的成立

农业合作化运动全面展开（1952年12月～1956年底）

华北地区的农业合作社社员在算帐

在完成土地改革后，中国政府对农业进行了以自愿互利、典型示范、国家援助为原则的社会主义改造。1952年底前，主要是组织农业生产互助组。一年后，各地开始大办农业初级合作社，到1955年春初级社已发展到67万个。从1955年夏季到1956年底，农业合作化运动由初级社向高级社转变，参加高级社的农户占到全国入社农户总数的90%以上。至此，以实现生产资料公有制为特征的农业社会主义合作化运动基本结束。

◎ 1952 年 8 月 30 日～9 月 10 日，战后第一次世界人口会议在罗马召开。

◎ 1952 年 11 月 1 日，美国第一颗氢弹爆炸成功。

1952年底

1953年3月1日

国民经济恢复取得成功

从1949年10月到1952年底，经过3年的努力，中国国民经济恢复取得成功，工农业生产总值和主要产品的产量均达到或超过历史最高水平。1952年底，全国粮食产量达1639亿公斤，棉花产量2607万担。与1949年相比，农业总产值增长48.5%，工业总产值增长144.9%。现代工业在国民经济中的比重由17%上升到26.6%，交通运输和文化教育事业也得到了迅速发展，人民的物质文化生活得到明显改善和提高，为有计划的经济建设打下了良好基础。

《选举法》颁布实施

辽宁省沈阳市正在进行新中国第一次普选的人口调查和选民登记工作

1953年3月1日，《中华人民共和国全国人民代表大会及地方各级人民代表大会选举法》公布施行。《选举法》共66条，对各级人民代表大会的选举原则、组织机构、选举方式和程序、选区划分、选举经费、破坏选举的制裁，以及公民的选举权与被选举权等，都作了具体规定。从此，人民代表大会的选举制度通过法律形式确立下来，成为人民代表大会制度的重要内容之一。

◎ 1953 年 3 月 5 日，苏共中央总书记、苏联部长会议主席约瑟夫·斯大林逝世。

◎ 1953 年 4 月 25 日，美国生物学家詹姆斯·沃森、英国生物物理学家弗朗西斯·克里克共同发现 DNA 双螺旋结构。

第一个五年计划开始实施

1953年，新中国开始实施第一个五年计划，集中力量优先发展以能源、原材料、机械工业等基础工业为主的重工业，确立了以“156项工程”为核心的900多个工业项目。“一五”计划的实施，使新中国的工业生产能力空前加强，形成了独立自主的工业体系雏形，标志着有计划的社会主义建设的开端。

中国自己设计、建设的大型水力发电站——新安江水电站，是国家“一五”重点建设项目。

对资本主义工商业的社会主义改造（1953年5月～1956年底）

上海信大祥绸布商店挂上了公私合营的招牌

1953年5月，中国政府开始对资本主义工商业进行社会主义改造。当年，主要是通过加工订货、统购包销、经销代销等方式，使社会主义企业与资本主义企业建立外部合作关系。1954年至1955年下半年，开始在一些私营企业中加入国家公股，生产资料由资本家和国家共同占有。从1955年秋到1956年，开始实行全行业的公私合营，企业的所有权和经营权归属国家，国家确定资本家的私人股份额后，付给他们每年5%的利息，为期10年。1956年1月10日，北京完成全行业公私合营。接着，上海等50多个大中等城市相继实现全行业公私合营。至当年底，国家对资本主义工商业的社会主义改造基本完成。

◎ 1953年5月29日，新西兰登山家埃德蒙·希拉里和尼泊尔夏尔巴人丹增·诺尔盖登上珠穆朗玛峰，这是人类历史上的第一次。

6月15日

12月

“过渡时期总路线”的提出

1953年6月15日，毛泽东对中国向社会主义过渡的总路线和总任务作了完整的表述：“从中华人民共和国成立，到社会主义改造基本完成，这是一个过渡时期。党在这个过渡时期的总路线和总任务，是要在一个相当长的时期内，逐步实现国家的社会主义工业化，并逐步实现国家对农业、对工业和对资本主义工商业的社会主义改造。”过渡时期总路线的提出，为中国从新民主主义社会向社会主义社会的过渡指明了方向，被载入1954年颁布的《中华人民共和国宪法》。

粮、油、棉统购统销政策开始实施

1953年12月，中国政府开始实行计划收购和计划供应的粮食统购统销政策。国家对农民实行粮食征购、对城镇消费者实行粮食配售；严格控制粮食市场和管制私营粮商，粮价固定不变。国家把粮食生产、加工、流通全部纳入计划轨道。1954年，国家又对油料、棉花实行统购统销，以确保国计民生之需。

统购统销政策出台的历史必然

随着第一个五年计划经济建设的全面铺开，城镇和工矿区人口对原材料和商品粮的需求量急剧增加。而当时小农经济增加产量和提高商品率的能力有限，国家在粮食收购和销售方面的情势日趋严峻，粮食供需严重失衡。而私人粮商乘机扰乱市场，小农余粮户待价惜售，富裕农户趁机囤积粮食，导致物价暴涨、人心不稳和社会动荡。在这种情形之下，统购统销政策的出台成为必然。

- 1953 年 7 月 27 日，《朝鲜半岛军事停战协定》签署，朝鲜战争基本结束。
- 1953 年 8 月 14 日，苏联宣布第一颗氢弹爆炸成功。

1954年4月28日

中国代表团出席日内瓦会议（1954年4月28日～7月21日）

周恩来总理出席日内瓦会议

1954年4月28日至7月21日，以周恩来为首席代表的中国代表团出席日内瓦会议。会上，中国代表团为解决朝鲜问题、印度支那问题做出了巨大努力，提出了解决老挝和柬埔寨问题的方案，得到广泛赞同。7月21日，会议通过《日内瓦会议最后宣言》，实现了印度支那的停战，结束了法国在这个地区的殖民统治。日内瓦会议是新中国走上国际舞台、参与重大国际事务的开端。

4月29日

和平共处五项原则的创立

1954年4月29日，中国政府与访华的印度政府代表团在北京签订了《中印关于中国西藏地方和印度之间的通商和交通协定》，首次提到了互相尊重领土主权、互不侵犯、互不干涉内政、平等互惠、和平共处的五项原则。6月28日和29日，在中印、中缅两国分别发表的联合声明中，“平等互惠”改成了“平等互利”。10月，在中苏发表的《联合宣言》中，“互相尊重领土主权”改为“互相尊重主权和领土完整”。至此，和平共处五项原则得到了完整而科学的表述。

◎ 1954 年 4 月 7 日，美国总统艾森豪威尔发表“多米诺骨牌理论”演说。

9月15日　　9月20日

1954

第一届全国人民代表大会第一次会议召开（1954年9月15日～28日）

1954年9月15日至28日，中华人民共和国第一届全国人民代表大会第一次会议在北京召开，来自全国各地的1211名代表参加了会议。大会通过了新中国第一部宪法——《中华人民共和国宪法》及其他法律文件，选举毛泽东为中华人民共和国主席，刘少奇为全国人大常委会委员长，决定周恩来为国务院总理。这次会议的召开，结束了由中国人民政治协商会议代行全国人民代表大会职权的历史，全国人民代表大会正式成为中华人民共和国的最高权力机关，为加强人民民主制度奠定了基础。

《中华人民共和国宪法》颁布实施

人大代表举手通过《中华人民共和国宪法》

1954年9月20日，新中国第一部宪法——《中华人民共和国宪法》颁布实施。这部《宪法》在总纲中规定，“中华人民共和国是工人阶级领导的、以工农联盟为基础的人民民主国家”；“中华人民共和国的一切权力属于人民。人民行使权力的机关是全国人民代表大会和地方各级人民代表大会”。《宪法》将过渡时期的总路线和总任务用法律的形式肯定下来，还对国家的职能、公民的权利和义务、民族政策与外交政策等做出了规定。第一部《中华人民共和国宪法》的颁布实施，结束了《共同纲领》临时代替国家宪法的过渡状态。

- 1954年9月6日至8日，美国、英国、法国、澳大利亚、新西兰、泰国、菲律宾、巴基斯坦8国在马尼拉签订《东南亚集体防务条约》，宣布成立东南亚条约组织。1977年6月，该组织宣告解散。
- 1954年9月30日，由美国制造的世界第一艘核动力潜艇“鹦鹉螺号”开始下水航行。
- 1954年10月19日，英国与埃及签订《关于苏伊士运河基地的协定》。根据协定，英国将于1956年6月13日从运河区撤出最后一批军队。

12月

12月25日

1954

共产党领导的多党合作和政治协商制度的确立

1954年12月，中国人民政治协商会议第二届全国委员会第一次会议在北京举行，会议通过新的《中国人民政治协商会议章程》，规定了人民政协的性质、任务及其组织原则、组织形式等，明确了人民政协作为团结全国各民族、各民主阶级、各民主党派、各人民团体、海外华侨和其他爱国民主人士的人民民主统一战线的组织，共产党领导的多党合作和政治协商制度作为中国的一项基本政治制度正式确立。1956年，中国共产党提出了与各民主党派“长期共存、互相监督”的方针，社会主义条件下中国多党合作的基本格局由此确立。

青藏公路建成通车

1954年12月25日，青藏公路建成通车。该公路东起青海省会西宁市，向西经过格尔木折向南行进入西藏，经那曲到达拉萨，全程2100公里，海拔均在4000米以上。青藏公路的建成通车为加强民族团结、维护祖国统一和促进青藏地区的经济发展，发挥了重要作用。

康藏公路（川藏公路）

康藏公路现称川藏公路，1954 年 12 月 25 日建成通车。1958 年西康省并入四川省，其起点亦由原西康省省会雅安东移至成都。川藏公路经雅安、康定，在新都桥分为南北两线：北线经甘孜、德格，进入西藏昌都、邦达，全长 2412 公里，1954 年建成；南线经雅江、理塘、巴塘，进入西藏芒康，在邦达与北线会合，再经八宿、波密、林芝到拉萨，总长 2149 公里，1958 年建成。

1955年2月20日

4月18日

1955

"新币制"的实施

北京市民在中国人民银行兑换新币

1955年2月20日，中国政府对货币制度实行改革，责成中国人民银行自3月1日起发行新的人民币（新币），收回现行的人民币（旧币），新旧币的折合比率为1:10000。新币分主币和辅币，主币面额1元至10元，辅币面额1分至5角，币面印有汉、藏、蒙、维吾尔四种文字。

新中国货币制度的创立

1948年12月1日，中国人民银行的成立和"人民币"的发行，开创了中国金融史上的新纪元。但在新中国成立之初，人民币票种复杂、面额大小悬殊、票幅尺寸参差不齐、纸张质量和印刷技术较差，不利于交易和核算。随着国家大规模经济建设的开始，币制改革势在必行。

中国代表团出席万隆亚非会议（1955年4月18日～24日）

1955年4月18日至24日，周恩来总理率团出席在印度尼西亚万隆召开的亚非会议。在大会上，周恩来提出了著名的"求同存异"的方针，并就台湾地区局势发表了声明，阐明了中国政府的立场，为推动大会的顺利进行做出了积极努力。中国政府代表团出席亚非会议，加强了中国同亚非国家的联系和友谊。

北京市民游行庆祝万隆会议取得的成就

◎ 1955年5月14日，苏联、民主德国、波兰、罗马尼亚、捷克斯洛伐克、保加利亚、匈牙利、阿尔巴尼亚8国在华沙签署了《华沙条约》，成立华沙条约组织。

◎ 1955年5月31日，美国最高法院判决，各州必须在一个"合适的"期限内取消公立学校中的种族隔离。

10月　　　　1956年4月

1955

克拉玛依油田的开发

克拉玛依位于中国新疆准噶尔盆地西北边缘，是新中国成立后发现的第一个大油田。1955年7月6日，克拉玛依油田1号井开钻，10月30日完钻喷油。1956年油田投入试采，年产原油1.6万吨，至1960年达163.6万吨，是大庆油田投入开发之前中国最大的油田。

克拉玛依油田的技术人员在检测油井喷出的原油的质量

克拉玛依油田

“双百”方针的提出

光明日報

納賽尔总理將訪問我國

科学家教授談百家争鸣

《光明日报》刊载的《科学家、教授谈“百家争鸣”》

1956年4月，中国共产党提出发展科学和文化工作的重要方针——“百花齐放、百家争鸣”，简称“双百”方针。“双百”方针是提倡在文学艺术工作和科学研究中有独立思考的自由，有辩论的自由，有创造和批评的自由，有发表自己的意见、坚持自己的意见和保留自己的意见的自由；是提倡建立在科学基础上的尖锐的学术论争。“双百”方针对繁荣中国的科学文化起到了重要的推动作用。

◎ 1956年1月4日，中国、蒙古、苏联的国际联运铁路正式通车。

◎ 1956年3月23日，巴基斯坦共和国成立，定国名为巴基斯坦伊斯兰共和国。

4月25日　　　　9月15日

《论十大关系》的发表

为探索适合中国国情的社会主义建设道路，1956年的2月至4月间，毛泽东先后听取了各大部委的工作汇报，将汇报的问题概括为“十大关系”，于4月25日在中央政治局扩大会议上作了《论十大关系》的报告。十大关系是指：重工业和轻工业、农业的关系；沿海工业和内地工业的关系；经济建设和国防建设的关系；国家生产单位和生产者个人的关系；中央和地方的关系；汉族和少数民族的关系；党和非党的关系；革命和反革命的关系；是非关系；中国和外国的关系。《论十大关系》是对中国社会主义建设经验的初步总结。

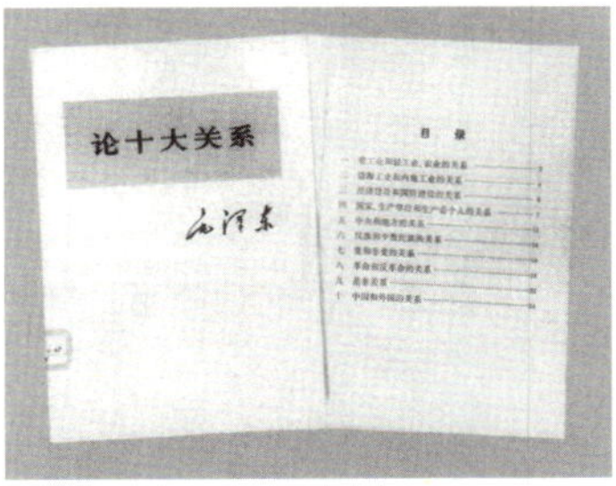

1976年公开出版的《论十大关系》单行本

中共八大召开（1956年9月15日～27日）

中国共产党第八次全国代表大会会场

1956年9月15日至27日，中国共产党第八次全国代表大会在北京举行。大会选举产生了新的中央委员，明确了工作的重点是尽快地把中国从落后的农业国变为先进的工业国，提出了社会主义建设的长期战略目标，确定了在综合平衡中稳步前进的经济建设方针，对探索中国的社会主义道路具有重大意义。

◎ 1956年6月28日，波兰爆发波兹南事件。

长春第一汽车制造厂开工典礼

1956年一汽生产的第一批“解放”牌汽车

1956年7月13日，中国第一批“解放”牌国产汽车在吉林长春第一汽车制造厂试制成功。10月15日，第一汽车制造厂举行开工典礼，正式批量投产，年产载重汽车3万辆。1958年一汽又制造出新中国第一辆“东风”牌小轿车和第一辆“红旗”牌高级轿车。长春第一汽车制造厂是中国第一个大型汽车制造厂，它的建成投产，揭开了中国汽车制造工业的新篇章。

中国第一汽车集团

自建成投产以来，中国长春第一汽车制造厂经历了 50 余年的发展，逐渐形成了多元化的生产经营格局。1991 年，与德国大众汽车公司合资建立 15 万辆轿车基地；2002 年，与天津汽车工业（集团）有限公司联合重组；与日本丰田汽车公司实现合作。目前，第一汽车制造厂已经由一厂变为拥有 29 个全资子公司、18 个控股子公司的集团公司，形成了东北、华北、西南 3 大基地和立足东北、辐射全国、面向海外的开放式发展格局，成为国内最大的汽车企业集团之一，拥有解放、红旗、奔腾、夏利、威志等自主品牌和大众、奥迪、丰田、马自达等合资合作品牌。2007 年实现销售 140 万辆，列世界 500 强第 303 位，中国机械 500 强第一位。

◎ 1956 年 10 月 23 日，匈牙利十月事件。至 11 月 4 日，事件平息。

◎ 1956 年 10 月 29 日，英法为夺得苏伊士运河的控制权，对埃及发动了突然袭击，第二次中东战争爆发，又称苏伊士运河战争。

1957年2月27日　　　　　　6月

《关于正确处理人民内部矛盾的问题》

1957年2月27日，毛泽东在最高国务会议上作了《关于正确处理人民内部矛盾的问题》的讲话。讲话指出，社会主义社会的基本矛盾仍然是生产力和生产关系之间、经济基础和上层建筑之间的矛盾。在社会主义条件下，大量存在的是人民内部矛盾，要正确区别和处理敌我矛盾和人民内部矛盾这两类不同性质的矛盾，要把正确处理人民内部矛盾作为国家政治生活的主题。

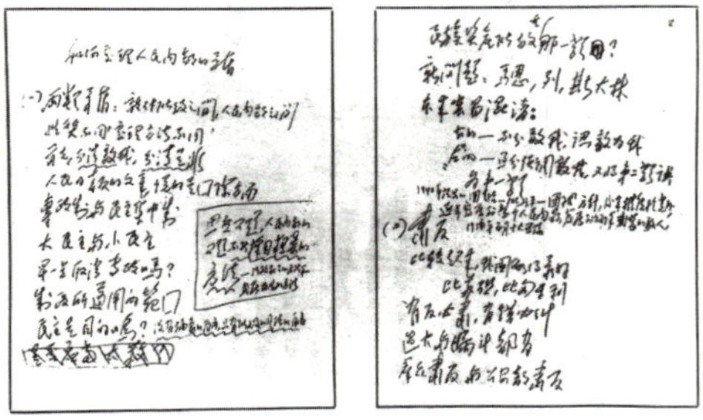

毛泽东关于《正确处理人民内部矛盾的问题》讲话提纲的两页手迹

从整风运动到反右派斗争

人民日报

全党重新进行一次反官僚主义、反宗派主义、反主观主义的整风运动

整风的主题——正确处理人民内部矛盾

中国共产党中央委员会关于整风运动的指示

《人民日报》发表的中共中央《关于整风运动的指示》

1957年4月27日，中共中央决定在全党进行一次反对官僚主义、宗派主义和主观主义的整风运动，要求把正确处理人民内部矛盾的问题作为整风的主题，动员党外人士深入批判，以加强团结，改善工作。但在整风运动中，极少数资产阶级右派分子乘机攻击中国共产党和社会主义制度，妄图取代党的领导。6月8日，反右派斗争展开，直到1958年夏季基本结束这一运动。这场反右派的斗争十分必要，但犯了严重扩大化的错误。

◎ 1957 年 5 月，西方世界爆发二战后第一次世界范围的经济危机。

7月5日 1958年1月9日 5月

1957

马寅初发表《新人口论》

1957年7月5日，时任北京大学校长的经济学家马寅初在《人民日报》上发表论文《新人口论》，认为中国人口多和生产力落后是一个主要矛盾，要加快工业化进程，提高人民生活水平，就必须控制人口数量，提高人口质量，实行计划生育。

马寅初

户籍管理制度正式形成

1958年1月9日，《中华人民共和国户口登记条例》公布，对户籍管理的宗旨、户口登记的范围、主管户口登记的机关、户口簿的作用、户口申报与注销、户口迁移及手续、常住人口与暂住登记等作了明确规定。根据该条例，户籍管理以户为基本单位，一个公民在同一时间只能登记一个常住户口。如迁出须提前申报，领取迁移证，注销户口。此条例的出台正式确立了户口迁移审批制度和凭证落户制度，是户籍管理的基本法律依据。

社会主义建设总路线的提出

1958年5月，中共八大二次会议通过了"鼓足干劲，力争上游，多快好省建设社会主义"的总路线。其基本点是：调动一切积极因素，正确处理人民内部矛盾；巩固和发展社会主义的全民所有制和集体所有制，巩固无产阶级的专政和无产阶级的国际团结；在继续完成经济战线、政治战线和思想战线的社会主义革命的同时，逐步实现技术革命和文化革命；在重工业优先发展的条件下，工业和农业并举，大型企业和中小型企业并举。通过这些，把中国建设成为一个具有现代工业、现代农业和现代科学技术的社会主义国家。

- 1957 年 8 月 26 日，苏联洲际导弹试验成功。
- 1957 年 10 月 4 日，苏联发射世界上第一颗人造地球卫星"伴侣号"。
- 1958 年 1 月 31 日，美国发射第一颗人造地球卫星"探索者 1 号"。
- 1958 年 5 月 13 日，法国发生要求戴高乐执政的"五·一三"事件。

"大跃进"运动在全国掀起

全民大炼钢铁时的小土高炉

1958年8月，中共在北戴河举行会议，决定1958年钢产量要比1957年翻一番，达到1070万吨，1959年达到2700～3000万吨。从9月开始，以高指标、瞎指挥、浮夸风、"共产风"为主要标志的"左"倾错误严重地泛滥开来，以全民大炼钢铁为核心的"大跃进"运动在全国掀起，几千万人上山砍树、挖煤、找矿，建起上百万个炼铁的小土焦炉、小土高炉。同时，以"一大二公"、政社合一为主要特点的人民公社在全国农村普遍建立起来，在短短几个月时间内就基本实现了公社化。"大跃进"运动扰乱了国民经济秩序，浪费了大量的人力物力，造成了工农业比例严重失调。

"大跃进"运动的背景

继1956年生产资料私有制的社会主义改造基本完成，1957年发展国民经济的第一个五年计划完成之后，中国开始进入全面建设社会主义的新时期。在这种情况下，由于对社会主义建设经验不足，对经济发展规律和中国经济基本情况认识不足，中央和地方不少领导人在胜利面前滋长了骄傲自满情绪，急于求成，夸大了主观意志和主观努力的作用，没有经过认真的调查研究和试点，就在总路线提出后轻率地发动了"大跃进"运动。

8月29日

1959年3月

1958

人民公社化运动迅速兴起

繁忙的公社场院

1958年8月29日，中共北戴河会议通过了《中共中央关于在农村建立人民公社问题的决议》，认为人民公社是建成社会主义和逐步向共产主义过渡的最好的组织形式。会后，全国迅速形成人民公社化运动的热潮，到当年底全国99%以上的农户参加了公社。人民公社一般是一乡一社，在全社范围内统一核算和分配，推行组织军事化、行动战斗化、生活集体化，带有浓厚的平均主义和军事共产主义色彩。

平息西藏叛乱

1959年3月10日，西藏地方政府中的少数上层反动分子公然撕毁“十七条协议”，发动武装叛乱，包围中国人民解放军西藏军区司令部和中央驻拉萨的机关，并随之向拉萨的解放军发动全面进攻。20日，驻拉萨的解放军奉命平息叛乱，经过两天的战斗，平定了拉萨市区的叛乱。28日，中央政府发布命令，解散策动叛乱的西藏地方政府，由西藏自治区筹备委员会行使地方职权。

◎ 1958 年 7 月 6 日至 9 月 29 日，第 21 届世界博览会在比利时首都布鲁塞尔举行，这是二战后的首次世界博览会。

◎ 1959 年 1 月 2 日，古巴革命政府成立。

4月5日

7月17日

容国团成为新中国第一个乒乓球世界冠军

容国团

1959年4月5日下午，21岁的中国选手容国团在联邦德国多特蒙德获得第25届世界乒乓球锦标赛男子单打冠军，这是中国人第一次获得乒乓球世界冠军的称号。容国团，广东中山人，生于香港，从小酷爱乒乓球运动，1957年回到内地，次年进入广东省乒乓球队，随后被选入国家队。在容国团夺魁同一天，国际乒联宣布第26届世界乒乓球锦标赛将在北京举行。

西藏开始民主改革

1959年，西藏实行民主改革，广大翻身农奴和奴隶一起烧尽了农奴主强加在他们身上的契约和债据。

西藏三大领主

民主改革前，西藏的农奴主阶级主要有官家（封建政府）、贵族和寺院上层僧侣，他们不到西藏人口的5%，却占有西藏的全部耕地、牧场、森林、山川以及大部分牲畜，对农奴进行残酷压迫和剥削，被称为“三大领主”。

1959年7月17日，西藏开始进行民主改革。在农业区，对参加叛乱的三大领主的土地实行“谁种谁收”，对未参加叛乱的三大领主出租的土地实行减租；废除人身依附，改为雇工关系；三大领主在1958年前放给劳动人民的债务，一律废除；未参加叛乱的领主在1959年放给劳动人民的债务，实行减息。在牧业区，未参加叛乱的牧主的牲畜归牧主所有，参加叛乱的牧主的牲畜，由原放牧的牧民放牧，收入归其所有；实行牧工、牧主两利政策。保护宗教信仰自由，保护寺庙和历史文物古迹。在寺庙中开展反对叛乱、反对封建特权、反对剥削制度运动。到1960年底，民主改革基本完成，西藏废除了政教合一的封建农奴制度，百万农奴和奴隶主获得翻身解放，成为国家和西藏地方的主人。

- 1959年4月8日，21个美洲国家组织成员国代表在华盛顿签订建立泛美开发银行的协定。
- 1959年7月，美国以集成电路生产为中心的“硅谷”兴起。

大庆油田的勘探和开发

1959年9月，中国石油勘探队在黑龙江省发现一块200平方公里储油面积的大油田，并将油田命名为“大庆”。1960年，一场石油勘探开发大会战在大庆展开，来自全国各地的几十个钻井队、2000多名科技人员和4万名职工参加会战，基本探明了全部石油的面积和储量。随后又用两年时间，基本建成集油、输油、储油、注水、供电、机修、通讯、道路等8大系统工程，形成了年产600万吨原油的生产能力，使大庆油田成为中国最大的油田。

大庆油田的井群

反右倾运动（1959年10月～1960年初）

庐山会议之后，一场被称为“反对右倾机会主义”的运动在全国各地党政机关内广泛展开，一直持续到1960年初基本结束。这场由党内不同经济发展意见演变而来的政治运动，存在着严重扩大化的问题，不仅使中国共产党内和国家的民主生活遭到严重损害，也打断了纠正“左”倾错误的进程，进一步挫伤了干部和群众的积极性。

庐山会议

1959年7月2日至8月16日，中国共产党在江西庐山召开了中共中央政治局扩大会议和八届八中全会两次会议，会议讨论了1958年以来工作中的经验教训、调整经济计划指标、纠正“左”倾错误等议题，但在估计国内形势问题上产生了较大分歧。最终，庐山会议不仅没有达到纠“左”的预定目的，反而把“反右倾”的斗争推向全国。

◎ 1959年9月15日～28日，苏共总书记赫鲁晓夫与美国总统艾森豪威尔在戴维营会晤。

◎ 1959年12月1日，美、苏、英、法等12国在华盛顿签订《南极条约》，旨在促进对南极的和平利用。

◎ 1959年12月18日，世界上第一台晶体管计算机——IBM7090由美国国际商用机器公司制造成功。

◎ 1960年，非洲独立年，非洲先后有17个国家获得独立。

1960年8月

中苏两国关系走向破裂

苏联专家与中国工人在一起

新中国成立后，苏联政府根据与中国政府的协议，曾先后派遣数百位专家来华进行援建。1960年8月，苏联政府突然在短短的一个月内撤走全部在华专家，撕毁了两国签订的12个协定及343个专家合同，废除了257个科学技术合作项目，停止供应中国建设急需的重要设备。同时，要求中国政府召回驻苏联使馆的工作人员，并挑起边境纠纷。苏联政府的片面行为使中苏两国关系走向破裂。

1961年1月

调整国民经济的“八字方针”

1958年以来的“大跃进”运动和人民公社化运动，造成了国民经济的严重困难。1961年1月，国民经济开始实行“调整、巩固、充实、提高”的八字方针。即：调整国民经济各部门的比例关系；巩固已经取得的经济建设成果；充实以工业品为原料的轻工业和手工业品的生产，发展塑料、化纤等新兴工业；提高产品质量，改善企业管理，提高劳动生产率。中心是调整。通过调整，使工业和农业之间、重工业和轻工业之间、积累与消费之间的比例趋于协调，使国家建设和人民生活得到统筹兼顾。

调整国民经济的方针在国有大型工业企业中得到贯彻，图为沈阳重型机器厂车间一角。

◎ 1960年5月3日，欧洲自由贸易联盟正式成立。

◎ 1960年5月26日，智利、秘鲁、厄瓜多尔、玻利维亚、哥伦比亚五国签订《安第斯条约》，“安第斯条约组织”成立。

◎ 1960年9月10日至14日，“石油输出国组织”建立。

◎ 1961年4月21日，苏联发射世界上第一艘载人卫星式宇宙飞船“东方红号”，宇航员加加林成为进入太空的第一人。

6月

1962年1月11日

1961

精简城镇人口（1961年6月～1963年6月）

1961年6月，中国政府决定3年内减少城镇人口2000万人，并对精简对象、被精简人员的待遇、回乡后的安置等作了具体规定。1963年6月，精简工作基本结束，全国共减少职工1887万人，城镇人口减少2600万人，对改善城乡关系和争取国家财政经济状况的好转起到了巨大的作用。

城镇人口的"跃进"和粮荒

1958年以来的"全民大办工业"导致基本建设规模急剧扩大，大批农民流入城市成为职工。1960年8月职工总数达到5100万人，比1957年增加了2649万人，城镇人口从1957年的9900万人增加到1960年底的1.3亿人，从而使得1960年底吃商品粮的人口占总人口的比例上升到20%。为了保证城市粮食供应，中国政府不得不做出精简城镇人口的决策。

"七千人大会"（1962年1月11日～2月7日）

1962年1月11日至2月7日，中共中央在北京召开了由县委书记以上7000多名干部参加的扩大的中央工作会议，即"七千人大会"。会议初步总结了新中国成立后特别是1958年以来社会主义建设的基本经验教训，动员全党全面贯彻"八字方针"，切实抓好国民经济的调整工作，并提出了1962年经济建设的任务。

◎ 1961年5月，美军进入越南，越南战争爆发。

◎ 1961年7月31日，马来亚（现马来西亚）、菲律宾、泰国在曼谷成立东南亚联盟。

◎ 1961年9月1日至6日，25个不结盟国家在贝尔格莱德举行第一次正式会议。

◎ 1962年1月25日至30日，20个非洲独立国家首脑会议通过《非洲宪章》，决定成立非洲议会。

中印边境自卫反击战

1962年10月20日，印度军队在中印边界的东段和西段同时向中国边防部队发动进攻，中国边防部队进行自卫还击，并取得胜利。24日，中国政府发表声明，提出停止冲突、重开谈判、和平解决3项建议，被印度政府拒绝。11月14日，印军在边境东段再次发动大规模进攻，中国边防部队予以反击，将印军在中国境内的侵略据点全部清除。为表明和平解决中印边境问题的立场，中国边防部队从11月22日零时起全线停火，又于12月1日起主动后撤，此后又将缴获的物资全部交还印方，并陆续遣返全部俘虏。

中印边境问题的由来

中印边境全长约2000公里，未曾正式划定边境线，仅有一条历史上形成的传统边境线。1914年，统治印度的英国与西藏地方代表非法划定了中国政府从未承认过的“麦克马洪线”。新中国成立后，印度于1951年侵占中印边境东段9万平方公里的中国领土，1954年以后又侵占中印边境中段2000平方公里的中国领土。1959年3月，印度政府向中国提出大片领土要求，不仅要中国承认已被其侵占的上述领土是合法的，而且要求中国承认从未被其占领过的中印边界西段3.3万平方公里的中国领土属于印度。1961年以来，印度军事人员在中印边界西段的中国领土上步步推进，不断增设新的哨所，印度飞机频繁进入中国领空侦察和骚扰，最终导致中印边境发生大规模武装冲突。

◎ 1962年8月2日，哥斯达黎加、洪都拉斯、尼加拉瓜、萨尔瓦多、危地马拉5国签订建立中美洲共同市场协议，正式成立中美洲共同市场。

◎ 1962年10月14日至28日，古巴导弹危机。

◎ 1962年，美国麻省理工学院爱恩斯教授发明世界上第一个现代机器人。

1963年3月5日

9月6日

1963

向雷锋同志学习

雷锋是一名解放军汽车兵，他克己奉公，乐于助人，为集体、为人民做了大量的好事，1962年8月不幸殉职。1963年3月5日，《人民日报》发表了毛泽东的题词："向雷锋同志学习"，各种报刊、图书、影视作品等也大量介绍雷锋的事迹，全国迅速掀起学习雷锋的热潮，各行各业也涌现出许多雷锋式的典型人物。

雷锋生前和战友们学习毛主席著作

中苏两党论战白热化
（1963年9月6日～1964年7月14日）

《人民日报》编辑部、《红旗》杂志编辑部发表的九篇评苏共中央公开信的文章

1963年7月15日至10月底，苏联报刊、广播发表了1100多篇反华文章，其中的一封苏共中央的公开信把中苏两党争论公开化。在此情况下，从1963年9月6日至1964年7月14日，中共以《人民日报》编辑部和《红旗》杂志编辑部的名义，陆续发表了《苏共领导同我们的分歧的由来和发展》等9篇评论文章，回顾了中苏两党自1956年以来的分歧，对苏共领导进行了批评。中苏两党论战由此进入白热化。

- 1963 年 5 月 22 日至 26 日，31 个非洲独立国家的元首、政府首脑在埃塞俄比亚首都亚的斯亚贝巴举行会议，25 日通过《非洲统一组织宪章》，决定成立非洲统一组织，总部设在亚的斯亚贝巴。
- 1963 年 8 月 5 日，苏联、美国和英国在莫斯科签署《禁止在大气层、外层空间和水下进行核武器试验条约》，简称《部分禁止核试验条约》。
- 1963 年 8 月 28 日，马丁·路德·金在华盛顿林肯纪念堂前的大规模群众集会上发表著名演说——《我有一个梦想》。
- 1963 年 11 月 22 日，美国第 35 任总统约翰·肯尼迪在德克萨斯州达拉斯市遇刺身亡。

1964年1月25日　　2月

工业学大庆

1964年1月25日，毛泽东发出“工业学大庆”的号召。大庆油田发现以来，不仅生产了国家经济发展必须的石油产品，更涌现出以“铁人”王进喜为代表的一批先进代表人物，形成了备受称道的大庆精神，即为国争光、为民族争气的爱国主义精神，独立自主、自力更生的艰苦创业精神；讲究科学、实事求是的求实精神；胸怀全局、为国分忧的奉献精神。

大庆“铁人”王进喜跳进泥浆池治服井喷

农业学大寨

大寨人修建的梯田

大寨是山西省昔阳县的一个山村，自然条件恶劣，大寨大队党支部书记陈永贵带领村民自力更生、艰苦奋斗，将山坡荒沟开垦成梯田，粮食有了收成，村民生活有了保障。1964年2月，毛泽东发出了“农业学大寨”的号召。此后，学习大寨精神的群众性教育活动在全国展开，各地农村迅速掀起了兴修水利、建设稳产高产农田的热潮，涌现出一批大寨式的公社、生产队和先进国营农场。

◎ 1964 年 1 月 9 日，巴拿马人民要求收回运河，爆发反美爱国运动。

5月

10月2日

1964

“三线”建设战略的确立

贵州省六盘水水城矿区，为国家“三线”建设重点项目之一。

“三线”是指根据战略位置的不同，将中国各地区划分为一、二、三线，“一线”指东北及沿海各省市，“三线”包括云南、贵州、四川、陕西、甘肃、宁夏、青海、山西、河南、湖北、湖南等11个省区，“二线”是指介于一、三线之间的省区。1964年5、6月间，毛泽东基于国际形势的紧张和中国周边环境的恶化，明确提出要搞一、二、三线的战略布局，防备敌人的入侵，“三线”建设由此大规模展开，实施时间长达十几年，对改善国民经济结构和布局产生了深远的影响，也为以后实施西部大开发战略奠定了一定的基础。

《东方红》首演

1964年10月2日，由周恩来总理任总导演、3500名艺术家集体创作的新中国第一部大型音乐歌舞史诗《东方红》，在人民大会堂隆重上演。这部歌唱、舞蹈和戏剧相结合的综合性史诗，由序曲《葵花向太阳》以及《东方的曙光》、《星火燎原》、《万水千山》、《抗日烽火》、《埋葬蒋家王朝》、《祖国人民站起来》、《祖国在前进》、《世界在前进》8场构成，历时两个多小时，全面反映了中国近百年民主革命斗争的历史。

大型音乐舞蹈史诗《东方红》

◎ 1964年6月15日，第一届联合国贸易和发展会议在日内瓦召开，发达国家和发展中国家在一些重大问题上产生尖锐分歧。77个发展中国家和地区联合起来，发表了《77国联合宣言》，要求建立新的、公正的国际经济秩序，并以此组成一个集团，即77国集团。

◎ 1964年8月5日，美国制造“北部湾事件”，公然出动飞机袭击越南北方。

10月16日

1965年9月17日

第一颗原子弹爆炸成功

中国第一颗原子弹在新疆罗布泊爆炸成功

1964年10月16日15时，中国在新疆罗布泊爆炸了第一颗原子弹，成为继美国、苏联、英国、法国之后世界上第五个拥有核武器的国家。同日，中国政府发表声明，中国发展核武器是为了打破核大国的核垄断，中国在任何时候、任何情况下，都不会首先使用核武器。

首次人工合成结晶牛胰岛素

1965年9月17日，中国科学家首次人工合成了结晶牛胰岛素，这是人类生命科学发展史上一个重要事件，也使中国成为世界上第一个人工合成蛋白质取得成功的国家。

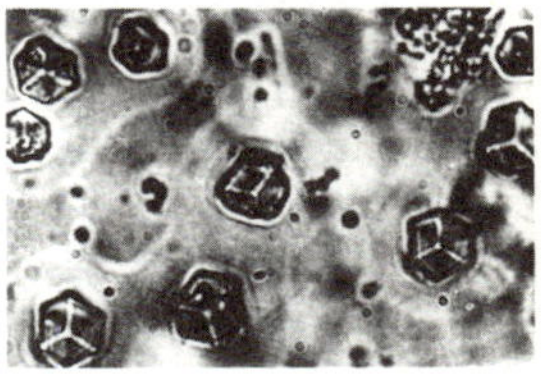

人工合成的牛胰岛素结晶

- 1964年10月16日，苏共中央第一书记赫鲁晓夫下台，勃列日涅夫继任。
- 1965年4月28日，美国对多米尼加共和国政变发动武装干涉。
- 1965年8月9日，马来西亚国会将新加坡驱逐出联邦，新加坡共和国正式成立。
- 1965年9月30日，印度尼西亚发生政变，苏哈托接替政权。史称“九三·〇事件”。

《评新编历史剧〈海瑞罢官〉》的发表

评新编历史剧《海瑞罢官》

上海《文汇报》发表的《评新编历史剧〈海瑞罢官〉》

1961年，著名学者吴晗创作的历史剧《海瑞罢官》在北京首次演出，四年后的1965年11月15日，上海《文汇报》刊出由姚文元执笔的批判文章《评新编历史剧〈海瑞罢官〉》，诬指该剧“反共反社会主义”，引起广泛讨论。后对《海瑞罢官》的批判不断加剧，成为发动“文化大革命”的导火线。

海瑞与《海瑞罢官》

海瑞（1514年～1587年），是中国历史上著名的清官。1959年4月，毛泽东提倡学习海瑞“刚正不阿，直言敢谏”的精神，北京市副市长、明史专家吴晗于1961年创作出新编历史京剧《海瑞罢官》，由北京京剧团首演。该剧讲述了海瑞如何不畏强权，宁肯丢官罢职也要惩治贪官恶霸、为民伸张正义的故事，塑造了封建时代广大人民所称颂的为民除害、清正廉洁的清官形象，演出之后大受欢迎。

1966年2月7日　　5月

学习焦裕禄

1966年2月7日，《人民日报》发表长篇通讯《县委书记的榜样——焦裕禄》，全面介绍了焦裕禄的感人事迹，同时刊登向焦裕禄学习的社论，在全国掀起了向焦裕禄学习的热潮。焦裕禄曾任河南省兰考县的县委书记，他带领全县人民封沙、治水和改地，积劳成疾，罹患肝癌。1964年5月，焦裕禄病逝于郑州，终年42岁，临终前仍不忘治沙工作。

焦裕禄

文化大革命（1966年5月～1976年10月）

1966年5月到1976年10月的“文化大革命”，是一场由领导者错误发动，被林彪、江青两个反革命集团利用，给党、国家和各族人民带来严重灾难的内乱。1966年5月的中央政治局扩大会议和同年8月的八届十一中全会，是“文化大革命”全面发动的标志，这两次会议相继通过了两个重要文件《五・一六通知》和《关于无产阶级文化大革命的决定》。1970年至1971年间，林彪反革命集团阴谋夺取最高权力、策动反革命武装政变，最后被粉碎，客观上宣告了“文化大革命”理论和实践的失败。1976年周恩来、毛泽东等先后逝世，江青反革命集团加紧夺取党和国家最高领导权的阴谋活动。同年10月，中共中央政治局一举粉碎江青反革命集团，结束了这场长达10年的内乱。

◎ 1966 年 2 月 21 日，法国宣布将退出北约军事一体化组织。

◎ 1966 年 5 月 16 日，英国爆发 1926 年以来最严重的罢工——英国全国海员工会工人罢工。

◎ 1966 年 6 月 2 日，美国不载人飞船“观察者 1 号”在月球着陆。

陈景润发表“陈氏定理”

陈景润和华罗庚在一起

1966年，中国数学家陈景润发表论文《大偶数为一个素数及一个不超过两个素数的乘积之和》，证明任何一个足够大的偶数都可以表示成一个素数和一个半素数的和，即通常所说的“1+2”。1973年，陈景润公布了详细证明方法，把哥德巴赫猜想的证明向前推进了一大步，被国际数学界称之为“陈氏定理”。

8个“样板戏”出台

1966年12月26日，《人民日报》首次将现代京剧《红灯记》、《智取威虎山》、《沙家浜》、《海港》、《奇袭白虎团》，芭蕾舞剧《红色娘子军》、《白毛女》和交响音乐《沙家浜》并称是江青亲自培育的8个“革命艺术样板”，后统称为“样板戏”。1967年5月，8个“样板戏”同时在北京上演。之后的十年间，这8个样板戏成为中国戏曲舞台上仅有的演出节目。

现代京剧《沙家浜》剧照

◎ 1966 年 12 月 19 日，联合国大会通过《关于各国探索和利用包括月球和其他天体在内外层空间活动的原则条约》，简称《外层空间条约》。

◎ 1967 年 5 月 30 日，尼日利亚爆发长达 13 年的内战。

6月17日

1968年12月

1968

第一颗氢弹爆炸成功

氢弹爆炸成功

1967年6月17日8时20分，中国在新疆罗布泊成功爆炸了第一颗氢弹。这次试验是中国继1964年第一颗原子弹爆炸成功后，在核武器发展方面的又一次飞跃。

“两弹元勋”邓稼先

邓稼先（1924年～1986年）是中国核武器研制与发展的主要组织者、领导者，被称为“两弹元勋”。在原子弹、氢弹的试验中，他领导开展了基础理论研究，完成了原子弹的理论方案，并参与指导核试验的爆轰模拟试验。原子弹试验成功后，邓稼先又组织人员探索氢弹设计原理，领导并亲自参与了中国第一颗氢弹的研制和实验工作。

“上山下乡”运动开始

知青突击队在开发荒洼

自1966年“文化大革命”开始后，大学不招生，工厂不招工，商业和服务业处于停滞状态，致使当时的初、高中毕业生没有去路。1968年12月，毛泽东发出“知识青年到农村去，接受贫下中农的再教育”的号召，知识青年纷纷响应，“上山下乡”形成高潮。十年间，数以万计的知识青年进入山区、农村、农场，与农民一道生活、劳动。1978年底，“上山下乡”的大批知识青年陆续返城。

- 1967年6月5日，以色列对埃及、叙利亚和伊拉克发动闪电袭击，第三次中东战争（亦称“六五战争”）爆发。
- 1967年7月1日，欧洲经济共同体、欧洲煤钢联营和欧洲原子能联营合并，统称“欧洲共同体”。
- 1967年8月8日，印度尼西亚、泰国、新加坡、菲律宾四国外长和马来西亚副总理共同发表《曼谷宣言》，决定成立东南亚国家联盟，取代东南亚联盟。
- 1968年4月4日，美国黑人民权运动领袖马丁·路德·金在田纳西州被枪杀。

12月29日　　1969年3月

1968

▶ 南京长江大桥建成通车

▶ 中苏军队在珍宝岛发生武装冲突

南京长江大桥

1968年12月29日，南京长江大桥建成通车。这是一座由中国自行设计和施工的铁路、公路两用桥，上层为公路桥，下层为双线铁路桥。铁路桥长6772米，1968年9月建成通车。公路桥长4589米，宽15米，1968年12月建成通车。这座大桥连接了长江南北的公路网络，具有重要的政治、经济和战略意义。

驻守珍宝岛的中国边防部队战士和民兵

珍宝岛位于乌苏里江主航道中心线中国一侧，属黑龙江省，历来是中国领土。1969年3月，苏联军队多次武装入侵珍宝岛地区，并向中国岸上纵深地区进行炮击。中国边防部队进行自卫反击，捍卫了中国的领土主权。

1960 年代的中苏边界冲突

1960 年代，随着中苏关系恶化，中苏边界纠纷日趋增多。1960 年 8 月，苏联在中国新疆博孜艾格尔山口附近挑起了第一次边界事件。1962 年春夏之交，苏联策动新疆伊犁、塔城地区 6 万多中国公民逃往苏联，同年 5 月又策动伊宁暴乱事件。1963 年 7 月间，苏军进驻蒙古，加强对中国的军事压力。1964 年后，苏联向中苏边境地区特别是有争议的地段增兵，引起军事冲突。1964 年 10 月至 1969 年 3 月，双方的边界纠纷达 4100 余起。

◎ 1968 年 7 月 1 日，苏、美、英等国在各自首都同时签署《防止核扩散条约》。

◎ 1968 年 8 月 20 日，苏联入侵捷克斯洛伐克。

1970年4月24日 12月29日

1970

第一颗人造地球卫星发射成功

1970年4月24日21时35分，中国自行研制的第一颗人造地球卫星“东方红一号”，由“长征一号”运载火箭送上太空。21时48分，星箭分离，卫星进入预定轨道。“东方红一号”人造卫星的发射成功，标志着中国开始进入航天时代。

中国第一颗人造卫星上天

长江葛洲坝水利枢纽工程破土动工

葛洲坝水利枢纽工程实现大江截流

1970年12月29日，万里长江上的第一个大坝——葛洲坝水利枢纽工程破土动工，至1988年底全部工程完工。葛洲坝水利枢纽工程主要由电站、船闸、泄水闸、冲沙闸等组成。大坝全长2595米，高70米，顶宽30米。总库容量15.8万立方米，年均发电量141亿度，最大泄洪量达每秒11万立方米，是三峡水利枢纽工程完工前中国最大的一座水电工程。

- 1969年7月20日，美国“阿波罗11号”登月成功，宇航员尼尔·阿姆斯特朗和埃德温·奥尔德林在月球上行走。
- 1970年2月，美国总统尼克松向美国国会提出题为《70年代美国的对外政策：争取和平的新战略》的长篇咨文，尼克松主义最终形成。
- 1970年12月7日，德国总理维利·勃兰特在华沙犹太人起义纪念碑前下跪。

1971年4月10日

7月9日

1971

"乒乓外交"的开展

1971年3月21日，中国乒乓球代表团在日本名古屋参加第31届世界乒乓球锦标赛时，得知美国队希望赛后访问中国。消息反映到北京，毛泽东决定邀请。4月10日，美国乒乓球代表团抵达北京，受到了热烈欢迎。这次美国乒乓球队应邀访华，打开了隔绝22年之久的中美交往之门，被称为"乒乓外交"。

美国乒乓球代表团在清华大学参观

基辛格秘密访华（1971年7月9日～11日）

1971年7月9日～11日，美国总统国家安全事务助理基辛格秘密访华，周恩来总理同基辛格进行了会谈，并着重讨论了台湾问题。周恩来强调了中国对台湾问题的立场，阐明台湾问题是中国的内政，美蒋《共同防御条约》应予以废除，美国必须确定撤走驻台美军的期限。基辛格则表示，美国承认台湾是中国的一部分，准备逐渐减少驻台的军事力量，美国还将在联合国支持恢复中国的席位。7月16日，双方发表会谈公告。公告宣布，美国总统尼克松应邀将于1972年5月以前的适当时候访问中国。公告发表后，在世界上引起了震动。

◎ 1971年2月19日，欧洲共同体6国决定建立欧洲6国经济和货币同盟。

◎ 1971年4月至5月，32万美国民众在华盛顿举行反对越战的大示威。

10月25日

1972年2月28日

1972

中国恢复在联合国的合法席位

2758号决议通过之后，各国纷纷向中国表示祝贺。

1971年8月前后，以阿尔巴尼亚和阿尔及利亚为首的23个国家代表，向第26届联合国大会提出了驱逐蒋介石代表和恢复中华人民共和国席位的提案，美国驻联合国首席代表也正式要求把“中国在联合国的代表权问题”的议题列入联大议程。10月25日，大会以压倒多数通过2758号决议，决定恢复中国在联合国的一切合法权利，立即把台湾当局的代表从联合国及其所属一切机构中驱逐出去。

中美上海《联合公报》发表

1972年2月28日，中国政府与到访的美国总统尼克松发表《联合公报》（“上海公报”）。联合公报强调指出，双方同意以和平共处五项原则来处理国与国之间的关系，美国政府对于“海峡两岸只有一个中国”、“台湾是中国的一部分”这一立场不提出异议。双方还同意发展科学、技术、文化、体育、新闻等领域的联系和交流，逐步发展两国之间的贸易。《联合公报》的发表，结束了中美两国20多年的敌对状态，开始走向关系正常化。

周恩来总理在机场与尼克松总统握手

◎ 1971 年 10 月，77 国集团第二次部长会议在利马举行，通过了《利马宣言》和《行动纲领》。

9月29日　　1974年2月22日

1973

中日邦交正常化

毛泽东主席会见田中角荣首相

1972年9月25日至29日，日本首相田中角荣接受周恩来总理邀请，对中国进行访问。9月29日，周恩来和田中角荣分别代表中日两国政府在北京签署了联合声明，宣布中日之间结束两国不正常状态，建立外交关系，并尽快互派大使。同时，作为日中邦交正常化的结果，日本同台湾当局签订的条约宣告结束。

“三个世界”划分理论的提出

1974年2月22日，毛泽东在与赞比亚总统卡翁达谈话时，第一次系统地阐述了“三个世界”划分理论。4月10日，邓小平在联合国大会第六届特别会议上发言，全面阐述了“三个世界”理论：现在的世界实际上存在着互相联系又互相矛盾着的三个方面、三个世界。美国、苏联是第一世界，亚非拉发展中国家和其他地区的发展中国家是第三世界，处于这两者之间的发达国家是第二世界。

邓小平在联合国大会第六届特别会议上阐述关于“三个世界”划分的理论

- 1972 年 3 月 20 日，苏共中央第一书记勃列日列夫呼吁建立“亚洲集体安全体系”。
- 1972 年 6 月 5 日至 16 日，联合国第一次人类环境会议在斯德哥尔摩召开，通过《人类环境宣言》。
- 1972 年 6 月 17 日，“水门事件”被揭露，这一政治丑闻使尼克松在 8 月 8 日被迫辞去美国总统职务。
- 1972 年 10 月 19 日至 21 日，欧共体首脑巴黎会议宣布建立“欧洲联盟”。
- 1974 年 2 月 7 日，巴拿马和美国达成关于巴拿马运河问题的 8 项原则协议。

1975年1月

邓小平开始"全面整顿"

1975年1月，周恩来总理病重，由副总理邓小平主持日常工作。邓小平通过整顿领导班子、加强管理体制、健全必要的规章制度和落实知识分子政策等措施，首先从军队的整顿开始，以铁路整顿为中心，带动了整个工业的整顿，并扩展到农业、科技、文化、教育等方面，力图系统地纠正"文化大革命"的错误。这次整顿实现了一定程度的拨乱反正，但遭到了江青等人的阻挠和破坏，被迫中断，全国也再度陷入混乱。

邓小平

邓小平（1904年～1997年），四川广安人，1920年赴法国勤工俭学，1924年参加中国共产党，抗日战争和解放战争期间一直担任党政军的领导职务。1978年以后，邓小平成为中国共产党第二代中央领导集体的核心。他创立和发展了建设有中国特色的社会主义理论，直接设计、推动和领导了中国改革开放的历史进程。为实现祖国和平统一，他创造性地提出了"一国两制"的科学构想。

邓小平主持中央日常工作

◎ 1974年8月，联合国召开第一次人口会议，从政治和发展的角度审议人口问题。

◎ 1975年1月26日，国际货币基金组织同意废除黄金在国际货币制度中的特殊地位。

◎ 1975年2月28日，非洲、加勒比海和太平洋地区46个发展中国家和欧洲经济共同体9国在多哥首都洛美签订贸易和经济协定，即"洛美协定"或"洛美公约"。

10月20日

1975

袁隆平培育的籼型杂交水稻通过鉴定

袁隆平发表在中国科学院院刊《科学通报》上的论文《水稻的雄性不孕性》

袁隆平是当代中国著名的农业科学家，被誉为“杂交水稻之父”。他从1964年开始研究杂交水稻，1974年育成第一个杂交水稻强优组合“南优2号”，1975年研制成功杂交水稻制种技术，为大面积推广杂交水稻奠定了基础。1975年10月20日，袁隆平培育的籼型杂交水稻通过鉴定，开始在全国大面积推广。此后，杂交水稻技术不断更新优化，为中国和世界粮食增产做出了重大贡献。

1976年1月8日

周恩来逝世

1975年1月，周恩来总理抱病在第四届全国人大第一次会议上做《政府工作报告》。

1976年1月8日，中华人民共和国总理周恩来逝世，享年78岁。周恩来是中国共产党、中华人民共和国和中国人民解放军的主要缔造者和领导人之一，他的逝世不仅使全国各族人民无限悲痛，联合国总部也为其降半旗致哀。

- 1975 年 4 月 30 日，美军全面撤离越南，越南战争结束。
- 1975 年 5 月 27～28 日，15 个西非国家首脑商定成立西非国家经济共同体。
- 1975 年 11 月 15～17 日，旨在研究经济形势、协调经济政策的首次西方 7 国首脑会议在巴黎举行。
- 1976 年 1 月 2 日，越南全境统一，定国名为：越南社会主义共和国。
- 1976 年 4 月 5 日，美国国务院顾问索南费尔特发表针对美苏关系的讲话，“索南费尔特主义”出台。

唐山大地震

1976年7月28日凌晨3时42分，冀东唐山一丰南一带发生里氏7.8级强烈地震，地震破坏范围超过3万平方公里，有感范围波及中国14个省、市、区。震中地区遭受巨大损失，百万人口的唐山市顷刻间变为一片废墟。地震造成24万多人死亡，伤70多万人，其中重伤16万多人。在唐山大地震救援经验的基础上，一项救援体制得以形成，即在抗震救灾中实施国家级救灾对策，以军队为主体，专业队伍协助，现场救护和邻区支援相结合的体制。

在地震废墟上重建的唐山新城

大地震使唐山顷刻间化为废墟

◎ 1976 年 7 月 20 日，美国“海盗 1 号”不载人宇宙飞船在火星软着陆成功。

9月9日　　10月14日

1976

毛泽东逝世

位于天安门广场的毛主席纪念堂

1976年9月9日，中共中央主席、中央军委主席、全国政协名誉主席毛泽东因病在北京逝世，终年83岁。当日，中共中央、中国政府发出《告全党全军全国各族人民书》，宣布毛泽东逝世的消息。全国举哀10天。9月18日，在北京天安门广场举行百万人的追悼大会。10月8日，中共中央、中国政府决定建立毛泽东主席纪念堂。

粉碎“四人帮”

“四人帮”被粉碎后，北京天安门广场人民群众游行庆祝的情景。

“四人帮”是指江青、张春桥、王洪文和姚文元四人结成的反革命集团，他们利用“文化大革命”，对大批老革命同志、国家干部、知识分子进行迫害，试图夺取党和国家的最高领导权。1976年10月6日晚，中共中央分别宣布对上述四人实行隔离审查，同时迅速瓦解了“四人帮”的余党，一举粉碎了这一反革命集团。10月14日，中共中央公布粉碎“四人帮”的消息，全国一片欢腾，“文化大革命”也宣告结束。

◎ 1976年9月20日，布隆迪、卢旺达和扎伊尔签署建立大湖国家经济共同体协定。

1977年10月

1978年5月

恢复高考制度

1977年10月21日，《人民日报》发表社论《搞好大学招生是全国人民的希望》，正式宣告恢复中断了10年之久的高校招生统一考试制度，采取自愿报名、统一考试、择优录取的办法，高等学校招收研究生的工作也同时恢复，“文化大革命”期间实行的“自愿报名，群众推荐，领导批准，学校复审”的办法被废除。当年，中国约有570万人报名参加了高等学校招生考试，各大专院校录取了27万余名学生。

1977年《人民画报》杂志对恢复高考制度的报道

真理标准问题的大讨论

实践是检验真理的唯一标准

本报特约评论员

《光明日报》发表的《实践是检验真理的唯一标准》

粉碎“四人帮”以后，拨乱反正的进度又受到了“两个凡是”（凡是毛主席作出的决策都坚决维护；凡是毛主席的指示都始终不渝地遵循）错误方针的阻碍。1978年5月11日，《光明日报》发表《实践是检验真理的唯一标准》一文，引发了一场全国性的关于真理标准问题的大讨论。随着讨论的深入，逐步突破了“两个凡是”的思想禁锢，为党的十一届三中全会的召开作了重要的思想准备。

- 1977 年 8 月 22 日至 26 日，世界反对种族隔离大会通过《拉各斯宣言》。
- 1977 年 9 月 17 日，巴拿马与美国签订关于巴拿马运河主权过渡的条约——《巴拿马运河条约》。
- 1978 年 7 月 26 日，世界上第一个试管婴儿在美国诞生。
- 1978 年 11 月 18 日，美国“人民圣殿教”900 多名信徒在圭亚那首都乔治敦附近的一个营地里集体服毒自杀。

中共十一届三中全会召开（1978年12月18日～22日）

1978年12月18日至22日，中共十一届三中全会在北京召开。全会分析了国际和国内形势，决定把工作重点转移到社会主义现代化建设上来，重新确立了解放思想、实事求是的思想路线，制定了一系列有利于促进国民经济发展的政策。全会认真讨论并解决了“文化大革命”中发生的一些重大政治事件和遗留的某些历史问题，决定健全民主集中制和集体领导原则，提出了发扬社会主义民主、加强社会主义法制的任务。全会还做出了实行改革开放的伟大决策。这次会议，实现了新中国成立以来中国共产党历史上具有深远意义的伟大转折，开启了中国改革开放历史新时期。

人民日报

RENMIN RIBAO

让我们更加紧密地团结在毛泽东思想的旗帜下，团结在以华国锋同志为首的党中央周围，为根本改变我国的落后面貌，把我国建成现代化的伟大社会主义强国而奋勇前进！

中国共产党第十一届中央委员会第三次全体会议公报

中国共产党第十一届中央委员会第三次全体会议公报

（一九七八年十二月二十二日通过）

《人民日报》刊登的《十一届三中全会公报》

中共十一届三中全会会场

1979年1月1日

《告台湾同胞书》的发表　中美建交

1979年1月1日，全国人大常委会发出《告台湾同胞书》，指出实现祖国统一，是人心所向，大势所趋。台湾当局和中国大陆都坚持一个中国的立场，这是双方共同的立场，合作的基础。人民解放军停止炮击金门等岛屿，通过商谈结束军事对峙状态，为双方的交往接触创造必要的条件。希望双方尽快实现通航通邮，直接接触，互通讯息，探亲访友，旅游参观，进行学术、文化、体育、文艺观摩，也希望发展贸易往来，互通有无。《告台湾同胞书》的发表，表明中国人民已把完成祖国统一大业提上了具体日程。

人民日报
RENMIN RIBAO
国防部长徐向前声明
停止炮击大、小金门等岛屿
中华人民共和国全国人大常委会
告台湾同胞书
（一九七九年一月一日）

《人民日报》发表的《告台湾同胞书》

1978年12月16日，中美两国发表联合公报，美国承认中华人民共和国是中国的唯一合法政府，宣布从1979年1月1日起中美两国建立外交关系。1979年1月1日，中美建交，同日美国宣布与台湾断交。

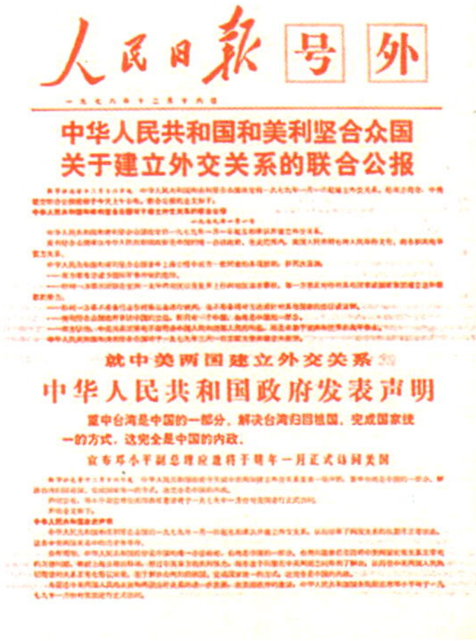
人民日报 号外
中华人民共和国和美利坚合众国
关于建立外交关系的联合公报
就中美两国建立外交关系
中华人民共和国政府发表声明
重申台湾是中国的一部分，解决台湾归回祖国、完成国家统一的方式，这完全是中国的内政。

《人民日报》为中美建交印发的号外

3月

3月30日

价格体制改革的启动

1979年3月，中国政府开始推行价格体制改革，以有计划地调整价格为主，包括提高粮油、生猪等18种主要农产品收购价格，提高肉类、蔬菜等8种主要副食品销售价格，全面调整纺织品价格，提高一部分重要原材料、燃料价格等。此次价格体制改革为以后的价格深化改革奠定了基础。

1984年以后的价格体制改革

1984年开始，价格体制改革进入第二阶段，以不同形式、不同程度放开价格为主。1987年9月11日，《中华人民共和国价格管理条例》颁布，明确规定了国家定价、国家指导价和市场调节价等3种国家现行价格形式，并规定企业在价格管理方面享有的权利。

四项基本原则的提出

1979年3月30日，邓小平正式提出四项基本原则，具体内容是：在中国实现四个现代化，必须始终在思想上政治上坚持社会主义道路，坚持无产阶级专政（即人民民主专政），坚持共产党的领导，坚持马列主义、毛泽东思想。四项基本原则规定了中国的社会性质、国家体制、党的领导地位、革命和建设事业的指导思想，是中国社会主义现代化建设事业健康发展的根本保证。

◎ 1979年2月1日，伊朗什叶派领袖霍梅尼从巴黎返回德黑兰，推翻巴列维王朝统治。

◎ 1979年3月13日，欧洲经济共同体首脑会议宣布欧洲货币体系生效。

◎ 1979年5月3日，英国保守党领袖玛格丽特·撒切尔组阁，成为英国历史上第一位女首相。

小岗村与家庭联产承包责任制

小岗村是安徽省凤阳县梨园公社的一个生产队。1978年冬，小岗村将全队517亩耕地按人口分包到户，10头耕牛作价两户一头，国家农副产品交售任务、公共积累等也按人包干。包干任务完成后，剩余全部归己，还为此签订了保证书。这种做法被称为“家庭联产承包责任制”。1979年底，小岗生产队大丰收，全年粮食产量由原来的3万斤提高到12万多斤。次年，家庭联产承包责任制开始在中国农村推广开来，人民公社制度随之被废除。此后，家庭联产承包责任制不断完善，最终形成了农民家庭承包经营制度。

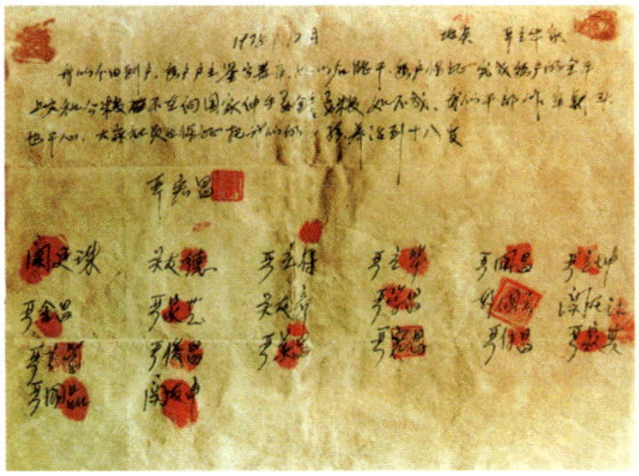

安徽凤阳县梨园公社小岗村18户农民代表签署的实行生产责任制的契约

◎ 1979 年 12 月 12 日，全斗焕在韩国发动军事政变。

◎ 1979 年 12 月 24 日，苏联军队入侵阿富汗。

1980年2月

1980

为刘少奇平反

1980年5月14日，刘少奇的夫人王光美在郑州无限深情地接过刘少奇的骨灰盒。

1980年2月，中共十一届五中全会做出了《关于为刘少奇同志平反的决议》。这个决议撤销了“文化大革命”期间强加给刘少奇的各项“罪名”和把刘少奇“开除出党、撤销其党内外的一切职务”的错误决议，恢复刘少奇作为伟大的马克思主义者和无产阶级革命家、党和国家的主要领导人之一的名誉。5月17日，刘少奇追悼大会在人民大会堂隆重举行。根据刘少奇生前遗言，他的骨灰撒在青岛海区。

刘少奇

刘少奇（1898 年 ~ 1969 年），湖南省宁乡县人，是中国共产党和中华人民共和国的主要领导人之一，杰出的革命家、政治家和理论家。1921 年加入中国共产党。在革命年代，他多次领导工人罢工、创建敌后抗日根据地和从事中共的秘密工作。新中国成立后，刘少奇历任中央人民政府副主席、国家主席、国防委员会主席等职，在制定国家政治、经济、文化、教育、外交等方针政策方面发挥了重要作用。“文化大革命”开始后，他受到错误批判，遭到林彪、江青反革命集团的政治陷害和人身摧残，于 1969 年 11 月 12 日病逝于河南开封。

◎ 1980 年 4 月 10 至 11 日，印度尼西亚发生大规模排华骚乱。

4个经济特区的创办

现代化的深圳

1980年8月26日，中国政府审议批准在广东省的深圳、珠海、汕头和福建省的厦门设立4个经济特区。经济特区以吸收利用外资、引进国外先进技术和管理经验为主，着重发展外向型经济；经济活动在国家宏观经济指导调控下，以市场调节为主；对外商投资予以优惠和方便；在经济管理方面拥有较大的权限。设立经济特区是邓小平改革开放思想的重要内容之一，对国内的进一步改革和开放、扩大对外经济交流起到了极为重要的作用。

经济特区

经济特区是指一个主权国家或地区，在其管辖范围内专门划出一块区域，实行特殊优惠政策，用减免税收等优惠办法，提供安全、良好、可靠的投资环境，吸引外资，引进先进技术，促进对外贸易，增加外汇收入，解决劳动就业，以达到促进本国、本地区经济发展的目的。这种专门区域主要包括：自由港、自由贸易区、出口加工区、科技工业园、自由边境区等。

◎ 1980 年 9 月 22 日，伊拉克与伊朗战争爆发。

1981年6月

《关于建国以来党的若干历史问题的决议》

十一届六中全会通过《关于建国以来党的若干历史问题的决议》

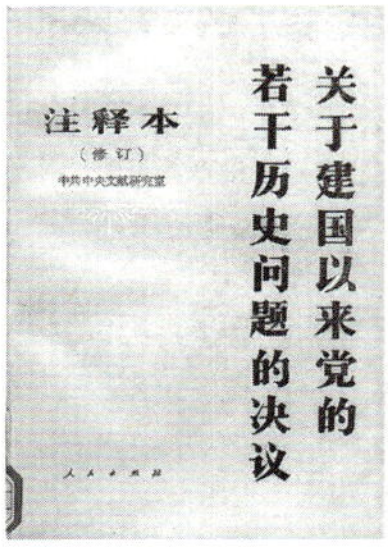

人民出版社出版的《关于建国以来党的若干历史问题的决议》（注释本）

社会主义初级阶段概念的提出

在《关于建国以来党的若干历史问题的决议》中，中国共产党首次提出“社会主义初级阶段”的概念，这一概念突破了自1962年以来认为社会主义社会不再分阶段的定论，具有极其重要的理论价值和现实意义。依此为基础，在1987年召开的中共十三大上形成了关于社会主义初级阶段的系统观点，为中国改革开放和现代化建设的进行奠定了理论基础。

1981年6月27至29日，中国共产党十一届六中全会在北京召开。全会审议和通过了《关于建国以来党的若干历史问题的决议》，对新中国成立以来的一系列重大历史问题特别是“文化大革命”做出了正确的总结，实事求是地评价了毛泽东在中国革命中的历史地位，充分论述了毛泽东思想的科学内涵。《决议》肯定了十一届三中全会以来逐步确立的适合中国情况的建设社会主义现代化强国的正确道路，进一步指明了中国社会主义事业和党的工作继续前进的方向。

◎ 1981年6月13日，美国洛杉矶加州大学医院医学中心诊断出全球首例艾滋病。

9月30日　　11月16日

叶剑英提出和平统一祖国的9条方针政策

1981年9月30日，全国人大常委会委员长叶剑英发表谈话，提出和平统一祖国的9条方针政策（简称“叶九条”）。主要内容是：建议举行中国共产党和中国国民党两党对等谈判，共同完成祖国统一大业；双方共同为通邮、通商、通航、探亲、旅游以及开展学术、文化、体育交流提供方便，达成有关协议；国家实现统一后，台湾可以作为特别行政区，享有高度的自治权；台湾现行社会、经济制度不变，生活方式不变；台湾当局和各界代表人士，可参与国家管理；台湾地方财政遇有困难时，可由中央政府酌情补助；台湾各族人民、各界人士愿回祖国大陆定居者，保证来去自由；欢迎台湾工商界人士回祖国大陆投资；统一祖国，人人有责。“叶九条”是以“一个国家，两种制度”的方式实现祖国和平统一的新构想。

中国女排获得第一个世界冠军

中国女排首夺世界冠军

1981年11月7日至16日，第三届世界杯女子排球赛在日本举行。中国女子排球队七战七胜，夺得了中国历史上第一个世界排球大赛的冠军。中国女排的崛起，是中国体育“冲出亚洲，走向世界”的重要标志。

◎ 1981 年 9 月 1 日 ~ 14 日，联合国通过了《20 世纪 80 年代支援最不发达国家的新的实质性行动纲领》。

11月20日　　1982年9月1日

1981

人工合成核糖核酸

1981年11月20日，中国科学工作者完成了人工合成酵母丙氨酸转移核糖核酸，这是世界上首次用人工方法合成具有与天然分子相同的化学结构和完整生物活性的核糖核酸。

科学家们正在讨论人工合成核糖核酸的方案

中共十二大召开（1982年9月1日～11日）

中国共产党第十二次全国代表大会会场

1982年9月1日，中国共产党第十二次全国代表大会在北京开幕。大会通过了《关于十一届中央委员会报告的决议》、《关于中国共产党章程的决议》等文件，于9月11日闭幕。中共十二大设立了中央顾问委员会，顺利实现了中央领导集体的新老交替；制定了建党以来最为充实的新党章；明确提出了“建设有中国特色的社会主义”的命题，在新的历史时期的总任务，以及2000年国民生产总值实现翻两番的战略目标和“两步走”的战略部署；首次把经济建设、政治建设和思想文化建设3个方面同时并列为建设社会主义的目标内容。

- 1982年，严重旱灾袭击非洲36个国家的1.5亿人口，100万人死于旱灾造成的饥荒。
- 1982年2月22日，发展中国家“新德里磋商”在印度举行，旨在进行对话、加强团结和合作、以促进建立一个公平合理的国际经济新秩序，又称“南南会议”。
- 1982年4月2日，阿根廷军队在马尔维纳斯群岛登陆，向岛上的英国驻军发动进攻，马岛战争爆发。
- 1982年4月30日，第三次联合国海洋法会议最终通过《联合国海洋法公约》。

12月4日　　1983年12月22日

1982年《宪法》的颁布

1982年12月4日，第四部《中华人民共和国宪法》颁布。这部《宪法》明确规定：今后国家的根本任务是集中力量进行社会主义现代化建设；扩大了全国人大常委会的职权；恢复设立国家主席；国家设立中央军事委员会，领导全国武装力量；国务院实行总理负责制，各部委实行部长、主任负责制；县级以上的地方各级人大设立常委会；进一步健全民族区域自治制度；规定国家主席、副主席，国务院总理等国家领导人连任不得超过两届（10年）。1982年《宪法》是改革开放时期中国政府依法治国的总章程。

中国第一台亿次计算机"银河"研制成功

1983年12月22日，中国第一台亿次巨型计算机——"银河Ⅰ型"，由国防科技大学计算机研究所研制成功，并通过国家鉴定。"银河Ⅰ型"的诞生填补了中国巨型计算机研制的空白，标志着中国计算机技术进入一个新的发展阶段。

1983年底通过国家鉴定的银河巨型计算机

- 1983年3月23日，美国总统里根提出实施"战略防御计划"，即"星球大战计划"。
- 1983年6月1日，位于瑞士的欧洲核子研究中心宣布发现"Z零"亚原子粒子。科学家认为，这是25年来探索物质和能量秘密的最重大发现。
- 1983年10月17日至18日，中部非洲11国元首和政府首脑签署成立"中部非洲国家经济共同体"条约。
- 1983年10月25日，美国以"保护侨民"为借口入侵格林纳达。
- 1983年12月28日，美国决定从1985年1月1日起退出联合国教科文组织。

1984年3月26日

1984

14个沿海城市的开放

1984年2、3月，邓小平在视察广东、福建后，肯定建立经济特区的政策是正确的，并建议增加对外开放城市。3月26日，大连、秦皇岛、天津、烟台、青岛、连云港、南通、上海、宁波、温州、福州、广州、湛江、北海等14个沿海城市被确立为开放城市，同深圳、珠海、厦门、汕头4个经济特区，一起成为中国对外开放的前沿地带。

1984年10月批准设立的大连经济技术开发区

14个沿海开放城市分布示意图

◎ 1984 年 3 月 9 日，英国爆发 20 世纪最大规模的煤矿工人罢工。

◎ 1984 年 3 月 21 日，美国琼斯—劳克林钢铁公司与共和钢铁公司合并，成为美国第三大钢铁公司。

中国实现奥运金牌零的突破

许海峰夺得中国有史以来第一枚奥运会金牌

1984年7月，中国派出353人的代表团参加在美国洛杉矶举行的第23届奥林匹克运动会。7月29日，中国选手许海峰在50米男子手枪慢射比赛中摘得金牌，实现了中国奥运金牌零的突破。

中国与奥林匹克的渊源

第一届现代奥林匹克运动会于1896年在雅典举行，中国正面临着外敌入侵，国贫民弱。1929年，在荷兰阿姆斯特丹举行第九届奥运会，中国政府只派了1名代表前去参观。1932年，短跑选手刘长春作为中国唯一的运动员参加了第十届美国洛杉矶奥运会，预赛即遭淘汰。第11、14届奥运会，中国均派运动员参加，但成绩欠佳。1952年，新中国第一次组队参加在芬兰赫尔辛基举行的第15届奥运会。由于个别大国阻挠，中国队在开幕10天后才赶到，错过了很多比赛。1956年后的20多年中，由于台湾代表团以“中华民国”的名义参赛，新中国宣布不参加奥运会。

“中国奥运第一人”刘长春在第十届美国洛杉矶奥运会200米预赛中（第四名）

新中国成立35周年国庆阅兵

1984年10月1日，在北京天安门举行了盛大的建国35周年阅兵。10时，中华人民共和国中央军委主席邓小平检阅了陆、海、空三军仪仗队和各军兵种的方队，并发表重要讲话。受阅部队共10,370人，各种受阅武器装备全部为中国自行研制，其中19种是具有现代水平的新装备。35周年国庆阅兵充分展示了中国人民解放军在革命化、现代化、正规化建设方面取得的巨大成就。

游行群众打出"小平您好"的横幅

新中国成立35周年庆典活动的场面

"小平您好"

在35周年国庆典礼中，当群众游行队伍经过天安门广场时，突然从游行队伍中擎起一条横幅"小平您好"。这是北京大学生物系的学生头一天晚上准备好的，以表达他们对邓小平由衷的拥戴和支持。

◎ 1984年6月7日，美国航天飞机"挑战者号"宇航员麦坎德利斯使用载人机动装置，离开航天飞机320英尺，完成了人类首次无安全索太空行走。

《关于经济体制改革的决定》颁布

1984年10月20日，中共十二届三中全会通过并颁布《关于经济体制改革的决定》。其基本内容是：增强企业活力是经济体制改革的中心环节；建立自觉运用价值规律的计划体制，发展社会主义商品经济；建立合理的价格体系，充分重视经济杠杆的作用；实行政企分开，正确发挥政府机构管理经济的职能；建立多种形式的经济责任制，认真贯彻按劳分配原则；积极发展多种经济形式，进一步扩大对外的和对国内的经济技术交流；造就一支社会主义经济管理干部的队伍，等等。《决定》首次比较系统地提出和阐明了经济体制改革中的一系列重大理论和实践问题，其目的是建立充满生机和活力的社会主义经济体制。

中共中央关于经济体制改革的决定

（中国共产党第十二届中央委员会第三次全体会议一九八四年十月二十日通过）

《人民日报》刊发的《中共中央关于经济体制改革的决定》

中共十二届三中全会会场

◎ 1984 年 10 月 31 日，印度总理英迪拉·甘地在新德里被刺杀。

12月19日

1985年2月20日

1984

中英签署关于香港问题的联合声明

《中英联合声明》签字仪式

1984年12月19日，中英两国政府经过两年、共22轮的艰苦谈判，终于就解决香港问题签署了《联合声明》。联合声明及其附件的内容包括英国政府同意将香港交还给中国、中国政府收回香港主权后对香港实行的基本方针政策等。联合声明的签署，解决了持续百年的历史遗留问题，对香港的平稳过渡、顺利回归发挥了重要作用，也为国与国之间处理同类问题创造了一个范例。

中国南极长城站落成

1985年2月20日，中国第一个南极考察站——长城站在南设得兰群岛乔治王岛建成。阿根廷、智利、巴西、苏联、波兰、乌拉圭等国极地考察站的工作人员出席了落成典礼。3月21日，长城站被世界气象组织纳入全球气象台站网络中，代号为“89058”。

中国南极长城站落成典礼

◎ 1984 年 12 月 3 日，位于印度博帕尔的美国联合碳化物公司发生毒气泄露事故，造成 3000 多人丧生、20 万人中毒。

◎ 1985 年 2 月 5 日，由 40 个国家参加的日内瓦裁军谈判会议（简称“裁谈会”）开幕，这是目前唯一的全球性多边裁军谈判机构。

◎ 1985 年 3 月 11 日，戈尔巴乔夫当选为苏共中央总书记。

5月8日 6月10日 9月6日 1985

激光汉字照排技术问世

1985年5月8日，中国自行设计的计算机—激光汉字编辑排版系统正式通过国家鉴定和验收。该系统是由计算机输出汉字点阵，由激光照排机在照相底片上形成文字再将底片制版印刷。它的研制成功使中国印刷业直接跨入第四代计算机激光照排的信息化时代。

王选主持研制的中国第一台计算机激光汉字照排系统原理样机——华光I型

"百万大裁军"

人民解放军的威武阵容

1985年6月10日，中国政府决定裁减军队员额100万。此后，军队的精简整编自上而下地顺利展开：撤并各总部、各军兵种以及国防科工委业务相近的部门和重叠机构；精简部队，加强部队合成，提高部队的技术程度；减少军官数量，改变官兵比例不合理的状况；将解放军军事学院、政治学院和后勤学院合并，成立国防大学。到1987年底，裁军任务基本完成。百万大裁军是中国政府加强军队正规化和现代化建设的重大举措。

中国开始实行居民身份证制度

1985年9月6日，中华人民共和国居民身份证制度开始在全国施行。凡年满16岁居住在中华人民共和国境内的中国公民（现役军人、人民武装警察、正在服刑的犯人除外）都应当申领和持有居民身份证。居民身份证包含持证人姓名、性别、民族、出生日期、常住户口所在地住址、公民身份号码、证件有效期、签发机关和持证人照片等基本信息，由公安机关统一印制、颁发和管理。

- 1985年7月17日，欧洲17国宣布尤里卡合作计划生效。
- 1985年12月，孟加拉、不丹、印度、马尔代夫、尼泊尔、巴基斯坦和斯里兰卡7国首脑齐聚达卡，通过《南亚区域合作宣言》和《南亚区域合作联盟宪章》，"南盟"正式宣告成立。

1986年3月

7月1日

▶ "863计划"的提出与编制

中国一航飞机工业（集团）有限责任公司，为国家863CIMS工程首批应用示范企业。

1986年3月，科学家王大珩、王淦昌等提出"关于跟踪世界战略性高技术发展"的建议。之后，经过反复论证，确立了以生物技术、航天技术、信息技术、先进防御技术、自动化技术、能源技术和新材料技术等高新技术领域为主的15个主题项目，并获得国家批准。因1986年3月提出，俗称"863计划"。

▶ 义务教育制度的确立

1986年7月1日，《中华人民共和国义务教育法》开始实施，2006年6月29日十届全国人大常委会对该法进行了修订，并于当年9月1日正式施行。该法明确指出，义务教育是国家统一实施的所有适龄儿童、少年必须接受的教育，是国家必须予以保障的公益性事业。要求各地根据本地区经济、文化发展状况，确定推行义务教育的步骤。这部法律的实施，标志着中国义务教育制度的最终确立。

◎ 1986 年 1 月 28 日，美国"挑战者号"航天飞机爆炸失事，7 名宇航员全部遇难。

◎ 1986 年 4 月 26 日，切尔诺贝利核电站发生严重泄漏及爆炸事故，是有史以来最严重的核事故。

12月5日

1987年4月13日

1987

全民所有制企业改革启动

1986年12月5日，中国政府作出《关于深化企业改革增强企业活力的若干规定》，提出全民所有制小型企业可试行租赁、承包经营，全民所有制大中型企业要实行多种形式的经营责任制，各地可以选择少数有条件的全民所有制大中型企业进行股份制试点。这个《规定》的出台是中国政府推动城市经济体制改革的重要步骤，对扩大企业经营自主权、促进企业内部机制改革，具有重要意义。

中葡澳门问题联合声明正式签署

1987年4月13日，中葡两国政府首脑在北京正式签署了关于澳门问题的《联合声明》。联合声明的内容包括，葡萄牙政府同意将澳门地区（包括澳门半岛、氹仔和路环岛）交还给中国、中国政府收回澳门主权后对澳门实行的基本方针政策等，为澳门的顺利回归奠定了基础。

50位澳门各界知名人士出席《中葡联合声明》签字仪式

◎ 1986年12月，日本公布第五代人工智能电子计算机计划。

◎ 1987年7月11日，世界50亿人口日。

10月25日

1987

社会主义初级阶段的基本路线（1987年10月25日～11月1日）

1987年10月25日至11月1日，中国共产党第十三次全国代表大会在北京隆重举行。这次大会提出并系统阐述了社会主义初级阶段的基本路线，即领导和团结全国各族人民，以经济建设为中心，坚持四项基本原则，坚持改革开放，自力更生，艰苦创业，为把中国建设成为富强、民主、文明的社会主义现代化国家而奋斗，简称为"一个中心、两个基本点"。这条基本路线高度概括了社会主义初级阶段的奋斗目标、基本途径、领导力量和依靠力量，为中国特色社会主义现代化建设的持续稳定发展奠定了坚实的理论基础。

中国共产党第十三次全国代表大会会场

"三步走"的经济发展战略

十三大明确提出了实现中国社会主义现代化的"三步走"的经济发展战略。第一步，实现国民生产总值比1980年翻一番，解决人民的温饱问题；第二步，到20世纪末，使国民生产总值再增长一倍，人民生活达到小康水平；第三步，到21世纪中叶，人均国民生产总值达到中等发达国家水平，人民生活比较富裕，基本实现现代化。20世纪末，在第二步战略目标即将实现的时候，党的十五大对实现第三步战略目标做了进一步规划，提出了新的"三步走"发展目标，即到2010年实现国民生产总值比2000年翻一番，使人民的小康生活更加富裕，形成比较完善的社会主义市场经济体制；到2020年，使国民经济更加发展，各种制度更加完善；到21世纪中叶新中国成立100年时，基本实现现代化，建成富强民主文明的社会主义国家。

1988年1月19日

3月4日

1988

首批台湾探亲团抵达北京

1987年10月14日，台湾当局通过决议，允许当地居民赴中国大陆探亲。当日，中国大陆有关方面表示“保证来去自由，尽力提供方便”。1988年1月19日，首批台湾探亲团抵达北京，从而结束了近40年两岸不相往来的历史。

1988年1月21日，第一个台湾返乡探亲团在八达岭长城上，他们激动地高呼：“到家了！”

沿海外向型经济发展战略的确立

秦皇岛港的输油码头

1988年3月4日，国务院召开沿海地区对外开放工作会议，决定将沿海经济开放区扩大到山东半岛、辽东半岛、环渤海地区和沿海其他地区，确定包括4个经济特区、14个沿海开放城市及其经济技术开发区和广大的沿海经济开放区在内的沿海开放地带，实行发展外向型经济的战略。由此，中国沿海开放地带由原来的59个市、县，扩大到293个市、县，拥有42.6万平方公里面积，2.2亿多人口。

◎ 1988 年 1 月 2 日，美国总统里根和加拿大总理马尔罗尼签署美加自由贸易协定。

◎ 1988 年 2 月 5 日，苏联宣布为 1938 年遭迫害致死的布哈林等 20 人恢复名誉。

4月13日

5月

海南省及海南经济特区设立

1988年4月13日，中国政府正式批准建立海南省和海南经济特区，并对海南经济特区的基本政策进行了规定。海南省成立后简称"琼"，省政府驻海口市。新组建的省政府按照"小政府、大社会"的新体制行使行政职能，致力于宏观调控，为搞活经济、增强企业活力创造条件。

海南省省会海口市一瞥

北京中关村科技园区建立

陈春先创办的中关村第一家科技企业

1988年5月，中国第一个国家级高新技术产业开发区——中关村科技园区在北京建立，此后逐渐形成了以"海淀园"为主体和核心的跨行政区域的首都高端产业功能区，具有软件、集成电路、网络通信、计算机等优势主导产业，同时又发展了清洁技术、生物医药、新材料等新的产业增长点。

◎ 1988年4月14日，苏、美、巴基斯坦和阿富汗政府达成协议，苏军在9个月内自阿富汗撤走。

8月

9月5日

“火炬”计划开始实施

国家“火炬”计划是一项发展中国高新技术产业的指导性计划，于1988年8月开始组织实施。主要内容是，着力创造适合高新技术产业发展的环境，建立高新技术产业开发区和高新技术创业服务中心，重点发展电子与信息技术、生物技术、新材料、光机电一体化、新能源等领域，促进高新技术成果商品化、高新技术商品产业化和高新技术产业国际化。“火炬”计划促进了中国产业结构优化升级和经济发展方式由粗放向集约型的转变。

位于南京高科技开发区的新联电子有限公司，是属于国家“火炬”计划项目的高科技股份制企业。

“科学技术是第一生产力”的提出

1988年9月5日，邓小平首次提出：科学技术是第一生产力。这一论断明确指出了科学技术在现代生产力诸要素中的首要地位，进一步丰富和发展了马克思主义关于“科学主义是生产力”的理论，为中国科技的发展提供了理论依据。

◎ 1988年8月20日，伊朗与伊拉克正式停火，历时8年的两伊战争宣告结束。

10月16日 1989年5月18日 6月23日

1988

北京正负电子对撞机首次对撞成功

北京正负电子对撞机

1988年10月16日，中国第一座高能加速器——北京正负电子对撞机成功实现了正负电子对撞。北京电子对撞机建筑在地下6米深的隧道内，它由电子直线加速器、储存环、多种探测器组成的磁谱议，以及同步辐射光束线等组成，历时4年建成。它的对撞成功使中国加速器技术走进世界前列。

中苏关系正常化

1989年5月15日至18日，苏共中央总书记戈尔巴乔夫应邀访问中国。5月16日上午，中共中央军委主席邓小平会见了戈尔巴乔夫。邓小平说："我们这次会晤，可以概括为8个字：结束过去，开辟未来。"戈尔巴乔夫对此表示赞同。18日，双方发表《中苏联合公报》，宣布中苏两国领导人的会晤标志着两国关系正常化。

江泽民当选中共中央总书记（1989年6月23日～24日）

1989年6月23日至24日，中共十三届四中全会在北京召开。全会对中央领导机构部分成员进行了调整，选举江泽民为中共中央委员会总书记。会议还强调，要继续坚决执行十一届三中全会以来的路线、方针和政策，继续坚决执行十三大确定的"一个中心、两个基本点"的基本路线。

◎ 1988 年 9 月 29 日，美国"发现号"航天飞机发射成功。

◎ 1988 年 11 月 15 日，苏联第一架无人驾驶航天飞机"暴风雪号"试飞成功。

◎ 1988 年 11 月 15 日，巴勒斯坦全国委员会宣告成立巴勒斯坦国，但未确定其疆界。

◎ 1989 年 2 月 15 日，苏联军队全部撤出阿富汗。

◎ 1989 年 4 月 18 日，第一条横贯太平洋海底的光缆在美日之间正式开通使用。

◎ 1989 年 9 月，苏联发射的"联盟 TM-8 号"宇宙飞船与"和平号"空间站顺利接轨。

"希望工程"开始实施

中国第一所希望工程资助小学——安徽金寨希望小学

1989年10月，中国青少年基金会决定，通过募捐创建中国第一个"救助贫困地区失学少年基金"，命名为"希望工程"。该基金取之于社会，全部用于资助贫困地区品学兼优、渴望学习而又因家庭困难失学的孩子重返校园；资助乡村新建、修缮小学校舍。"希望工程"实施的第一年，便用收到的国内外捐款资助了40个贫困县的1万名儿童，使之重返校园，还建成3所希望小学。此后，"希望工程"的募捐活动陆续展开，受助的失学儿童越来越多。

◎ 1989 年 11 月 5 日至 7 日，澳大利亚、美国、加拿大、日本、韩国、新西兰和东南亚国家联盟 6 国在澳大利亚首都堪培拉举行亚太经济合作会议首届部长级会议，标志着亚太经济合作会议的成立。1993 年 6 月改名为亚太经济合作组织，简称亚太经合组织或 APEC。

◎ 1989 年 11 月 6 日，亚非拉 15 国集团举行首次首脑会议，强调加强南南合作，促进南北对话。

◎ 1989 年 12 月 20 日，美国以打击"毒品走私"和"保护美国人的安全"为名，入侵巴拿马。

1990年4月

1990

开发开放浦东

浦东属于上海市，为黄浦江以东、长江口以西的一块三角形地区，面积570平方公里。1990年4月，中国政府提出以浦东开发开放为龙头，进一步开放长江沿岸城市，尽快把上海建成国际经济、金融、贸易中心，以带动长江三角洲和整个长江流域地区经济的新飞跃。经过近20年的开发与开放，浦东已成为“中国改革开放的窗口与象征”。

浦东的发展正在越来越引起世界的关注，图为正在浦东街头拍照的外国游客。

上海黄浦江两岸

◎ 1990 年 3 月 21 日，非洲大陆最后一块殖民地纳米比亚宣布独立。

4月4日

9月22日

1990

《香港特别行政区基本法》颁布

港澳组的政协委员正在讨论《基本法》草案

1990年4月4日，七届全国人大三次会议通过《中华人民共和国香港特别行政区基本法》，自1997年7月1日起开始实施。该法共9章160条，确认了设立香港特别行政区，并就特区政府的组成办法、权力和责任以及与中央政府的关系等做出了规定，明确了在香港实行一国两制、港人治港、高度自治的原则，香港现行的社会、经济制度、生活方式和法律基本不变等。《基本法》还对香港特别行政区区旗、区徽图案等做出了规定。

中国成功举办第11届亚洲运动会（1990年9月22日～10月7日）

1990年9月22日，第11届亚洲运动会在北京隆重开幕，来自37个国家和地区的6578名代表出席了开幕式。本届亚运会设立正式比赛的大项目27个、小项目308个，另有表演项目2个。10月7日，亚运会胜利闭幕，共打破4项世界纪录，刷新42项亚洲纪录和98项亚运会纪录，颁发金牌310枚、银牌309枚、铜牌357枚。

北京亚运会开幕式的舞蹈表演

◎ 1990年6月1日，苏联第一任总统戈尔巴乔夫和美国总统布什在华盛顿举行会晤，标志着冷战的结束。

◎ 1990年8月2日，伊拉克入侵科威特，海湾战争爆发。

◎ 1990年10月3日，德国结束了45年的分裂，走向统一。

上海证券交易所诞生

上海证券交易所业务大厅

1990年12月19日，上海证券交易所宣告诞生。交易所大厅的面积500平方米，业务范围包括组织管理上市证券、提供证券集中交易场所、办理证券集中交易的清算交割和证券集中过户、提供证券市场信息和办理中国人民银行许可及委托的其他业务等，是全国的证券交易中心。上海证券交易所的诞生是中国金融领域的一次重大变革。

新中国证券业的起步

新中国由于实行计划经济体制，一切信用集中于国家，不存在金融市场、证券市场。1984年12月，新中国第一张相对规范的股票——飞乐音响公司股票向社会公开发行50万股。1986年9月26日，上海建立了第一个证券柜台交易点。1988年1月8日，深圳经济特区证券公司正式挂牌营业，深圳发展银行的股票在该公司挂牌上市交易。

1991年12月15日

秦山核电站并网发电

1991年12月15日，中国自行设计建造的第一座核电站——秦山核电站并网发电。秦山核电站位于浙江省海盐县秦山镇，一期工程额定发电功率30万千瓦，1984年破土动工，1991年建成并网发电，为缓解华东地区的能源紧张发挥了作用。

秦山核电站原子能反应堆

秦山核电站

秦山核电站于 1991 年 12 月 15 日并网发电，标志着第一期工程完工。二期工程为两台 60 万千瓦核电机组的商用核电站，分别于 2002 年 2 月 6 日和 2004 年 5 月 3 日建成发电。三期总装机容量为两台 728 兆瓦核电机组，分别于 2002 年 12 月 31 日和 2003 年 6 月 12 日建成发电。

- 1991 年 1 月 17 日，以美国为首的多国部队向伊拉克发动了自第二次世界大战以来规模最大的现代化战争，代号“沙漠风暴”。
- 1991 年 2 月 7 日，欧共体 12 国外长正式签署《欧洲联盟条约》，又称《马斯特里赫特条约》，为欧洲联盟的成立奠定了基础。
- 1991 年 7 月 1 日，华沙条约组织宣告解散。

海峡两岸关系协会成立

1991年12月16日，海峡两岸关系协会（海协会）在北京成立，荣毅仁当选为名誉会长，汪道涵任会长。《海峡两岸关系协会章程》规定，海协会将以“促进海峡两岸交往，发展两岸关系，实现祖国和平统一”为宗旨，致力于加强同赞同海协会宗旨的社会团体和各界人士的联系与合作，协助有关方面处理海峡两岸同胞交往中的问题，维护两岸同胞的正当权益。接受有关方面的委托，与台湾有关部门和授权团体、人士商谈两岸交流中的有关问题，并签订协议性文件。

海峡两岸关系协会成立大会

海峡交流基金会

海峡交流基金会，简称海基会，1990 年 11 月 21 日成立于台湾，会址设在台北市。海基会以“是一座桥，不是一堵墙”为己任，受托办理海峡两岸民间交流的技术性、事务性工作。海基会设董事会，董事会下设秘书处、文化服务处、经贸服务处、法律服务处、旅行服务处和综合服务处。首任董事长为辜振甫，2008 年 5 月江丙坤接任。海基会成立后，与中国大陆的海协会一道，对促进海峡两岸的民间往来和关系发展，发挥着沟通和桥梁作用。

海协会与海基会在北京钓鱼台会谈

◎ 1991 年 12 月，40 多个国家的工业界代表一致同意建立一个世界上最大的环境保护数据库。

◎ 1991 年 12 月 21 日，俄罗斯等 11 个原苏联加盟共和国领导人宣布成立“独立国家联合体”。25 日，苏维埃社会主义共和国联盟总统戈尔巴乔夫宣布辞职。次日，苏联停止存在。

邓小平南巡讲话（1992年1月～2月）

1992年1月18日至2月21日，邓小平先后视察了武昌、深圳、珠海和上海等地，沿途发表了重要谈话，主要内容有：革命是解放生产力，改革也是解放生产力；要坚持十一届三中全会以来的路线、方针、政策，关键是坚持“一个中心、两个基本点”基本路线；坚持有利于发展社会生产力，有利于增强综合国力，有利于提高人民生活水平的标准；计划多一点还是市场多一点，这不是社会主义与资本主义的本质区别；要抓住机会发展自己，关键是发展经济，发展才是硬道理；经济要发展快一点，必须依靠科技和教育，科学技术是第一生产力，等等。邓小平的南方谈话，深刻回答了许多重大理论问题和认识问题，对加快中国改革开放和现代化建设起了巨大的指导和推动作用。

正式设立海南洋浦经济开发区

海南洋浦经济开发区封关仪式

洋浦是海南省西北部的一个半岛，占地面积150平方公里。洋浦湾内有建港岸线6.6公里，可建20多个万吨级泊位，最大泊位可达10万吨级。1992年3月，中国政府正式批准设立洋浦经济开发区。1993年，洋浦经济开发区的大规模开发全面启动。

10月

建立社会主义市场经济体制

中国共产党第十四次全国代表大会会场

1992年10月12日至18日，中国共产党第十四次全国代表大会在北京举行。大会明确提出中国经济体制改革的目标是建立社会主义市场经济体制，并指出：要建立的社会主义市场经济体制，就是要使市场在社会主义国家宏观调控下对资源配置起基础性作用，使经济活动遵循价值规律的要求，适应供求关系的变化；通过价格杠杆和竞争机制的功能，把资源配置到效益较好的环节中去，实现优胜劣汰；运用市场对各种经济信号反应比较灵敏的优点，促进生产和需求的及时协调。同时，要加强和改善国家对经济的宏观调控，运用好经济政策和法规、计划指导和必要的行政管理，引导市场健康发展。

- 1992 年 4 月 7 日，波黑内战全面爆发。
- 1992 年 4 月 29 日，美国的洛杉矶种族冲突震惊世界。
- 1992 年 6 月 9 日、15 日，日本参议院、众议院分别通过允许向海外派兵的法案。
- 1992 年 9 月，欧洲货币体系出现危机。
- 1992 年 10 月 28 日，前苏军最后一支武装部队撤离波兰边境。

12月

1993年3月31日

“九二共识”

1992年10月28日至30日，海峡两岸关系协会（海协会）和海峡交流基金会（海基会）在香港就两岸事务性商谈中如何表述坚持一个中国原则的问题进行了讨论。海协会的基本态度是，在事务性商谈中，只要表明坚持一个中国原则的基本态度，可以不讨论一个中国的政治涵义，表述的方式可以充分协商。经双方讨论，海基会代表建议“用各自口头声明的方式表述一个中国原则”。11月16日，海协会正式致函海基会表示，尊重并接受海基会的建议，在海峡两岸事务性商谈中，不涉及“一个中国”的政治涵义。12月3日，海基会回函，对达成共识未表示异议。此即为“九二共识”。

《澳门特别行政区基本法》颁布

1993年3月31日，《中华人民共和国澳门特别行政区基本法》颁布，自1999年12月20日起实施。该法共9章，145条，确认了设立澳门特别行政区，并就特区政府的组成办法、权力和责任以及与中央政府的关系等做出了规定，明确了在澳门实行一国两制、澳人治澳、高度自治的原则，澳门现行的社会、经济制度、生活方式和法律基本不变等。基本法还对澳门特别行政区区旗、区徽图案、法定货币等做出了规定。

- 1992 年 11 月 24 日，美军全部撤出菲律宾，结束了美在菲驻军 93 年的历史。
- 1993 年 1 月 1 日，捷克斯洛伐克解体为独立的捷克共和国和斯洛伐克共和国。
- 1993 年 1 月 13 日，130 个国家签署《关于禁止发展、生产、储存和使用化学武器及销毁此种武器的公约》，简称《禁止化学武器公约》。

第一次"汪辜会谈"（1993年4月27日～29日）

第一次"汪辜会谈"，海协会会长汪道涵与海基会董事长辜振甫在握手。

1993年4月27日至29日，在海峡两岸关系协会的倡议和推动下，第一次"汪辜会谈"在新加坡举行。双方就两岸经济交流合作的迫切性、必然性，共同打击海上走私、犯罪，青少年和科技文化交流，共同开发和利用资源与能源等具体问题，展开讨论和交流，并签署多项协议。此次"汪辜会谈"在推动两岸关系发展的进程中具有重要意义。

第二次"汪辜会谈"

1998年10月14日，受海协会邀请，海基会董事长辜振甫访问上海、北京。15日，海协会会长汪道涵与辜振甫在上海举行了会谈，达成了4项共识：1. 两会决定进行包括政治、经济等各方面的对话，由两会负责人具体协商作出安排。2. 进一步加强两会间的交流，包括两会负责人等多层次的互访。3. 涉及两岸同胞生命财产安全的事件，两会将加强个案协助，相互委托。4. 汪道涵接受辜振甫的邀请，愿意在适当的时候到台湾访问，加深了解。但不久之后，台湾地区领导人李登辉抛出"两国论"，瓦解了两会商谈的基础。

◎ 1993年9月13日，巴勒斯坦与以色列签署和平协议，中东和平进程获得历史性突破。

◎ 1993年11月17日～20日，亚太经济合作组织第一次领导人非正式会议在美国西雅图召开。这是亚太经合组织最高级别的会议。

1994年1月

▶ 分税制改革 ▶ 中国启动以汇率并轨为核心的外贸体制改革

自1994年1月1日起，中国开始实行分税制财政管理体制，即合理划分中央和地方各级政府的财政收入与支出：将关系到维护国家权益和实施宏观调控的税种划为中央税；将与地方经济和社会发展关系密切、适宜地方征管的税种划为地方税；将有的收入稳定、数额较大的主体税种划为中央与地方共享税；设置中央与地方两套税务机构，分别进行征收管理，建立中央对地方的税收返还制度。

1994年1月，中国的外贸体制以建立适应国际经济通行规则的运行机制为目标，展开了以汇率并轨为核心的新一轮改革。主要内容是：改革外汇管理体制，发挥汇率对外贸的重要调控作用；运用经济、法律手段完善对对外贸易的宏观管理；加快外贸企业经营机制转换；保持对外贸易政策在全国范围的统一性，增加透明度，等等。这次外贸体制改革，进一步增强了外贸企业的竞争力，为中国产品走向世界奠定了坚实的基础。

中国外贸体制改革的历程

新中国成立之初，对外贸易由外贸部统一领导、统一管理，外贸公司统一经营，实行指令性计划和统负盈亏的高度集中的体制。1979 年以后，各省的外贸组织开始拥有外贸自主权，成为外贸活动的主力军。从 1988 年起，外贸承包经营责任制开始在全国推开，但尚未建立自负盈亏机制。1991 年，外贸企业真正成为外贸经营主体和参与竞争的独立实体，在自主经营、自负盈亏的前提下，开始逐步建立起现代企业制度。1994 年新一轮的外贸体制改革正是在此基础上展开的。

◎ 1994 年 1 月 1 日，美国、加拿大和墨西哥 3 国签订的《北美自由贸易协定》正式生效，北美自由贸易区宣告诞生。

◎ 1994 年 1 月 1 日，由欧洲共同体 12 国和欧洲自由贸易联盟 7 国中的奥地利、芬兰、冰岛、挪威和瑞典 5 国组成的当今世界最大的自由贸易区——欧洲经济区正式成立。

3月

7月5日

1994

▶扶贫攻坚计划开始实施

▶《中华人民共和国劳动法》颁布

扶贫计划使电话进入农民家

1994年2月28日至3月3日，中国政府召开全国扶贫开发工作会议，决定实施扶贫攻坚计划，力争在20世纪最后的7年内，基本解决全国8000万贫困人口的温饱问题。为此，政府每年增加10亿元以工代赈资金、10亿元扶贫专项贴息贷款。到2000年底，扶贫攻坚目标基本实现，农村尚未解决温饱的贫困人员减少到3000万人。

2008年12月14日，厦门大学2009届毕业生供需见面会爆棚，110多家单位吸引来上万大学毕业生求职。

1994年7月5日，《中华人民共和国劳动法》颁布，自1995年1月1日起施行。这部法律对建立劳动关系应当订立劳动合同、企业用人自主权和职工个人择业权、工作时间和休息休假时间、用人单位的工资自主权和国家实行最低工资保障制度、实行职业证书制度、职工培训制度法制化，以及职工在失业、患病、工伤、生育、退休时获得帮助和补偿的社会保险制度等，都做出了明确规定，为劳动争议的处理提供了法律依据。

◎ 1994 年 4 月 6 日，卢旺达总统、胡图族人哈比亚利马纳的专机被导弹击落，机上人员全部遇难，该事件立即在全国范围内引发了胡图族人针对图西族人的血腥报复。在此后 3 个月里，约有 100 万人被杀，卢旺达八分之一的人口消失。

◎ 1994 年 4 月 15 日，在摩洛哥马拉喀什出席关贸总协定部长级会议的 100 多个国家和地区的代表签署关税及贸易总协定乌拉圭回合协议最后文件和关于建立世界贸易组织协议，乌拉圭回合谈判正式宣告结束。

◎ 1994 年 4 月 ~ 5 月，南非非洲人国民大会赢得大选的胜利，纳尔逊·曼德拉成为南非第一位黑人总统。

全国援藏工作的深入开展（1994年7月20日～23日）

1994年7月20日至23日，在北京召开的第三次西藏工作座谈会做出了“中央关心西藏，全国支援西藏”的战略决策，确定了“分片负责，对口支援，定期轮换”的援藏方式，对全国支援西藏做出了具体的部署。座谈会为西藏的发展制定了8个方面的优惠政策，安排了62个建设项目，由中央有关部委和所有省区市分别承担，总投资为23.8亿元。此外，又落实援助、合作项目668个，资金达8.8亿元。第三次西藏工作座谈会后，全国援藏工作全面推向深入。

1994年国家确定的62个援藏工程之一——羊湖电站正式发电

援藏工作

改革开放之后，随着中国综合国力的不断增强，援藏工作不断深入。1980 年 3 月，中共中央召开的第一次西藏工作座谈会为西藏制定了诸多优惠政策。1984 年 3 月召开的第二次西藏工作座谈会制定了一系列符合西藏实际的经济政策和改革开放政策，组织 9 省、市帮助西藏建设 43 项工程。继 1994 年第三次西藏工作座谈会之后，2001 年 6 月召开的第四次西藏工作座谈会要求进一步加大对西藏的建设资金投入和实行优惠政策的力度，继续加强对口支援。“十一五”期间，将投资 778.8 亿元在西藏建设 180 个项目。

◎ 1994 年 10 月 1 日，世界上的最后一块托管地帕劳共和国独立。

1995年1月30日　　4月

1995

江泽民提出对台政策8项主张

1995年1月30日，中华人民共和国主席江泽民就发展两岸关系、推进祖国和平统一进程提出了8项主张，主要是：坚持一个中国的原则是实现和平统一的基础和前提；对于台湾同外国发展民间性经济文化关系不持异议；进行海峡两岸和平统一谈判；努力实现和平统一；大力发展两岸经济交流与合作；中华各族儿女共同创造的五千年灿烂文化，是实现和平统一的一个重要基础；充分尊重台湾同胞的生活方式和当家作主的愿望，保护台湾同胞的一切正当权益；欢迎台湾当局的领导人以适当身分前来访问，也愿意接受台湾方面的邀请，前往台湾。

开展学习孔繁森活动

孔繁森与藏族农牧民在一起

孔繁森是来自山东的一名援藏干部。为了西藏社会经济的发展和人民生活的提高，他不辞辛劳，努力工作，深受当地群众和干部的称赞，1994年11月因公殉职，年仅50岁。1995年4月，中共中央组织部、宣传部发出关于开展向孔繁森学习活动的通知，要求全体中共党员，特别是各级领导干部，要着重学习他顾全大局、无私奉献的坚强党性；热爱人民、服务人民的公仆情怀；清正廉洁、克己奉公的高尚品德；艰苦奋斗、知难而进的拚搏精神；开拓进取、求真务实的优良作风。

◎ 1995 年 1 月 1 日，世界贸易组织在日内瓦成立。

◎ 1995 年 3 月 20 日，日本邪教奥姆真理教制造东京地铁沙林毒气事件。

5月6日

科教兴国战略

科教兴国战略是全面落实科学技术是第一生产力的思想，把科技和教育摆在经济社会发展的重要位置，增强国家的科技实力及向现实生产力转化的能力，提高全民族的科技文化素质，把经济建设转移到依靠科技进步和提高劳动者素质的轨道上来。“科教兴国战略”首见于1995年5月6日颁布的《关于加速科学技术进步的决定》，党的十五大和十七大进一步强调要更好地实施科教兴国战略，要把加速科技进步放在经济社会发展的关键地位，坚持把增强自主创新能力作为调整产业结构和转变发展方式的中心环节，加快建设国家创新体系和技术创新体系，建设全民学习、终身学习的学习型社会。

9月25日

“两个根本性转变”的提出（1995年9月25日～28日）

1995年9月25日至28日，中共十四届五中全会在北京举行。全会明确提出了实现“九五”计划和2010年远景目标的关键是实行两个具有全局意义的根本性转变：一是经济体制从传统的计划经济体制向社会主义市场经济体制转变，二是经济增长方式从粗放型向集约型转变。“两个根本性转变”的提出，标志着中国经济建设将朝着深化体制改革、提高质量的方向发展。

◎ 1995 年 5 月，世界各国隆重举行纪念反法西斯战争胜利 50 周年活动。

12月8日

1996年3月

9月1日

1996

十一世班禅坐床典礼

历代班禅驻锡地扎什伦布寺

1995年12月8日，十一世班禅额尔德尼坐床典礼在历代班禅驻锡地西藏扎什伦布寺隆重举行，中央政府代表、国务委员李铁映和中央特派专员江村罗布、叶小文负责主持和督察坐床典礼。十一世班禅在李铁映的照护下安稳地坐上班禅额尔德尼的根本法床，接受中央政府颁授的金册、金印。1996年1月12日，十一世班禅和扎什伦布寺致谢团拜见国家主席江泽民，感谢中央政府的关怀。

可持续发展战略正式确立

可持续发展是指满足当前需要而又不削弱子孙后代满足其需要之能力的发展。1996年3月，中国政府提出，在今后的经济和社会发展中实施可持续发展战略，并在“九五”计划中明确了可持续发展各领域的阶段目标，专门编制了生态建设和环境保护重点专项规划。与此同时，与可持续发展有关的法律法规体系建设及管理体系的建设工作也逐渐完善，有效推动了中国经济与人口、资源、环境的协调发展。

京九铁路建成通车

京九铁路全线贯通

1996年9月1日，京九铁路全线开通，投入运营。这条铁路北起北京，南至深圳，连接香港九龙，全长2381公里，是位于京沪铁路、京广铁路之间的第三条南北铁路干线。它的建成通车，对完善中国铁路布局，缓解南北运输紧张状况，带动沿线地区的开发，都具有十分重要的意义。

◎ 1996 年 3 月 1 日至 2 日，首届亚欧首脑会议在泰国曼谷举行。

◎ 1996 年 4 月 17 日，美国总统克林顿和日本首相桥本龙太郎在东京发表《日美共同安保宣言》。

◎ 1996 年 9 月 30 日，第 50 届联合国大会全体会议通过《全面禁止核试验条约》。

◎ 1996 年 12 月 13 日，科菲·安南当选为联合国秘书长。

1997年2月19日

邓小平逝世

1997年2月19日，中国共产党、中华人民共和国的主要领导人之一，中国改革开放和现代化建设的总设计师邓小平在北京病逝，享年93岁。同日，中共中央、中国政府发出《告全党全军全国各族人民书》，深切哀悼和缅怀邓小平的丰功伟绩。2月25日，追悼大会在人民大会堂隆重举行，江泽民致悼词。3月2日，遵照邓小平及其亲属的意愿，邓小平的骨灰撒入大海。

“再道一声小平您好”，首都各界群众用这句标语表达了他们对邓小平的哀悼与敬意。

◎ 1997 年 2 月 23 日，英国科学家成功克隆的第一只羊“多利”首次面对公众。

3月14日　　7月1日

1997

批准设立重庆直辖市

与重庆直辖市同时诞生的重庆人民广场

原重庆市属于四川省管辖，1997年3月14日，中国政府批准撤销原重庆市，设立重庆直辖市。重庆直辖市管辖原重庆市、万县市、涪陵市和黔江地区所辖行政区域，行政区的建制和划分也做了相应调整。6月18日，重庆市各界3500多名代表举行了直辖市挂牌揭幕大会。重庆直辖市是继北京、上海、天津之后中国设立的第四个直辖市。

香港回归

1997年6月30日午夜至7月1日凌晨，中英两国政府香港政权交接仪式在香港会议展览中心隆重举行。1997年7月1日零时，中华人民共和国国旗和中华人民共和国香港特别行政区区旗升起。零时4分，中华人民共和国主席江泽民庄严宣告：中国对香港恢复行使主权。7月1日，中华人民共和国香港特别行政区政府成立，《中华人民共和国香港特别行政区基本法》开始实施。香港回归标志着中国人民洗雪了香港被侵占的百年国耻，开创了香港的新纪元。

中英两国政府香港政权交接仪式

◎ 1997 年 7 月 4 日，美国航天局的“火星探路者号”飞船及其所释放的“旅居者”火星车在火星阿瑞斯平原成功着陆。

◎ 1997 年 7 月 14 日，联合国秘书长安南向特别联大会议提交《革新联合国：改革方案》。

社会主义初级阶段的基本纲领（1997年9月12日～18日）

中国共产党第十五次全国代表大会会场

1997年9月12日至18日，中国共产党第十五次全国代表大会在北京举行，中共中央总书记江泽民在报告中首次提出并论述了社会主义初级阶段的基本纲领。即：建设有中国特色社会主义的经济，就是在社会主义条件下发展市场经济，不断解放和发展生产力；建设有中国特色社会主义的政治，就是在中国共产党领导下，在人民当家作主的基础上，依法治国，发展社会主义民主政治；建设有中国特色社会主义的文化，就是以马克思主义为指导，以培育有理想、有道德、有文化、有纪律的公民为目标，发展面向现代化、面向世界、面向未来的、民族的、科学的、大众的社会主义文化。

依法治国

依法治国是指广大人民群众在党的领导下，依照宪法和法律规定，通过各种途径和形式管理国家事务、经济文化事业和社会事务，保证国家各项工作依法进行，逐步实现社会主义民主的制度化、法律化，做到有法可依、有法必依、执法必严、违法必究。1999年3月，“中华人民共和国实行依法治国，建设社会主义法治国家”写入宪法。2007年，党的十七大明确提出，全面落实依法治国基本方略，加快建设社会主义法治国家。目前，中国的立法工作已经取得巨大成效，行政管理、司法体制改革不断深化，中国特色社会主义法律体系基本形成。

◎ 1997年9月23日，日美两国政府正式公布新的《日美防卫合作指针》。

11月8日

1998年6月

1997

三峡工程实现大江截流

三峡工程实现大江截流

长江三峡水利枢纽工程是迄今世界上最大的水利枢纽工程，位于长江三峡之一的西陵峡的中段。工程建筑由大坝、水电站厂房和通航建筑物3大部分组成，是一项集防洪、发电、航运、环保等功能为一体的综合性水利水电工程。1994年12月14日正式开工，1997年11月8日成功实现大江截流。这标志着三峡一期工程完成，二期、三期工程将陆续展开。

长江三峡水利枢纽工程双线五级船闸

抗击特大洪水（1998年6月～9月）

抗洪图

1998年6月到9月，长江发生全流域特大洪水，先后出现8次洪峰。嫩江、松花江也发生超历史纪录的洪水，珠江流域的西江和福建闽江也一度发生大洪水。面对严峻的防汛形势，中国政府号召沿江广大民众，并调动了13万解放军官兵投入抗洪救灾和抢险，取得全面胜利，展示出万众一心、众志成城、不怕困难、顽强拼搏、坚忍不拔、敢于胜利的伟大抗洪精神。

◎ 1997 年 12 月 9 日至 10 日，朝鲜半岛问题四方正式会谈第一次会议在日内瓦国际会议中心举行。

住房货币化改革启动

1998年7月3日，国务院下发中国住房制度改革的纲领性文件——《关于进一步深化城镇住房制度改革 加快住房建设的通知》，决定自当年起停止住房实物分配，建立住房分配货币化、住房供给商品化和社会化的住房制度。《通知》还对住房投资机构、个人住房贷款、住房价格、房屋出租等做出了具体的规定。这个《通知》宣告了延续近半个世纪之久的福利分房制度至此终止，中国进入到商品房时代。

1998年7月，在北京、天津、上海等地出现经济适用房销售火爆的场面。

非公有制经济成为“社会主义市场经济的重要组成部分”（1999年3月5日～15日）

1999年3月5日至15日召开的全国人大九届二次会议通过了《中华人民共和国宪法修正案》，其中明确指出非公有制经济是中国社会主义市场经济的重要组成部分。以宪法的形式将非公有制经济的合法地位固定下来，是对非公有制经济在国民经济中的地位和作用予以前所未有的重视和肯定，为保证非公有制经济所有者的正当权益提供了坚实的法律保障。

◎ 1998 年 5 月，印度、巴基斯坦分别进行了多次地下核试验，引起世界关注。

◎ 1998 年 9 月 7 日，美国斯坦福大学学生拉里·佩奇和谢尔盖·布林在加州门洛帕克创立 Google（谷歌）公司。

◎ 1998 年 10 月 13 日，科索沃危机爆发。

1999

4月30日

昆明世界园艺博览会开幕

1999年4月30日，主题为“人与自然——迈向21世纪”的世界园艺博览会在昆明开幕。这是中国首次举办世界园艺博览会，展期为184天。95个国家和国际组织参加了此次博览会，共有940多万人次入园参观。伴随博览会的举行，还举办了各种相关的经贸活动、学术交流、专题展览，以及各具特色的大型文艺演出、联欢活动、馆日活动。

昆明世界园艺博览会博览园全景

5月8日

中国驻南斯拉夫大使馆被炸事件

全国各大中城市的青年学生举行游行，痛斥北约暴行。

1999年5月8日上午6时左右，以美国为首的北约悍然轰炸中国驻南斯拉夫大使馆，造成3人死亡，20多人受伤，馆舍严重毁坏。当日上午，中国政府对此表示强烈谴责，中国各地群众、海外侨胞、留学生纷纷举行座谈、集会和示威游行，声讨美国及北约。在中国人民的强烈抗议和国际舆论的强烈谴责下，美国总统克林顿和美国政府就此事向中国政府和人民道歉，并表示要对事件真相进行调查。7月30日，中美就损失赔偿问题达成协议，美国须赔偿中国受难及死难者家属450万美元，美国政府向中国政府支付2800万美元作为中方财产损失的赔偿，事件逐渐平息。

◎ 1999 年 1 月 1 日，欧洲统一货币——欧元诞生。

◎ 1999 年 4 月 26 日，被称为“切尔诺贝利病毒”的 CIH 电脑病毒在俄罗斯和韩国大发作，成千上万台电脑受到破坏，造成巨大损失。

6月9日　　12月20日

1999

西部大开发战略的提出

1999年6月9日，中共中央总书记江泽民明确提出，要把西部大开发作为党和国家的一项重大战略任务，摆到更加突出的位置。西部大开发的工作重点主要是：加快基础设施建设；加强生态环境保护和建设；积极调整产业结构，发展有市场前景的特色经济和优势产业；发展科技和教育，加快人才培养；加大改革开放力度。

澳门回归

中葡两国政府澳门政权交接仪式

1999年12月19日夜，中葡两国政府澳门政权交接仪式在澳门文化中心举行。零时整，中华人民共和国国旗和澳门特别行政区区旗冉冉升起，中国国家主席江泽民宣告：中国政府对澳门恢复行使主权。20日1时45分，中华人民共和国澳门特别行政区政府宣布成立。当日，中国人民解放军驻澳门部队开始担负澳门特别行政区的防务，外交部驻澳门特别行政区专员公署开署。

◎ 1999 年 6 月 29 日，首届欧盟—拉美首脑会议闭幕，发表了旨在建立欧盟和拉美面向 21 世纪的战略伙伴关系的《里约热内卢声明》和《行动计划》。

◎ 1999 年 9 月 17 日，美国总统克林顿宣布部分取消对朝鲜近 50 年的经济制裁。

◎ 1999 年 10 月 12 日，世界人口达到 60 亿。

◎ 1999 年 12 月 2 日，北爱尔兰和平协议生效，英国正式向北爱尔兰地方政府移交权力。

◎ 1999 年 12 月 14 日，巴拿马与美国举行巴拿马运河主权交接仪式，巴拿马最终收回运河主权。

2000年2月

2001年4月1日

2000

"三个代表"重要思想

2000年2月，中共中央总书记江泽民在广东考察工作时第一次完整地提出"三个代表"的概念：中国共产党始终代表中国先进生产力的发展要求，始终代表中国先进文化的前进方向，始终代表中国最广大人民的根本利益。2001年7月1日，在庆祝建党80周年的大会上，江泽民系统阐述了"三个代表"的时代背景、实践基础、科学内涵和根本要求，使之成为中国共产党的重要指导思想。

中美撞机事件

2001年4月1日，一架美国海军的EP－3侦察机在中国海南岛东南海域上空活动，并与一架执行跟踪监视任务的中国飞机相撞，致使中国飞机坠毁，飞行员失踪。撞机事件发生后，中方与美方进行交涉，美方于4月8日承认其军用侦察机在撞机事件中侵犯了中国领空，并对此表示抱歉。4月11日，美国驻华大使向中国外交部递交了关于美国侦察机撞毁中国军用飞机的致歉信。

中美撞机事件引起中外新闻媒体的极大关注，记者们在北京的美国驻华大使馆门前等候采访。

◎ 2000 年 6 月 13 日，朝鲜国防委员会委员长金正日和韩国总统金大中在平壤举行历史性会谈。

◎ 2000 年 6 月 27 日，科学家公布人类基因"工作框架图"。

◎ 2001 年 1 月 26 日早晨 8 点 46 分，印度西部古吉拉特邦发生里氏 7.9 级大地震，死亡人数超过 10 万。

◎ 2001 年 2 月 12 日，中、美、日、德、法、英等 6 国科学家和美国塞莱拉公司联合公布人类基因组图谱及初步分析结果。

◎ 2001 年 3 月 2 日，第五届非洲统一组织特别首脑会议宣布非洲联盟成立。

◎ 2001 年 3 月 23 日，俄罗斯"和平号"空间站坠落于南太平洋。

6月15日

10月21日

上海合作组织成立

2001年6月15日，中国、俄罗斯、哈萨克斯坦、吉尔吉斯斯坦、塔吉克斯坦、乌兹别克斯坦等6国元首签署《上海合作组织成立宣言》，上海合作组织正式成立。次年6月，上海合作组织成员国首脑在圣彼得堡举行会晤，签署《上海合作组织宪章》，对上海合作组织的宗旨原则、组织结构、运作形式、合作方向及对外交往等原则作了明确阐述，标志着该组织从国际法意义上得以真正建立。上海合作组织建立后，成员国在经贸、军事、安全等领域开展合作，有效地维护了欧亚地区的稳定与发展。

"上海五国"元首会晤机制

1996年4月26日，中、俄、哈、吉、塔五国元首在上海举行会晤，创立了就本地区的安全事务和其他领域的合作每年举行一次的元首会晤机制。从1997年4月至2000年7月，举行了4次会晤。通过会晤，五国政府在一系列双边问题上达成了谅解和合作，对于"上海五国"机制影响扩大问题也取得广泛共识，为其进一步发展成为上海合作组织创造了条件。

亚太经合组织上海峰会成功举办

2001年10月17日，亚太经合组织（APEC）部长级会议在上海国际会议中心开幕。

2001年10月21日，亚太经合组织（APEC）第九次领导人非正式会议在上海科技馆举行，中国国家主席江泽民主持会议。身着由东道主提供的中式唐装的APEC成员领导人出席会议，围绕全球和地区经济形势、人力资源能力建设两个议题进行了讨论，并就加快贸易和投资自由化与便利化、促进经济技术合作等议题进一步达成共识。

- 2001年4月10日，荷兰议会通过安乐死法案，成为世界上第一个把安乐死合法化的国家。
- 2001年6月29日，第55届联合国大会一致通过联合国秘书长科菲·安南的连任决议。
- 2001年7月23日，《联合国气候变化框架公约》缔约方就实施《京都议定书》的具体细节问题达成了政治协议。
- 2001年9月11日，美国纽约世界贸易中心大楼和五角大楼遭遇恐怖袭击。
- 2001年10月7日，美国以打击"9·11"事件的幕后策划者本·拉登为由，对阿富汗实施空中打击行动，至2002年3月结束。

中国加入世界贸易组织

2001年11月10日，在卡塔尔多哈举行的世界贸易组织（WTO）第四届部长级会议通过了中国加入世贸组织的法律文件，标志着经过15年的艰苦努力，中国终于成为世贸组织新成员。加入世贸组织有助于中国商品进入国际市场，也给中国政府加快转换职能，对企业提高技术水平与提高管理水平，提出了新要求。

外经贸部部长石广生（前右）代表中华人民共和国在中国加入WTO议定书上郑重签字

中国代表团成员在多哈展示中国国旗，庆祝中国入世。

博鳌亚洲论坛首届年会（2002年4月12日～13日）

博鳌是海南的一个小镇，2002年4月12至13日，博鳌亚洲论坛首届年会在这里举行。来自中国、日本、韩国、泰国等48个国家和地区的政府官员、专家学者和企业界人士参加了年会。与会者围绕着"新世纪、新挑战、新亚洲：亚洲经济合作与发展"这个主题进行了广泛的交流，30多位高官就亚洲区域合作和未来亚洲发展发表了见解。在两天的会议上，与会者共同发出加强区域合作，携手创造新世纪亚洲美好未来的呼声。

博鳌亚洲论坛

博鳌亚洲论坛是由菲律宾前总统拉莫斯、澳大利亚前总理霍克和日本前首相细川护熙于1998年共同发起的一个非官方、非赢利、定期定址的开放性的国际组织。2001年2月在中国海南省博鳌镇举行了成立大会，总部设在博鳌。每年举行一次年会，并视会员需求和形势发展举办若干次研讨会、专题会和讲座等。其宗旨是：深化亚洲各国间的交流与合作，增强亚洲与世界其他地区的对话与经济联系；为政府、企业及专家学者等提供一个共商经济与社会等多方面问题的高层对话平台。

风景如画的博鳌

◎ 2002年1月27日，尼日利亚拉各斯武器库大爆炸，造成1100多人罹难。

9月1日　　11月8日

2002

▶《中华人民共和国人口与计划生育法》实施

2002年9月1日，《中华人民共和国人口与计划生育法》正式施行。该法对人口的发展规划、生育调节、奖励与社会保障、计划生育技术服务和法律责任等相关问题作了详细规定。其中第十八条明确指出：国家稳定现行生育政策，鼓励公民晚婚晚育，提倡一对夫妻生育一个子女；符合法律、法规规定条件的，可以要求安排生育第二个子女。从此，中国人口与计划生育工作全面纳入法制轨道。

中国的计划生育政策

鉴于庞大人口基数的国情，中国从 1980 年开始实行计划生育，1982 年 9 月召开的十二大把实行计划生育确定为中国的一项基本国策，通过加强教育、宣传和管理，严格控制人口数量，大力提高人口素质，提倡晚婚、晚育，少生、优生。目前，中国的计划生育政策已取得显著成效，有力地保障了中国经济社会的可持续发展。

▶全面建设小康社会的目标（2002年11月8日～14日）

2002年11月8日至14日，中国共产党第十六次全国代表大会在北京召开。在这次大会上，中国共产党提出了全面建设小康社会的奋斗目标：国内生产总值到2020年力争比2000年翻两番，基本实现工业化，社会保障体系比较健全；社会主义民主更加完善，社会主义法制更加完备；形成比较完善的国民教育体系、科技和文化创新体系、全民健身和医疗卫生体系；可持续发展能力不断增强，生态环境得到改善，资源利用效率显著提高，促进人与自然和谐发展。

◎ 2002 年 7 月 9 日，非洲联盟第一届国家元首和政府首脑会议在南非的德班举行。

◎ 2002 年 9 月 27 日，第 57 届联大会议接纳东帝汶民主共和国为联合国第 191 个会员国。

◎ 2002 年 11 月 4 日，《中国与东盟全面经济合作框架协议》签署，决定到 2010 年建成中国—东盟自由贸易区。

11月15日

12月3日

2002

中国共产党新的领导集体产生

2002年11月14日，中国共产党第十六次全国代表大会在北京闭幕。大会选举产生了第十六届中央委员会委员198人、候补委员158人，中央纪律检查委员会委员121人。次日，第十六届中央委员会举行第一次全体会议，选举产生了中央政治局委员、候补委员，胡锦涛、吴邦国、温家宝、贾庆林、曾庆红、黄菊、吴官正、李长春、罗干当选中央政治局常委，胡锦涛当选中央委员会总书记。

上海申博成功

当申博成功的喜讯传来，上海市民挥舞着《解放日报》号外庆祝。

2002年12月3日，决定2010年世界博览会举办权的国际展览局第132次大会在摩纳哥蒙特卡洛举行。会上，克雷塔罗、莫斯科、丽水、弗洛兹瓦夫和上海先后进行陈述。陈述结束后，国际展览局89个成员国的代表以无记名方式进行投票，中国最终获得2010年世博会的举办权，实现了发展中国家举办世界博览会的历史性突破。

◎ 2002 年 11 月 27 日，联合国武器核查小组对伊拉克进行武器核查。

南水北调工程进入实施阶段

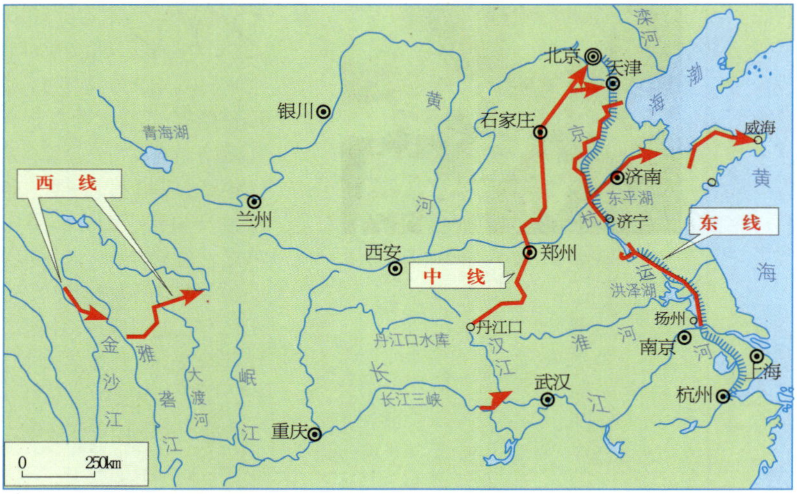

南水北调工程规划示意图

"西气东输"与"西电东送"

"西气"主要是指中国新疆、青海、川渝和鄂尔多斯四大气区生产的天然气；"东输"主要是指将上述地区的天然气输往长江三角洲地区，以及西宁、兰州、北京、天津和湖南、湖北地区，2002年7月4日全线开工。"西电东送"指开发贵州、云南、广西、四川、内蒙古、山西、陕西等西部省区的电力资源，将其输送到电力紧缺的广东、上海、江苏、浙江和京、津、唐地区。这两项工程变西部地区的资源优势为经济优势，有利于促进东西部地区经济的共同发展。

南水北调工程通过跨流域实行水资源合理配置，以解决中国北方严重缺水的问题，是一个特大型基础设施项目。根据规划方案，南水北调分别从长江下游、中游和上游调水，被称为东线工程、中线工程和西线工程。计划用50年时间，分3个阶段实施，总调水规模达到448亿立方米左右。2002年12月27日，东线工程启动仪式在北京人民大会堂举行，标志着南水北调工程进入实施阶段。

2003年2月　　　3月5日

2003

抗击"非典"（2003年2月～6月）

医务人员祝贺"非典"患者康复出院

2003年2月，一种非典型性肺炎"SARS"的病毒在北京和广州等地传播，并逐渐向全国蔓延。4月20日，中国政府向各省市派出督察组，帮助指导防治工作。要求各地及时发现和报告疫情，调动地方和军队的医疗资源投入救治，广泛深入宣传防治知识，禁止去疫区旅游。5月12日，中国政府公布施行《突发公共卫生事件应急条例》，将全民抗"非典"推向依法抗"非典"。6月24日，世界卫生组织宣布将北京从"非典"疫区名单中排除。

新的国家领导人产生（2003年3月5日~18日）

2003年3月5日至18日，第十届全国人大第一次会议在北京召开，选举和决定了新的国家领导人：胡锦涛当选为国家主席；曾庆红当选为国家副主席；江泽民当选为中华人民共和国中央军事委员会主席；吴邦国当选为全国人大常委会委员长；会议根据国家主席胡锦涛的提名，决定温家宝为国务院总理；会议选举肖扬为最高人民法院院长、贾春旺为最高人民检察院检察长。会议还选举了全国人大常委会副委员长，决定了中华人民共和国中央军委副主席，以及国务院副总理、国务委员和各部部长的人选。

◎ 2003 年 2 月 1 日，美国"哥伦比亚号"航天飞机在返航途中解体，7 名宇航员遇难。

◎ 2003 年 3 月 20 日，美国空袭伊拉克，伊拉克战争爆发。

◎ 2003 年 3 月 29 日，欧洲航天局制定 6 项宇宙防灾研究计划，将为人类制定宇宙灾难预防措施提供不可或缺的重要数据。

10月15日

12月

2003

▶中国首次载人航天圆满成功（2003年10月15日～16日）

2003年10月15日上午9时，中国自行研制的“神舟五号”载人飞船在酒泉卫星发射中心发射升空，9分50秒，飞船准确进入预定轨道，将宇航员杨利伟成功送入太空。飞船运行期间，开展了空间环境探测和微重力水平监测等科学试验，实现了首次天地通话。16日清晨6时23分，杨利伟顺利返航，中国首次载人航天飞行获得圆满成功。

宇航员杨利伟顺利返航

▶振兴东北老工业基地战略开始实施

烟囱林立的大型工矿企业是东北老工业基地最典型的景观

2003年12月，振兴东北老工业基地战略开始全面实施。次年3月，国家批准启动第一批共60个振兴东北老工业基地高新技术产业发展专项，总投资56亿元。振兴东北老工业基地，是中国政府继实施沿海发展战略、西部大开发战略之后做出的又一重大战略决策。

- 2003年4月30日，联合国秘书长发言人公布“中东和平路线图计划”，提出了建立独立的巴勒斯坦国，以巴两国和平共处的构想。
- 2003年8月5日，印尼雅加达的万豪酒店发生自杀式汽车炸弹袭击，造成至少12人死亡，150人受伤。
- 2003年10月1日，美国在时隔19年之后，重返联合国教科文组织。
- 2003年12月13日，美军俘获伊拉克前总统萨达姆。
- 2003年12月26日，伊朗中部的克尔曼省首府克尔曼附近发生里氏6.3级地震，死亡近7万人。

2004年3月5日

2005年3月14日

2005

十届全国人大二次会议修宪（2004年3月5日~14日）

十届全国人大二次会议会场

2004年3月5日至14日，十届全国人大二次会议在北京召开，依照法定程序对宪法进行了修改，在宪法中确立了“三个代表”重要思想在国家政治和社会生活中的指导地位，把推动物质文明、政治文明和精神文明协调发展写进宪法，明确规定了国家保护非公有制经济的合法权利和利益、公民的合法的私有财产不受侵犯、国家尊重和保障人权等内容。

《反分裂国家法》颁布实施

《反国家分裂法》获得通过

2005年3月14日，全国人大十届三次会议表决通过了《反分裂国家法》，于当日颁布实施。《反分裂国家法》共10条，主要内容是：大陆和台湾同属一个中国，中国的主权和领土完整不容分割；台湾问题是中国内战的遗留问题，解决台湾问题不受任何外国势力的干涉；两岸继续交流合作的“六个可以谈”；明确提出了“对台动武的三个前提条件”，等等。《反分裂国家法》的颁布实施，对于维护国家主权和领土完整、反对和遏制“台独”分裂势力、维护台海地区和平稳定和最终实现祖国的和平统一提供了法律保障。

◎ 2004 年 3 月 11 日，西班牙首都马德里市内及市郊的 3 处火车站在早晨上班高峰时发生 4 起爆炸，造成至少 200 人死亡，1400 人受伤。

◎ 2004 年 3 月 22 日，巴勒斯坦伊斯兰抵抗运动（哈马斯）的精神领袖艾哈迈德·亚辛遭以色列空袭死亡。

◎ 2004 年 12 月 26 日，印尼苏门答腊岛以北海域当地时间上午 8 时发生 9.0 级地震，并引发海啸，殃及东南亚和南亚多个国家。

◎ 2004 年 9 月 1 日，车臣分离主义武装分子在俄罗斯南部的北奥塞梯共和国别斯兰市第一中学劫持学生、教师和家长作为人质，第三天事件基本结束，人质有伤亡。

4月29日

9月6日

2005

胡锦涛会见连战

2005年4月26日至5月3日，中国国民党主席连战率中国国民党大陆访问团，到南京、北京、西安、上海参观访问。4月29日下午，中共中央总书记胡锦涛在人民大会堂与连战举行会谈，这是两党自1945年重庆谈判后再度举行的最高领导人会谈。胡锦涛就发展两岸关系提出4点主张：第一，建立政治上的互信，相互尊重，求同存异。第二，加强经济上的交流合作，互利互惠，共同发展。第三，开展平等协商，加强沟通，扩大共识。第四，鼓励两岸民众加强交往，增进了解，融合亲情。

股权分置改革全面启动

股权分置改革指的是，把上市公司不可流通的股份变为可流通的股份，真正实现同股同权，这是资本市场基本制度建设的重要内容。2005年9月6日，上海证券交易所、深圳证券交易所和中国证券登记结算有限责任公司联合发布了《上市公司股权分置改革业务操作指引》，自发布之日起实施。该《操作指引》对交易所在股权分置改革中的主导权、承诺的相关内容以及股权分置改革中部分细节问题和效率等，做出了新的具体规定。首次提出了“意向性批复”、“承诺履约担保”等概念，详细规定了股权分置改革的具体操作流程及相关要求，标志着中国股权分置改革的全面启动。

股权分置

股权分置，是指上市公司股东所持向社会公开发行的股份在证券交易所上市交易，称为流通股，而公开发行前股份暂不上市交易，称为非流通股；这种同一上市公司的股权分置状况，不仅使上市公司或大股东不关心股价的涨跌，不利于维护中小投资者的利益，也影响到上市公司通过股权交易进行兼并达到资产市场化配置的目的，妨碍了中国经济改革的深化。解决股权分置问题，是中国证券市场自成立以来影响最为深远的改革举措。

- 2005年2月16日，《京都议定书》正式生效，这是人类历史上首次以法规的形式限制温室气体排放，142个国家批准签署该议定书。
- 2005年3月28日，美国白宫正式公布《国家反谍报战略》文件，中国被列为“头号打击目标”。
- 2005年7月7日，伦敦发生连环爆炸，死亡52人，伤者逾百。
- 2005年9月14日至16日，联合国成立60周年首脑会议在纽约联合国总部举行。

12月29日

2006年4月13日

2006

《农业税条例》废止

2005年12月29日，十届全国人大常委会第十九次会议宣布，1958年通过的《农业税条例》自2006年1月1日起废止，中国农民从此不再缴纳农业税，在中国延续了2600多年的农业税自此终结。

江苏省江阴市华西村农民住宅的庭院

第一届世界佛教论坛在杭州举行（2006年4月13日～18日）

2006年4月13日至18日，以“和谐世界，从心开始”为主题的首届世界佛教论坛在中国杭州举行，共有37个国家和地区的佛教界、学术界、企业界、文艺界、政界等代表1000余人出席。与会者围绕佛教的团结合作、佛教的社会责任、佛教的和平使命3大议题展开讨论。本届论坛是新中国佛教史上的第一次国际性佛教大会。

第二届世界佛教论坛

2009年3月28日，由中国佛教协会、台湾国际佛光会、香港佛教联合会和中华宗教文化交流协会共同主办的第二届世界佛教论坛在江苏无锡开幕。本届论坛以“和谐世界，众缘和合”为主题，会期5天，分为两个阶段：3月28日至29日，在无锡举行；3月31日至4月1日，在台北举行。来自50多个国家和地区的1200余高僧大德及专家学者就佛教的社会责任、国际交流、宗派融合、慈善关怀、历史文化以及佛法传播等问题进行了广泛探讨。

◎ 2006年3月，韩国科学家开发出一种诊断仪，可针对某一特定突变蛋白质同时诊断12种癌症。

◎ 2006年6月3日，黑山共和国宣布独立。6月28日，联合国接纳黑山共和国为联合国第192个成员国。

7月1日　　10月8日

2006

青藏铁路全线通车

2006年7月1日，连接青海西宁和西藏拉萨的青藏铁路全线通车。该铁路总长1956公里，最高点海拔5072米，是世界上海拔最高、线路最长的高原铁路，被誉为“天路”。它的建成通车，对促进西藏经济发展和民族繁荣具有重要意义。

青藏铁路拉萨河大桥

构建和谐社会战略的提出
（2006年10月8日～11日）

微笑北京、和谐先锋——志愿者迎接2009年主题活动

2006年10月8日至11日，中共十六届六中全会在北京举行，全会审议通过了《中共中央关于构建社会主义和谐社会若干重大问题的决定》。《决定》对构建社会主义和谐社会的重要性、紧迫性、指导思想、目标任务、原则、领导力量和基本内容等相关问题作了全面阐释、规划和部署。

◎ 2006 年 9 月 19 日，泰国军队发动军事政变，正在纽约参加联合国大会的泰国总理他信宣布首都曼谷进入紧急状态。

◎ 2006 年 10 月 13 日，韩国的潘基文当选为联合国第八任秘书长。

中非合作论坛与《北京宣言》（2006年11月4日～5日）

中非合作论坛

中非合作论坛是中国和非洲国家在南南合作范围内的集体对话机制，每3年举行一次。2000年10月10日至12日，中非合作论坛第一届部长级会议在北京召开，通过了《北京宣言》和《中非经济和社会发展合作纲领》两个文件，中非合作论坛机制从此建立。2003年12月15日至16日，中非合作论坛第二届部长级会议在埃塞俄比亚首都亚的斯亚贝巴举行。2005年8月，中国政府提议将2006年论坛提升为中非领导人峰会，召开“中非合作论坛北京峰会暨第三届部长级会议”，得到积极响应。

2006年11月4日，以“友谊、和平、合作、发展”为主题的中非合作论坛北京峰会开幕。来自非洲48个国家的政府首脑和代表，以及联合国、非盟等24个国际和地区组织的代表共5000多人与会。中非双方领导人就新形势下如何深化各领域的合作交换意见，达成了广泛共识，共同发表了《中非合作论坛北京峰会宣言》和《中非合作论坛——北京行动计划（2007～2009）》。在北京峰会上，中国政府做出的8项对非合作举措，有力地推动了中非新型战略伙伴关系的深入发展。

中非合作论坛北京峰会圆桌会议

◎ 2006年11月9日，世界卫生大会批准陈冯富珍为世界卫生组织新总干事人选。

2007年10月15日

2007

科学发展观写入党章（2007年10月15日～21日）

2007年10月15日至21日，中国共产党第十七次全国代表大会在北京举行。大会通过了《关于〈中国共产党章程（修正案）〉的决议》。《决议》指出：十六大以来，中国共产党根据新的发展要求，集中全党智慧，提出了以人为本、全面、协调、可持续发展的科学发展观。科学发展观，是马克思主义关于发展的世界观和方法论的集中体现，是中国经济社会发展的重要指导方针。大会一致同意将科学发展观写入党章。

中国共产党第十七次全国代表大会会场

科学发展观

科学发展观是中共中央总书记胡锦涛在2003年10月召开的十六届三中全会上提出的。它的基本内涵是：坚持以人为本，树立全面、协调、可持续的发展观，促进经济社会和人的全面发展，坚持统筹城乡发展、统筹区域发展、统筹经济社会发展、统筹人与自然和谐发展、统筹国内发展和对外开放的要求。它深刻反映了中国共产党对经济社会发展问题的新认识。

◎ 2007年10月29日，朝鲜表示将从11月1日起开始对其核设施实行“去功能化”，并切实履行第二阶段弃核措施。

"嫦娥一号"月球探测卫星发射成功

2007年10月24日，中国自主研制的"嫦娥一号"月球探测器在西昌卫星发射中心成功发射。发射升空后，"嫦娥一号"卫星累计飞行494天，其中环月482天，经历过3次月食、5次正/侧飞姿态转换，共传回1.37TB的有效科学探测数据，获取了全月球影像图、月表部分化学元素分布、月表土壤厚度等一系列科学研究成果，圆满实现了工程目标和科学目标。"嫦娥一号"的成功发射，标志着中国实施绕月探测工程迈出了第一步。

"嫦娥一号"发射升空

中国探月计划三步走的战略

2004年2月13日，国防科学工业委员会公布了中国的探月计划，工程计划分三步走：第一阶段为"绕"，自2004年到2007年实施嫦娥一号绕月探测工程，发射绕月探测卫星，实现首次绕月飞行；第二阶段为"落"，自2007年到2012年研制和发射月球软着陆器，并携带月球车，在着陆器落区附近进行就位探测和巡视探测；第三阶段为"回"，自2012年到2020年研制发射月球采样返回器，软着陆在月球表面特定区域，并进行分析采样，然后将样品带回地球进行详细研究。

月球检测站预想图

◎ 2007年12月13日，欧盟27个成员国的领导人正式签署欧盟新条约——《里斯本条约》。

2008年5月12日　　8月8日

2008

▶汶川大地震

2008年5月12日下午2点28分，四川省发生里氏8.0级强烈地震，震中位于阿坝州汶川县。汶川大地震是60年来中国境内发生的最严重的地震灾害，截至8月11日，已确认69,225人遇难，374,640人受伤，失踪17,939人，因地震受伤住院治疗累计96,538人，抢险救灾人员累计解救和转移148万余人。房屋倒塌不计其数，桥梁、道路、河道、山体遭到严重破坏。为表达全国各族人民对汶川大地震遇难同胞的深切哀悼，中国政府将2008年5月19日至21日设定为全国哀悼日。

一名被从废墟中救出的小学生躺在担架上向解放军战士敬礼

▶第29届奥林匹克运动会在北京开幕

北京奥运会开幕式

2008年8月8日至24日，以“同一个世界、同一个梦想”为口号的第29届奥林匹克运动会在北京举行，部分足球预赛在天津、上海、沈阳、秦皇岛举行，帆船比赛在青岛举行，马术比赛在香港举行。共有来自204个国家和地区的10,500名运动员参加28个大项、38个分项的比赛，决出了302枚金牌。本届奥运会诞生了32项新的世界纪录和132项新的奥运会纪录，87个国家获得了奖牌。中国代表团获得51枚金牌，第一次位列金牌榜首位。国际奥委会主席罗格称赞本届奥运会“是一届真正的无与伦比的奥运会”。

9月25日　　2009年4月26日

中国宇航员首次太空行走

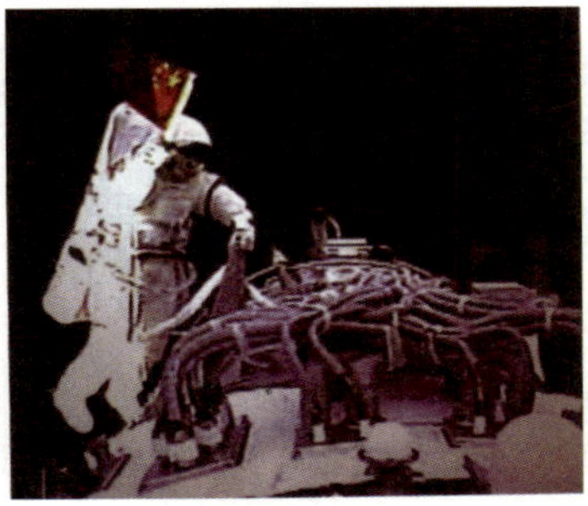

宇航员翟志刚“太空行走”

2008年9月25日21时10分04秒，“神舟七号”载人飞船在酒泉卫星发射中心发射升空，21时19分43秒准确进入预定轨道。此次飞行的主要任务是实施中国航天员第一次空间出舱活动，同时开展卫星伴飞、卫星数据中继等空间科学和技术试验。在飞行过程中，航天员翟志刚、刘伯明和景海鹏出色完成了各项预定的操作任务。9月28日17时37分，绕地球飞行45圈的“神舟七号”在内蒙古中部的主着陆场成功着陆。“神舟七号”航天员成功完成空间出舱活动，标志着中国成为世界上第三个独立掌握出舱活动关键技术的国家。

海峡两岸直接“三通”全面实现

2009年4月25日至29日，海峡两岸关系协会会长陈云林与台湾海峡交流基金会董事长江丙坤，在南京举行两会恢复协商以来的第三次会谈。26日，双方签署3项重要协议，并达成1项历史性的原则共识。根据协议，双方同意将两岸常态化包机转换为空中定期航班，并增开更便捷的新航路；对两岸航空公司的经营收入，相互免征关税及其他税费；积极鼓励并推动大陆企业赴台考察、投资，以利于加强和深化两岸产业合作，实现两岸经贸关系正常化和制度化；为了更加便利两岸的经贸往来，双方在金融领域展开广泛的合作。这些协议和共识的达成，标志着海峡两岸将全面实现直接“三通”——直接通邮、直接通航、直接通商。

2009年4月26日，海协会和海基会第三次会谈在南京紫金山庄举行，陈云林和江丙坤在握手。

◎ 2008 年 9 月，美国次贷危机愈演愈烈，并开始向全球蔓延。

◎ 2008 年 12 月 11 日，华尔街纳斯达克股票市场前董事会主席伯纳德·麦道夫 500 亿美元诈骗案被揭露。

新中国成立60周年国庆庆典

2009年10月1日上午10时，中华人民共和国成立60周年国庆庆典在北京天安门广场隆重举行，国家主席、中央军委主席胡锦涛检阅受阅部队，并发表重要讲话。数十个徒步方队、装备方队以及空中梯队以磅礴的气势依次经过天安门，这是新中国成立60年来的第14次阅兵，也是中国军队装备数量最多、规模最大的一次全景展示。随后，十万多名各界群众举行了盛大的游行活动。本次群众游行以回顾中国共产党领导全国各族人民的奋斗史、创业史、改革开放史为主线，分为“奋斗创业”、“改革开放”、“世纪跨越”、“科学发展”、“辉煌成就”、“锦绣中华”和“美好未来”7大主题，在北京长安街上演绎了一部新中国60年流动的发展史。

新中国成立60周年国庆阅兵

新中国成立60周年庆典

索　引

人名与地名

A

阿坝州，314
阿尔巴尼亚，205，245
阿尔及利亚，245
阿根廷，266
阿姆斯特丹，263
阿沛•阿旺晋美，209
埃及，98，125
埃塞俄比亚，311
安徽，35，68，121，159，183，255，275
安禄山，92
安息，39，40，50
安阳（殷），10，11，12
俺答汗，**137**
澳大利亚，301
澳门，**136**，162，**269**，**283**，**297**

B

八达岭长城，271
八思巴，**123**
八宿，220
巴黎，188
巴塘，220
巴西，266
白居易，**94**
班禅额尔德尼，153，289
班超，**48**，49，50
班固，**49**
邦达，220
包惠僧，189
保加利亚，205
鲍照，71
北戴河，227，228
北海，262
北京（大都/涿郡/北平），2，3，33，80，114，122，129，133，139，145，147，152，157，159，162，163，165，167，171，173，174，177，182，184，185，186，187，188，198，202，**203**，204，207，209，212，216，218，219，220，221，223，229，232，238，240，244，246，250，252，258，260，264，269，270，**271**，272，274，277，280，282，284，287，289，290，291，292，293，295，298，302，303，304，305，307，308，310，311，312，314，316
毕昇，**106**
扁鹊，**23**
波兰，205，266
波密，220
博鳌，**301**
博孜艾格尔，242
渤海，7，48，80，271

C

蔡锷，185
蔡伦，**51**
蔡邕，**52**
蔡元培，**186**
曹操，**53**，54，56，57，130
曹锟，185

曹丕，53，**57**

曹雪芹，**156**

曹植，53

昌都，209，220

长安（镐京/西安），12，35，**36**，39，40，45，47，61，80，**81**，82，83，84，92，97，100，125，177，191，197，304，308

长江，3，5，9，15，16，20，31，40，53，54，56，64，67，79，80，90，99，115，124，143，150，160，162，186，200，203，242，243，276，294，304

长沙，36，99，102，159

晁错，**38**

朝鲜，83，172，205，208，218

陈春先，272

陈独秀，184，189，192

陈公博，189

陈洪绶，**144**

陈景润，**240**

陈梦雷，154

陈桥驿，101

陈胜，**33**，34

陈天华，**178**

陈毅，193，194，200

陈永贵，235

陈云，206

陈云林，315

成都，28，54，57，99，213，220

成吉思汗，**120**，122

程长庚，**139**

程颢，108，**109**，118

程颐，108，**109**，118

赤壁，54，56

楚庄王，16

慈禧太后，**164**，175，177

重庆，198，**201**，213，**292**，304，308

D

大连，262

大秦，48，50，84

大庆，22，**230**，**235**

大食，88

大同（平城），68，72，73

大宛，39，48

大夏河，4

大禹，**6**

大月氏，39，40，46

大寨，**235**

戴震，**156**

德格，220

德国，144，188，205，224，229

邓恩铭，189

邓稼先，**241**

邓平，43

邓小平，203，246，**247**，254，257，262，264，273，274，**281**，**291**

东非，125

东南亚，88

董必武，189

董其昌，**141**

董仲舒，41

董卓，53

都江堰，28

杜甫，**92**

杜佑，**95**，127

段祺瑞，185，186

敦煌，39，40，48，**98**

多哈，300

多特蒙德，229

E

俄国，152，162，166，184

俄罗斯，299

鄂尔多斯，304

F

法国，161，166，170，188，193，218，237，291

法显，**69**

帆足计，212

范宽，**102**

范缜，**75**

范仲淹，**108**

方腊，**115**

菲律宾，301

芬兰，263

丰南，249

冯国璋，185

冯梦龙，142

凤阳，255

苻坚，67

涪陵，292

福建，31，99，136，150，151，160，170，183，257，262，294

福州，99，161，162，262

傅作义，203

G

垓下，35

干宝，**65**

甘德，26

甘肃，4，32，68，93，98，99，120，127，196，236

甘英，48，**50**

甘孜，220

高良富，212

戈尔巴乔夫，274

格尔木，220

葛洪，**65**

龚开，**123**

龚自珍，**159**

勾践，16，**20**

辜振甫，280，284

顾恺之，**66**

顾宪成，142

顾炎武，**148**

关汉卿，**123**，126

关羽（关云长），54

管仲，**16**

光绪，175，176，177，179

广安，291

广东，31，99，121，124，136，150，169，170，171，176，183，190，191，192，193，229，257，262，298，304

广汉，10

广西，31，99，162，170，304

广州，99，112，116，125，160，161，162，170，171，179，186，190，191，192，262，305

龟兹，40，50，67

贵州，197，236，304

郭守敬，**125**

郭熙，**111**

郭象，59

H

哈萨克斯坦，299

海河，80

海口，272

海南，109，**272**，**281**，298，301

海盐，279

韩非子，28

韩国，301

韩信，34

韩愈，**95**，104

汉高祖（刘邦），33，**34**，35，49

汉光武帝（刘秀），47，**47**，62

汉景帝，37，38

汉口，194，213

汉灵帝，51，52

汉明帝，46

汉文帝，37

汉武帝（刘彻），35，36，**38**，39，41，42，43，44

汉献帝，53，57

汉元帝，45

杭州（余杭/临安），80，99，116，202，304，309

何叔衡，189

何晏，59

和珅，**154**

河北，34，68，79，103，115，167，175，184

河南，6，7，10，11，12，15，29，35，47，55，59，68，73，98，99，116，127，236，239，256

荷兰，144，150，177，263

阖闾，16

贺龙，193

赫德，**168**

赫尔辛基，263

黑龙江，114，230，242

衡阳，149

洪仁玕，**163**

洪秀全，162

忽必烈（元世祖），**122**，123，124

胡亥，30

胡锦涛，303，305，**308**，312，316

胡适，184

胡瑛，182

湖北，56，99，145，167，169，194，213，236，304

湖南，36，99，121，149，166，183，186，189，194，203，236，256，304

华北，2，3，100，131，175，199，203，214，224

华东，203，279

华佗，**55**

华西村，309

淮安（山阳），80，193

淮河，80，114，203，**207**，304

洹河，11

皇甫谧，60

皇太极，140，**145**

黄巢，81，**97**，99

黄道婆，**126**

黄帝，**5**，29，43

黄公望，**127**

黄海，7，48，80，172，304

黄河，4，6，7，9，12，15，16，19，38，40，63，67，80，103，115，116，200，304

黄菊，303

黄浦江，276

黄兴，182

黄宗羲，**148**

黄遵宪，**169**

湟水，4

会宁，114，196

惠能，**86**

慧远，**67**

霍克，301

J

基辛格，**244**

嵇康，59

吉安（庐陵），124

吉尔吉斯斯坦，299

济南，126，199，304

贾春旺，305

贾庆林，303

贾思勰，**76**

柬埔寨，218

鉴真，**91**

江丙坤，280，315

江村罗布，289

江青，239，240，247，250，256

江苏，34，56，68，80，99，115，160，173，183，193，304，309

江西，103，121，124，183，193，194，210，230

江淹，71

江阴，309

江泽民，**274**，**288**，289，291，292，293，297，298，299，305

蒋介石，190，**191**，192，195，197，201，**202**，245

蒋廷锡，154

焦裕禄，**239**

桀，7

捷克斯洛伐克，205

碣石，32
金门，253
晋文公，16
荆州，99
井冈山，193，**194**
景德镇，**103**
景海鹏，315
九龙，290
酒泉，306，315
巨鹿，33，34

K

卡塔尔，300
卡翁达，246
开封（汴梁），99，101，113，115，116，202，256
康熙，**149**，150，152，153，154
康有为，175，**176**
克拉玛依，**222**
克雷塔罗，303
克林顿，296
孔融，53
孔子，**18**，19，20，22，25，49，54，176
寇准，103
昆明，296
昆阳，47

L

拉莫斯，301
拉萨，214，220，228，310
兰考，239
兰州，40，304
老挝，218
老子，**17**，36，46，51，59
乐亭，184
雷锋，**234**
梨园公社，255
骊山，31
李白，**89**，92
李冰，28
李长春，303
李春，79
李达，189
李大钊，**184**
李德裕，96
李登辉，234
李汉俊，189
李鸿章，165，**166**，173，177
李诫，**113**
李悝，**23**
李烈钧，182，183
李清照，**117**
李时珍，**138**
李铁映，289
李渊，81，82
李元昊，**105**
李贽，**140**
李自成，129，**145**
李宗仁，199
理塘，220
丽水，303

利玛窦，**139**，144
郦道元，**75**
连云港（海州），115，262
梁启超，**176**
辽东半岛，172，271
辽宁，68，215
廖承志，212
林彪，203，239，256
林则徐，160
临洮（岷县），32，48
临潼，31，197，247
刘备，**54**，56，57，130
刘伯承，193，203
刘伯明，315
刘长春，263
刘徽，**60**
刘静仁，189
刘伶，59
刘铭传，151
刘少奇，200，210，219，**256**
刘向，**45**
刘勰，**74**
刘歆，**45**
刘义庆，**71**
刘禹锡，**96**
刘裕，64，**70**
刘知几，**87**
柳公权，**96**，112
柳宗元，95
六盘水，236
庐山，67，230
鲁肃，56
鲁迅，184，**187**
鲁隐公，8
陆九渊，**118**
陆游，**117**
陆羽，**93**
吕不韦，**29**
伦敦，97
罗布泊，237，241
罗干，303
罗格，314
罗贯中，**130**
罗马尼亚，205
洛杉矶，263
落下闳，43
洛阳（洛邑），12，15，35，37，47，48，52，57，61，68，73，79，80，92，97，99

M

马嘎尔尼，**159**
马钧，58
马可•波罗，**124**
马王堆，36
马寅初，**226**
马远，**119**
芒康，220
毛笔，4
毛泽东，**189**，194，196，197，200，201，204，210，217，219，223，225，234，235，236，238，239，241，244，246，**250**，254，

258

美国，161，162，208，237，244，245，246，253，263，296，298

蒙古（汗国），114，120，122，133

蒙古（蒙古人民共和国），68，205，242

蒙古（族），114，116，120，22，123，133，137，145

蒙古高原，120，122

蒙特卡洛，303

孟子，**25**

米芾，**112**

汨罗江，27

密云（渔阳），33

闽江，294

名古屋，244

明成祖（朱棣），131，133

明太祖（朱元璋），128，**129**，131

明宪宗，131

摩纳哥，303

莫斯科，205，212，303

墨子，**22**

牧野，12

N

内江，213

内蒙古，68，304，315

那曲，220

南安，150

南昌，**193**，194

南极，**266**

南京（建康/建业/金陵），56，64，99，129，131，160，**161**，162，180，181，191，192，197，**198**，199，201，202，203，**242**，273，304，308，315

南设得兰群岛，266

南斯拉夫，296

南通，173，262

南阳，55

嫩江，294

尼克松，244，245

聂荣臻，190

宁波，161，262

宁夏，68，105，236

宁乡，256

牛僧孺，96

努尔哈赤，**140**，145

O

欧阳修，**104**

P

盘庚，**10**

裴危，59

裴文中，2

沛县，34

彭德怀，196，199，208

彭越，34

平壤，208

平乡，34

菩提达摩，**75**
葡萄牙，**136**，269
蒲松龄，**151**
濮阳，29
浦东，**276**
溥仪，186，195

Q

戚继光，**136**，138
齐桓公，16
淇县，12
启，7
钱塘江，80
乾隆，153，**154**，155，157，158，159
黔江，292
乔治王岛，266
秦皇岛，262，271，314
秦桧，116
秦山镇，279
秦始皇（嬴政），29，**30**，31，32，33
青岛，202，256，262，314
青海，4，68，93，220，236，304，310
秋瑾，**179**
屈原，**27**
泉州，116，**125**

R

人民大会堂，236，256，291，304，308
日本，83，88，**91**，98，125，136，166，171，172，176，178，179，180，183，188，191，192，193，195，197，198，199，**201**，212，224，244，246，259，301
日内瓦，**218**
荣毅仁，280
容国团，**229**
容闳，169
阮籍，59
阮咸，59
瑞金，196

S

三娘子，**137**
三峡，243，**294**，304
僧一行，**89**
山东，4，6，25，67，68，98，115，126，172，175，188，202，271，288
山海关，145，177
山涛，59
山西，6，68，72，73，90，99，235，236，304
陕西，2，6，12，31，43，68，98，236，247，304
汕头，257，262
商鞅，**26**
上海，160，161，162，167，176，179，180，183，186，188，189，192，202，211，216，238，245，262，276，278，281，284，292，295，299，303，304，308，310，314

少康，7

邵雍，**107**

绍兴，117，118，186，187，192，193

深圳，257，262，278，281，290，308

沈括，**111**

沈阳，195，202，215，231，314

沈莹，58

圣彼得堡，299

施琅，149

施耐庵，115，**130**

十一世班禅额尔德尼，**289**

石广生，300

石家庄，199，304

石申，26

石守信，102

石涛，**151**

顺治，153

舜，6，7

司马光，**110**

司马迁，**43**

司马睿，64

司马相如，**39**

司马炎，61，62

四川，10，54，90，92，93，99，104，183，186，194，203，213，220，236，291，292，304，314

松花江，294

松赞干布，**84**

宋慈，**121**

宋高宗（赵构），116

宋徽宗，115

宋江，**115**，130

宋教仁，182，183

宋宁宗，127

宋钦宗，115

宋庆龄，**171**

宋仁宗，108

宋太祖（赵匡胤），**101**，102

宋应星，**146**

宋真宗，103

苏东坡，**109**

苏联，190，205，231，234，237，242，246，266

隋文帝（杨坚），**77**，78，79

隋炀帝（杨广），77，**79**，80

孙传芳，185

孙权，54，**56**，57，130

孙思邈，**85**

孙武，**19**

孙中山，**171**，180，181，182，183，186，190，191，192

T

塔城，242

塔吉克斯坦，299

台北，280，309

台儿庄，199

台海地区，307

台湾（夷洲），56，**58**，**144**，149，**150**，**151**，162，170，172，191，208，221，244，

245，246，**253**，**259**，263，**271**，**280**，**284**，**288**，**307**，309，**315**

太湖，5

太原，82，99，199

谭鑫培，**169**

汤，7，9

汤若望，**144**

汤显祖，**141**

唐伯虎，**134**

唐德宗（李适），94

唐高宗（李治），86

唐继尧，185

唐山，**249**

唐太宗（李世民），81，**82**，84，86

唐玄宗（李隆基），81，**88**，90，91，92

唐中宗（李显），86

洮河，4

陶弘景，**74**

陶渊明，**69**

天安门，188，204，250，264，316

同治，164

W

完颜阿骨打，**114**

万隆，221

万县，292

汪道涵，280，284

汪精卫，190，191，**192**

王安石，**110**

王弼，59

王粲，53

王充，**49**

王大珩，268

王夫之，**149**

王淦昌，268

王光美，256

王洪文，250

王稼祥，196，197

王尽美，189

王进喜，235

王莽，**46**，47，49

王明，196，197

王戎，59

王若飞，201

王实甫，**126**

王士珍，185

王叔和，**60**

王惟一，**104**

王维，**90**

王羲之，**66**，112

王选，267

王阳明，**135**

王昭君，**45**

王祯，**128**

王振，133

魏源，**161**

温家宝，303，305

温州，262

文昌，171

文成公主，**84**

文天祥，**124**
文徵明，**135**
汶川，**314**
窝阔台，120
乌江，33
乌拉圭，266
乌苏里江，242
乌兹别克斯坦，299
无锡，142，309
吴邦国，303，305
吴昌硕，**168**
吴承恩，**137**
吴道子，**87**
吴德仁，58
吴官正，303
吴广，33
吴晗，238
吴敬梓，**156**
吴佩孚，185
吴求，19
吴三桂，145
武昌，56，181，281
武则天，81，**86**

X

西藏，84，93，123，158，**209**，214，218，220，**228**，**229**，233，**287**，288，289，310
西昌，313
西江，294
西康，220
西陵峡，294
西宁，220，304，310
西域，38，**39**，40，**48**，49，50，69，83
昔阳，235
夏阳（韩城），43
厦门，150，160，161，162，257，262，286
咸丰，162，164，165
咸阳，33，34
香港，160，161，162，229，**266**，**277**，283，290，**292**，309，314
湘潭，189
向秀，59
项英，196，200
项羽，33，34，35
萧何，34
萧何，34
萧统，**76**
萧统，76
小岗村，**255**
小泽清，212
孝文帝（拓跋宏），**73**
肖扬，305
谢安，67
谢灵运，71
谢玄，67
辛弃疾，119
新都桥，220
新加坡，180，284
新疆，50，68，203，209，

222，237，241，242，304
兴庆，105
匈牙利，205
徐光启，139，146
徐弘祖，143
徐寿，167
徐渭，139
徐州（彭城），34，199，203
许昌，53，54，57
许海峰，263
许慎，50
玄奘，83，137
荀子，27

Y

鸭绿江，208
雅典，263
雅江，220
烟台，162，262
延安，197，**200**，201
严复，**174**
炎帝，**5**
炎黄子孙，5
阎立本，**85**
阎锡山，182
颜真卿，**96**
偃师，7
燕肃，58
杨贵妃，**90**
杨国忠，90
杨虎城，197
杨利伟，306
杨炎，**94**
洋浦，**281**
尧，7
姚文元，238，250
耶律阿保机，**100**
耶律楚材，120
叶剑英，190，**259**
叶挺，193，200
叶小文，289
伊拉克，50，98
伊犁，242
伊宁，40，242
仪陇，194
宜昌，213
奕䜣，165
阴山，32
殷墟，10
印度尼西亚，98，125，221
印度支那，218
英国，97，159，160，161，162，174，233，237，266
雍正，151，**153**，154
袁隆平，**248**
袁绍，53，54
袁世凯，171，**173**，**183**，185，192
岳飞，**116**，117
岳阳，106
越南，170，205
云南，2，93，170，185，194，203，236，304

恽代英，190

Z

赞比亚，246
曾国藩，165，**166**
曾庆红，303，305
扎什伦布寺，289
翟志刚，315
詹天佑，**180**
湛江，262
张春桥，250
张国焘，189
张衡，**52**
张继，182
张謇，**173**
张角，51，53
张居正，**138**
张良，34
张陵，51
张骞，38，**39**，40
张旭，**87**
张学良，185，191，195，197
张勋，186
张载，**107**
张择端，**113**
张昭，56
张之洞，165，**167**
张仲景，**55**
张作霖，184，185
章炳麟，**178**
漳河，34
赵构，115，116
赵过，**44**
赵孟頫，**126**
浙江，3，31，80，99，115，116，117，136，150，160，186，187，189，192，193，279，304
珍宝岛，**242**
镇江（京口），80，162
郑板桥，**155**
郑成功，144，**150**
郑观应，**170**
郑和，**132**
郑州，239，256，304
智利，266
中关村，**272**
中华民族，5，197
中山，229
周敦颐，**107**，108，109，118
周恩来，190，**193**，196，197，200，201，218，219，221，236，239，244，245，246，247，**248**
周佛海，189
周口店，2，3
周厉王，14
周武王，12
周瑜，56
纣王，12
朱耷，**150**
朱德，193，**194**，196
朱温，99
朱熹，108，116，**118**
朱允炆，131

珠海，257，262，281

诸葛亮，54，**56**，130

庄子，**25**，51，59

准噶尔盆地，222

紫金山庄，315

邹容，**179**

祖冲之，**74**

遵义，189，**197**，200

左丘明，24

左宗棠，165

历史事件

0~9

1982年《宪法》，**261**

A

《瑷珲条约》，162
安史之乱，81，88，90，**92**
奥运会（奥林匹克运动会），263，**314**
澳门回归，**297**
澳门问题，**269**
澳人治澳，**283**

B

八股，**134**，179，200
八国联军，166，**177**
八届八中全会，230
八旗制度，140
八王之乱，**62**
“八字方针”，**231**，232
罢黜百家，独尊儒术，**41**
白莲教，**128**
百团大战，**199**
“百万大裁军”，**267**
杯酒释兵权，**102**
北戴河会议，228
《北伐宣言》，191
北京奥运会，**314**
北京人，**2**
《北京条约》，162
《北京宣言》，**311**
北宋，93，100，**101**，102，104，106，107，108，109，111，112，113，114，115，116，118
北魏，63，**68**，72，73，75，76
北洋军阀，173，**185**，186，191
北约，296
博鳌亚洲论坛，**301**
“不要四面出击”，207

C

茶马古道，93
茶马互市，**93**
长城，**32**，77，145，266，271
长征，**196**，197
厂卫，**131**
驰道，30，77
赤壁之战，**56**
初税亩，**17**
楚国，17，21，26，27
楚汉相争，**34**
垂帘听政，**164**
春节，8
春秋五霸，**16**
澶渊之盟，**103**

D

达赖、班禅册封制度，**153**
大汶口文化，**4**，6

大禹治水，**6**
“大跃进”运动，**227**，231
大泽乡起义，**33**
代田法，**44**
邓小平南巡讲话，**281**
第一次国共合作，184，**190**，191，192
“东北易帜”，185，191
东厂，131
东汉，23，35，44，46，**47**，48，49，50，51，52，53，55，57，62
东晋，**64**，65，66，67，68，69，70
东林党，**142**
东周，**15**，21
端午节，8
对资本主义工商业的社会主义改造，**216**，217

E

二次革命，**183**，185
“二十一条”，**183**，188

F

藩镇割据，**93**，96
《反对党八股》，200
《反国家分裂法》，**307**
反饥饿、反内战、反迫害运动，**202**
反右派斗争，**225**
反右倾运动，**230**
飞乐音响公司，278
“非典”，**305**
非公有制经济，**295**，307
非盟，311
淝水之战，**67**
分封制，12，**13**，33，38，61
分税制改革，**285**
焚书坑儒，**33**
封建农奴制度，229
扶贫攻坚计划，**286**
福利分房，295

G

垓下之战，**35**
改革开放，252，257，258，261，270，276，281，287，291，297，316
“改土归流”，153
《改造我们的学习》，200
港人治港，277
高等院校院系调整，**212**
高度自治，277，283
高考制度，**251**
《搞好大学招生是全国人民的希望》，251
《告台湾同胞书》，**253**
工业学大庆，**235**
公私合营，216
“共产风”，227
共和行政，**14**
《共同纲领》（《中国人民政治协商会议共同纲领》），204，219
股权分置，**308**

股权分置改革，**308**

《关于〈中国共产党章程（修正案）的决议〉》，312

《关于加速科学技术进步的决定》，289

《关于建国以来党的若干历史问题的决议》，**258**

《关于进一步深化城镇住房制度改革 加快住房建设的通知》，295

《关于经济体制改革的决定》，**265**

《关于若干历史问题的决议》，200

《关于深化企业改革 增强企业活力的若干规定》，269

《关于十一届中央委员会报告的决议》，260

《关于统一全国财政经济的决定》，206

《关于为刘少奇同志平反的决议》，256

《关于整风运动的指示》，225

《关于正确处理人民内部矛盾的问题》，**225**

《关于治理淮河的决定》，207

《关于中国共产党章程的决议》，260

官渡之战，**54**

光武中兴，47

广东国民政府，191，192

国防科工委，267

国防委员会，256

国际奥委会，314

国际乒联，229

国际展览局，303

国家定价，254

国家指导价，254

国家主席，256，261，289，297，299，305，316

《国民党政见宣言》，182

国务院，219，261，271，295，305

国营企业，206，211

过渡时期总路线，**217**

H

海南经济特区，**272**

海峡交流基金会（海基会），**280**，283，284，315

海峡两岸关系协会（海协会），**280**，283，284，315

《海峡两岸关系协会章程》，280

汉阳铁厂，167

和平共处五项原则，**218**，245

和平统一，259，280，288，291，307

和平统一祖国的9条方针政策，**259**

河姆渡文化，3

红巾军起义，**128**，129

宏观调控，272，282，285

虎门销烟，**160**

户籍管理制度，**226**

户口簿，226

护法运动，**186**

护国运动，**185**

淮海战役，203

宦官，47，51，88，129，131，133，142，148

黄巢起义，81，**97**，99

黄巾军起义，**53**，54

黄埔军校，171，**190**，191

恢复高考制度，**251**

火烧圆明园，**163**

J

基辛格秘密访华，**244**

集体所有制，226

计划生育，226，**302**

家庭联产承包责任制，

甲午战争，**172**，174，175

价格体制改革，**255**

建立社会主义市场经济体制，**282**

交子，**104**

节度使，92

解放思想，252

金，101，**114**，115，116，117，118，119，120

“金瓶掣签”，**158**

金融体制改革，

锦衣卫，131

经济适用房，295

经济特区，**257**，262，271，272，278

精简城镇人口，**232**

井冈山（革命根据地），193，**194**，196

《井冈山会师》，194

井田制，**13**

靖康之变，**115**，117

靖难之役，**131**

“九二共识”，**283**

九品中正制，57，62

“九五”计划，289，290

九一八事变，191，**195**

旧石器时代，2，3

居民身份证，267

居民身份证制度，**267**

巨鹿之战，**34**

军机处，153

均田制，**72**，73

郡县制，30

K

开国大典，**204**

开元盛世，81，**88**

抗美援朝，**208**，210

抗日民族统一战线，187

抗日战争，192，196，198，199，**201**，213，247

抗日战争，192，196，198，199，**201**，213，247

科教兴国战略，**289**

科举，62，77，**78**，82，96，134，143，151，156，**179**

科学发展观，**312**

科学技术是第一生产力，**273**，281，289

可持续发展战略，**290**

《孔子改制考》，176

L

蓝田人，**2**

李悝变法，**23**

李自成起义，**145**

联合国，244，245，246，247，248，311

联合国大会，245，246

联合国教科文组织，31

良渚文化，**5**

粮食流通体制改革，

“两个凡是”，251

两个根本性转变”，**289**

两税法，**94**

辽，**100**，103，105，114

辽沈战役，203

留美幼童，**169**，180

龙山文化，**6**

隆兴和议，**118**

庐山会议，**230**

鲁国，17，18，20

绿林、赤眉起义，46

《论十大关系》，**223**

M

马嘎尔尼使团访华，**159**

《马关条约》，166，**172**

马家窑文化，**4**

门阀制度，61，**62**，64，70

明，**129**，130，131，132，133，134，135，136，137，138，139，140，141，142，144，145，146，148，149，155

牧野之战，**12**

N

内阁，138，170，183

南昌起义，**193**，194

南朝，68，**70**，74，76

南京大屠杀，**198**

南京国民政府，191，198

《南京条约》，**161**

南水北调，**304**

南宋，101，114，115，**116**，117，118，119，121，122，124

《尼布楚条约》，**152**

牛李党争，**96**

农业合作化运动，**214**

《农业税条例》，**309**

农业学大寨，**235**

女真，101，114，140，147

P

盘庚迁殷，**10**

乒乓外交，**244**

平津战役，203

平息西藏叛乱，**228**

Q

七届全国人大三次会议，277

七七事变，**198**

“七千人大会”，**232**
七王之乱，37
七一五反革命政变，192
齐国，16
契丹，100，101，120
遣唐使，**83**
《钦定藏内善后章程二十九条》，158
《钦定西藏章程》，154
秦国，23，24，26，29，50
秦山核电站，**279**
庆历新政，**108**
秋收起义，194
“求同存异”，221，308
全国扶贫开发工作会议，286
全国人大常委会，194，219，253，259，261，268，305，309
全国人民代表大会，215，**219**
全面建设小康社会，**302**
全民所有制，226，269
全民所有制企业，**269**
犬戎，12

R

人民币，221
人民公社，227，**228**，231，255
人民公社化运动，**228**，231
人民民主专政，207，254
人造地球卫星，**243**
日内瓦会议，**218**
《日内瓦会议最后宣言》，218

S

“三八线”，208
“三步走”，**270**，**313**
三大领主，**229**
三大战役，**203**
三藩之乱，149
“三反”运动，**211**
三个代表，**298**，307
“三个世界”，**246**
三国鼎立，56，57，61，105
三家分晋，24
三民主义，171
三省六部制，77，**78**
三省六部制，77，**78**
“三通”，**315**
三湾改编，194
三峡工程，**294**
“三线”建设，**236**
三星堆文化，**10**
山顶洞人，**3**
禅让制，**7**
商品房，295
商鞅变法，**26**
上海合作组织，**299**
《上海合作组织成立宣言》，299
《上海合作组织宪章》，299
上海五国，**299**

上海证券交易所，**278**，308
“上山下乡”，**241**
《上市公司股权分置改革业务操作指引》，308
绍兴和议，**117**，118
社会主义初级阶段，**258**，**270**，**293**
社会主义初级阶段的基本纲领，**293**
社会主义初级阶段的基本路线，**270**
社会主义建设总路线，**282**
社会主义市场经济体制，226，**270**，289
深圳发展银行，278
深圳证券交易所，308
十国，**99**
十届全国人大常委会第十九次会议，309
十届全国人大二次会议，**307**
十六届三中全会，312
“十七条协议”，209，228
十一届三中全会，251，**252**，258，274，281
“十一五”规划，287
十月革命，184
《实践是检验真理的唯一标准》，251
世界保卫和平委员会，171
世界杯女子排球赛，259
世界佛教论坛，**309**
世界贸易组织，**300**
世界乒乓球锦标赛，229，244
世界气象组织，266
世界卫生组织，305
世界园艺博览会，**296**
市场调节价，254
蜀（汉），54，56，57，130
《双十协定》，**201**
丝绸之路，35，38，39，**40**，48，84，88，125
四个现代化，254
四人帮，**250**，251
四项基本原则，**254**，270
四一二反革命政变，191，**192**
《苏共领导同我们的分歧的由来和发展》，234
隋（朝），62，70，**77**，78，79，80，81，82，85

T

台儿庄大捷，**199**
台湾府，**151**
台湾国际佛光会，309
台湾问题，244，307
太平天国，**162**，163，166
太平天国运动，**162**，163，166
摊丁入亩，153
“摊丁入亩”，153
唐山大地震，**249**
《讨逆宣言》，186
特别行政区，259，277，283，292，297

剃发令，**147**
《天朝田亩制度》，162
《天津条约》，162
天主教，125，139，144
条约制度，**164**
统购统销，**217**
《突发公共卫生事件应急条例》，305
土地改革，**209**，214
土地革命，194，196
土地革命，194，196
土木之变，**133**
吐蕃，84，105，123

W

外交部，165，193，297，298
外经贸部，300
外贸部，285
外贸体制改革，**285**
皖南事变，**200**
《万国公报》，176
万隆会议，**221**
汪辜会谈"，**284**
王安石变法，**110**
王莽改制，**46**
卫国，29
魏（三国之一），53，56，57，58，59，60，62，130
魏国，23，26
文化大革命，238，**239**，241，247，250，251，252，256，258
文景之治，**37**
汶川大地震，**314**
卧薪尝胆，**20**
无产阶级专政，254
吴（三国之一），56，57，58，130
吴国，20，58
五•二〇血案，202
五代，**99**，110，155
"五反"运动，**211**
五胡十六国，**63**
五年计划，**216**，217，227
五四运动，178，184，**188**，193
五星红旗，204
五铢钱，**42**
武昌起义，181
武汉国民政府，192
戊戌变法，147，173，**175**，176

X

西安事变，191，**197**
西部大开发，236，**297**，306
西藏工作座谈会，287
西藏和平解放，**209**
西藏民主改革，**229**
西藏自治区筹备委员会，228
西厂，131
"西电东送"，**304**
西汉，**35**，36，38，43，44，45，46，47，49

西晋，**61**，62，63
“西气东输”，**304**
西夏，100，**105**，114，116，120
西域都护府，48，50
西周，**12**，13，14，15，19
希望工程，**275**
先秦，23，24，41，69，108，132
鲜卑，62，63，68，70，73
《县委书记的榜样——焦裕禄》，239
宪法，182，189，196，214，217，**219**，**261**，293，295，307
香港回归，**292**
香港会议展览中心，292
香港特别行政区，277，292
《香港特别行政区基本法》，**277**
向雷锋同志学习，**234**
“小平您好”，**264**，291
《辛丑条约》，166，**177**
辛亥革命，147，171，173，178，**181**，192，194
辛亥革命，147，171，173，178，**181**，192，194
《新华日报》，200
新民主主义社会，217
新石器时代，4，6
新文化运动，178，**184**，186，187
《新学伪经考》，176
信大祥绸布商店，216
兴中会，171
行省制度，**127**
匈奴，38，45，48，61，62，63
休养生息，37
玄武门之变，**82**
《选举法》（《中华人民共和国全国人民代表大会及地方各级人民代表大会选举法》），**215**
学习孔繁森，**288**

Y

鸦片战争，**160**，**162**，165
亚非会议，**221**
亚太经合组织，**299**
亚运会（亚洲运动会），**277**
亚洲及太平洋区域和平联络委员会，171
沿海经济开放区，271
沿海开放城市，**262**，271
沿海外向型经济发展战略，**271**
燕国，24
洋浦经济开发区，**281**
洋务运动，147，**165**，166
仰韶文化，3，4
“叶九条”，**259**
“一个中心、两个基本点”，**270**，274，281
一国两制（一个国家，两种制度），259，277，283，291

依法治国，261，**293**
义和团运动，173，**175**，177
义务教育，**268**
元，**122**，123，124，125，126，127，128，129，130，141，155
元谋人，**2**
元首会晤机制，**299**
圆明园，162，**163**
援藏，**287**，288
阅兵，**264**，**316**
越国，20
云南讲武堂，194

Z

战国七雄，**24**
张骞出使西域，38，**39**
张勋复辟，**186**
昭君出塞，**45**
赵国，27
贞观之治，81，**82**
真理标准问题的大讨论，**251**
振兴东北老工业基地，**306**
镇压反革命，**210**
《整顿党的作风》，200
整风运动，**200**，**225**
郑成功收复台湾，**150**
郑和下西洋，**132**
《政府与中共代表会谈纪要》，201
知青（知识青年），241
《中俄密约》，166
《中法新约》，166
中法战争，**170**
中非合作论坛，**311**
《中非合作论坛北京峰会宣言》，311
《中非合作论坛——北京行动计划（2007~2009）》，311
《中非经济和社会发展合作纲领》，311
中共六届七中全会，200
中共七届三中全会，**207**
中共十二届三中全会，265
中共十六届六中全会，310
中共十三届四中全会，274
中共十一届五中全会，256
《中共中央关于构建社会主义和谐社会若干重大问题的决定》，310
中共中央政治局，197，230，239
中共中央组织部，288
中国第一汽车集团，**224**
中国共产党成立，184，**189**
中国共产党第八次全国代表大会（中共八大），**223**
中国共产党第十二次全国代表大会（中共十二大），**260**，302
中国共产党第十六次全国代表大会（中共十六大），302，303，312
中国共产党第十七次全国代表大会（中共十七大），289，293，312

中国共产党第十三次全国代表大会（中共十三大），258，270，274
中国共产党第十四次全国代表大会（中共十四大），282
中国共产党第一次全国代表大会（中共一大），**189**
中国国民党，171，180，**182**，190，259，308
中国国民党成立，**182**
中国国民党第一次全国代表大会，171，190
中国红十字会，171
中国恢复在联合国的合法席位，**245**
中国救济总会，171
中国民权保障同盟，187
中国青少年基金会，275
中国人民解放军，193，194，202，203，209，210，228，248，264，297
中国人民银行，221，278
中国人民政治协商会议，**204**，219，220
中国人民志愿军，**208**
中国同盟会，171，180，**180**，182，191
中国证券登记结算有限责任公司，308
中国驻南斯拉夫大使馆被炸事件，**296**
中国左翼作家联盟，187
中华民国，171，173，181，**182**，183，185，186，263
《中华民国临时约法》，182
《中华民国临时政府组织大纲》，182
《中华民国约法》，185
《中华人民共和国澳门特别行政区基本法》，**283**
《中华人民共和国户口登记条例》，226
《中华人民共和国婚姻法》，**206**
《中华人民共和国价格管理条例》，254
《中华人民共和国劳动法》，**286**
《中华人民共和国民族区域自治实施纲要》，**214**
《中华人民共和国全国人民代表大会及地方各级人民代表大会选举法》，**215**
《中华人民共和国人口与计划生育法》，**302**
《中华人民共和国宪法》，189，214，217，**219**，**261**
《中华人民共和国宪法修正案》，295
《中华人民共和国香港特别行政区基本法》，**277**，292
《中华人民共和国中央人民政府公告》，204
《中华苏维埃共和国劳动法》，196
中华苏维埃共和国临时中央政府，196
《中华苏维埃共和国土地法》，196
《中华苏维埃共和国宪法大纲》，196
中美建交，**253**

中美上海《联合公报》，**245**

中美撞机事件，**298**

《中葡联合声明》，**269**

中秋节，8

中日邦交正常化，**246**

中苏边界冲突，**242**

中苏关系正常化，**274**

《中苏联合公报》，274

中苏两党论战，**234**

《中苏友好同盟互助条约》，**205**

中央财委，206

中央军事委员会，261，305

《中央人民政府和西藏地方政府关于和平解放西藏办法的协议》，209

中央苏区，**196**

中印边境自卫反击战，**233**

《中印关于中国西藏地方和印度之间的通商和交通协定》，218

《中英联合声明》，**266**

重庆谈判，**201**，308

住房货币化改革，**295**

宗法制，12，**13**

总理衙门，**165**，168

最高人民法院，305

最高人民检察院，305

遵义会议，189，**197**，200

遵义会议，189，**197**，200

坐床典礼，**289**

文化与科技

0~9

"863计划"，**268**

A

《哀二世赋》，39

安徽金寨希望小学，275

奥迪，224

澳门文化中心，297

B

八大山人，150

白话小说，**142**，187

《白毛女》，240

百家争鸣，**17**，21，**222**

《抱朴子》，**65**

北京大学，174，**186**，264

北京师范大学，187，212

北京正负电子对撞机，**274**

《北齐书》，155

《北史》，155

《本草纲目》，**138**

《本草经集注》，**74**

《笔论》，52

避暑山庄，**152**

编钟，14

编磬，14

兵马俑，**31**，

帛画，35，36

《布尔什维主义的胜利》，184

《步辇图》，84，85

C

《插田歌》，96

《茶经》，**93**

禅宗，**75**，**86**

长安城，**36**，**81**

长城站，**266**

长春第一汽车制造厂，**224**

《长恨歌》，94

《长门赋》，39

"长征一号"运载火箭，243

"嫦娥一号"月球探测卫星，**313**

陈氏定理，**240**

《陈书》，155

成渝铁路，**213**

《崇祯历书》，144

《楚辞》，45

川汉铁路，**213**

春节，8

《春秋》，18，**20**，24

瓷器，40，103，132，144

D

《大偶数为一个素数及一个不超过两个素数的乘积之和》，240

大庆油田，222，**230**，235

《大唐西域记》，83

《大衍历》，**89**

大众汽车公司，224

《丹崖玉树图》，127

《道德经》，**17**，18，51

道家，14，17，25，29，41，59，106

道教，**51**，53，65，74，107，108

地动仪，**52**

《典论•论文》，57

雕版印刷术，**97**

《东方的曙光》，236

《东方红》，**236**

"东方红一号"，243

《东京记》，106

都江堰，**28**

《窦娥冤》，123

E

《二程全书》，109

《二刻拍案惊奇》，142

《二十年目睹之怪现状》，174

二十四史，**155**

F

法家，17，23，41

《法经》，23

《焚书》，**140**

《丰乐亭记》，104

丰田汽车公司，224

《风》，19

《佛国记》，69

佛教，40，**46**，67，68，69，72，75，83，86，90，91，94，98，108，123，125，128，158，**309**

辅仁大学，212

《富春山居图》，127

G

干支计日法，**8**

《甘石星经》，**26**

哥德巴赫猜想，240

《革命军》，179

葛洲坝水利枢纽，**243**

《古今图书集成》，**154**

古文运动，**95**，104

《官场现形记》，174

官僚主义，211，225

《光明日报》，222，251

《归去来兮》，69

国防大学，267

国防科技大学，261

国防科技大学计算机研究所，261

《过秦论》，**37**

H

《海港》，240

《海国图志》，**161**

《海瑞罢官》，**238**

邗沟，80

《韩非子》，**28**

汉赋，**39**，42

《汉书》，**49**，155

《河上花图》，150

核糖核酸，**260**
核武器，237，241
《荷花鸳鸯图》，144
《红灯记》，240
《红楼梦》，**156**
《红旗》，234
《红色娘子军》，240
《后汉书》，155
华光I型，267
《化学材料中西名目表》，167
《化学鉴原》，167
《化学鉴原补编》，167
《淮扬洁秋图》，151
《黄帝内经》，**29**
活字印刷术，**106**
“火炬”计划，**273**
火枪，**121**，
火药武器，**106**

J

基督教（景教），40，**84**，125
激光汉字照排，**267**
甲骨文，**10**，11
建安文学，**53**
《江南春图》，135
结晶牛胰岛素，**237**
《解放日报》，303
《金刚经》，**97**
《金匮要略》，55
《金瓶梅》，129，**143**
《金史》，155
《进化论与伦理学》，174
《晋书》，155
京广铁路，220
京杭大运河，**80**
京沪铁路，290
京九铁路，**290**
京剧，**157**，159，169，238，240
京师大学堂，**174**
京师同文馆，**167**
京张铁路，**180**
《警世通言》，142
《警世钟》，178
净土宗，**67**
《九势》，52
《九章算术》，**48**，60
酒泉卫星发射中心，306，315
《旧唐书》，155
《旧五代史》，155
《救风尘》，123
觉悟社，193

K

《康熙南巡图》，149
《孔雀东南飞》，42
《狂人日记》，**187**

L

《兰亭集序》，**66**
《老残游记》，174
《老子》，36，59
《乐府诗集》，42
《离骚》，**27**
“礼”，18，25，27，107
《礼记》，41
礼乐文化，**14**
理学，86，101，107，**108**，109，116，118，134，140，149，156
《历代帝王图》，85
《梁书》，155
“两弹元勋”，**241**
《辽史》，155
《聊斋志异》，**151**
《列女传》，45
《临海水土志》，58
灵渠，**31**
《灵枢》，60
《灵宪》，52
龙门石窟，**73**
耧车，44
《吕氏春秋》，**29**
《论衡》，**49**
《论语》，18，**22**
《洛神赋图》，66

M

麻沸散，55
《马可·波罗游记》，124
马克思主义，184，187，189，200，256，273，293，312
马球，**91**
马王堆汉墓，**36**
马自达，224
《埋葬蒋家王朝》，236
麦克马洪线，233
《脉经》，**60**
《毛泽东诗词》，189
毛泽东思想，189，254，258
《毛泽东选集》，189，**210**
毛主席纪念堂，250
《每周评论》，184
《猛回头》，178
《孟子》，25
《梦溪笔谈》，**111**
民间外交，**212**
民族区域自治，209，**214**，261
《明史》，155
《明堂孔穴针灸治要》，60
《明夷待访录》，**148**
莫高窟，**98**
《墨花图》，150
墨家，17，22
《墨葡萄图》，139
《墨子》，22
《牡丹焦石图》，139
《牡丹亭》，**141**
《木兰词》，42

N

《南都繁会图》，129
南京长江大桥，**242**
南开学校，193
《南齐书》，155
《南史》，155
南通博物苑，173
《孽海花》，174
农历，**8**，172，181
《农书》，**128**
《农政全书》，**146**
《女史箴图》，66

P

《拍案惊奇》，142
《朋党论》，104
《琵琶行》，94
骈文，**71**，95
《评新编历史剧〈海瑞罢官〉》，**238**

Q

《七略》，45
漆器，9，36，40
《齐民要术》，**76**
《奇袭白虎团》，240
《千金要方》，85
《千金翼方》，85
《乾隆皇帝大阅图》154
秦代（朝），**30**，31，33，37，43
《秦纪》，33
秦始皇陵兵马俑，**31**
《秦中行》，94
《青卞山图》，141
青藏公路，**220**
青藏铁路，**310**
氢弹，**241**
清代（朝），78，93，133，142，144，**145**，**147**，148，149，150，151，152，153，154，155，156，157，158，159，161，162，163，164，165，166，167，168，169，170，172，173，174，175，177，178，179，181，186
《清明上河图》，**113**
清政府，150，151，153，157，162，165，166，168，169，170，174，175，177，179，181
《秋风纨扇图》，134
《鹊华秋色图》，126

R

《人民画报》，251
《人民日报》，225，226，234，239，240，251，252，253，265
《儒林外史》，**156**
人工合成核糖核酸，**260**
人工合成结晶牛胰岛素，**237**
人工种植水稻，**3**
人民出版社，210，258
“仁”，18，25

"仁政"，**25**

儒家（儒学），14，17，18，19，20，22，27，33，37，41，49，52，54，59，101，102，108，109，134，176

S

《三国演义》，129，**130**

《三国志》，155

《三梦记》，91

《沙家浜》，240

《山路松声图》，134

《山水图》，135

《伤寒论》，55

《伤寒杂病论》，**55**

商代（朝），7，8，**9**，10，11，12

上海国际会议中心，299

上海科技馆，299

《上林赋》，39

《尚书》，18，41

《神灭论》，**75**

《神农本草经》，**50**，74

"神舟七号"载人飞船，315

沈阳重型机器厂，231

《升庵簪花图》，144

《盛世危言》，170

《诗经》，18，**19**，41

《时务报》，169，176

《史记》，**43**，155

《史通》，**87**

《世界遗产名录》，31

《世界在前进》，236

《世说新语》，**71**

《授时历》，125

《瘦马图》，123

书院，**102**，142，167

《蜀素帖》，112

《庶民的胜利》，184

"双百"方针（"百花齐放，百家争鸣"），**222**

《水稻的雄性不孕性》，248

《水浒传》，115，129，**130**

《水经》，75

《水经注》，**75**

《说文解字》，**50**

《说苑》，45

司母戊鼎，9

《四库全书》，**157**

《四十二章经》，46

《四书》，134

《四羊方尊，9

《宋史》，155

《宋史•舆服志》，58

《宋书》，155

《颂》，19

《搜尽奇峰打草稿》，151

《搜神记》，**65**

《素问》，60

《隋书》，155

《孙子兵法》，**19**

T

《踏歌图》，119
《太初历》，**43**
《太极图说》，107
《太平经》，51
太学，**41**，52
《唐本草》（《新修本草》），74，**85**
唐传奇，**91**
唐三彩，**98**
《桃花源记》，**69**
陶器，**3**，4，5，36，98
《天池石壁图》，127
《天工开物》，**146**
天津汽车工业（集团）有限公司，224
《天文》，26
《天文星占》，26
《天演论》，**174**
铁器时代，**16**
《通典》，**95**，127

W

晚清谴责小说，**174**
《万水千山》，236
威志，224
《魏书》，155
《文汇报》，238
《文献通考》，**127**
《文心雕龙》，**74**
《文昭关》，159
吴门画派，135
五禽戏，55
《五十二病方》，36

X

西昌卫星发射中心，313
《西厢记》，**126**
《西药大成中西名目表》，167
《西游记》，129，**137**
《溪山行旅图》，**102**
《溪山雨意图》，127
“熹平石经”，**52**
《洗冤集录》，**121**
夏代（朝），**7**，8，9
夏历，**8**
夏利，224
厦门大学，286
《先天图》，107
《宪宗元宵行乐图》，131
《向太后挽辞》，112
《逍遥游》，**25**
心学，86，**118**，135
新安江水电站，216
《新乐府》，94
新联电子有限公司，273
《新青年》（《青年杂志》），184，187
《新人口论》，**226**
《新唐书》，155
《新五代史》，155
《星火燎原》，236
《醒世恒言》，142
《徐霞客游记》，**143**

玄学，**59**
《雪滩双鹭图》，119
《荀子》，27

Y

《雅》，19
《燕歌行》，57
燕京大学，212
羊湖电站，287
“样板戏”，**240**
伊斯兰教，40，**84**，125
《易》（《易经》/《周易》），**14**，36，41，59，107
“银河I型”，261
《莺莺传》，91
《营造法式》，**113**
《永乐大典》，**132**
《游仙窟》，91
《与高司谏书》，104
《喻世明言》，142
《元史》，155
原子弹，**237**，241
圆周率，45，60，**74**
乐府诗，**42**
《岳阳楼记》，108
云冈石窟，**72**

Z

杂交水稻，**248**
载人航天，**306**
《早春图》，**111**
造纸术，40，**51**
《战长沙》，159
《战国策》，45
《昭明文选》，**76**
赵州桥，**79**
针灸，55，60，85，104
《针灸甲乙经》，**60**
《正气歌》，124
指南车，**58**
指南针，**112**
《智取威虎山》，240
中关村科技园，**272**
中国佛教协会，309
中国科学院，248
中国女排，**259**
中国一航飞机工业（集团）有限责任公司，268
《中山出游图》，123
中医，23，29，121
《周书》，155
《肘后备急方》，65
竹林七贤，**59**
《竹石图》，155
《竹枝词》，96
《庄子》，25，51，59
《资政新篇》，**163**
《资治通鉴》，**110**
《子虚赋》，39
紫禁城，**133**
《祖国人民站起来》，236
《祖国在前进》，236
《醉翁亭记》，104
《左传》，**24**

图书在版编目（CIP）数据
中国历史速查：从远古到21世纪 /《中国历史速查：从远古到21世纪》
编写组编著.—北京：外文出版社，2010
ISBN 978-7-119-06712-4
Ⅰ.①中… Ⅱ.①中… Ⅲ.①中国－历史－普及读物 Ⅳ.①K209
中国版本图书馆CIP数据核字（2010）第202476号

策　　划：李振国　胡开敏
中文审定：萧师铃
责任编辑：杨春燕　李建安　刘芳念
装帧设计：北京夙焉图文设计工作室
印刷监制：张国祥
图片提供：萧师铃　人民画报社

中国历史速查：从远古到21世纪
本书编写组　编著

© 2010外文出版社
出 版 人：呼宝民
总 编 辑：李振国
出版发行：外文出版社
地　　址：中国北京西城区百万庄大街24号　邮政编码 100037
网　　址：http: // www.flp.com.cn
电　　话：（010）68320579/68996067（总编室）
（010）68995844/68995852（发行部）
（010）68327750/68996164（版权部）
制　　版：北京杰瑞腾达科技发展有限公司
印　　制：北京雷杰印刷有限公司
经　　销：新华书店 / 外文书店
开　　本：787mm × 1092mm　1/16
印　　张：24
字　　数：180千字
装　　别：平装
版　　次：2010年11月第1版　2010年11月第1版第1次印刷
书　　号：ISBN 978-7-119-06712-4　　建议上架：中国历史
定　　价：70.00元

版权所有　侵权必究　有印装问题可随时调换